青年说

第五届中原发展研究创新奖成果集

QINGNIANSHUO
DIWUJIE ZHONGYUANFAZHAN
YANJIU CHUANGXINJIANG CHENGGUOJI

耿明斋 ◎ 主编

企业管理出版社
ENTERPRISE MANAGEMENT PUBLISHING HOUSE

图书在版编目（CIP）数据

青年说：第五届中原发展研究创新奖成果集／耿明斋主编；王超亚等著．—北京：企业管理出版社，2020.11

ISBN 978-7-5164-2255-7

Ⅰ．①青… Ⅱ．①耿…②王… Ⅲ．①区域经济发展—河南—文集②社会发展—河南—文集 Ⅳ．①F127.61-53

中国版本图书馆 CIP 数据核字（2020）第 194306 号

书　　　名：	青年说——第五届中原发展研究创新奖成果集
作　　　者：	耿明斋等
责任编辑：	刘一玲　陈　静
书　　　号：	ISBN 978-7-5164-2255-7
出版发行：	企业管理出版社
地　　　址：	北京市海淀区紫竹院南路 17 号　　邮　编：100048
网　　　址：	http://www.emph.cn
电　　　话：	编辑部 68701322　发行部 68414644
电子信箱：	LiuYiLing0434@163.com
印　　　刷：	北京虎彩文化传播有限公司
经　　　销：	新华书店
规　　　格：	710 毫米×1000 毫米　16 开本　19 印张　260 千字
版　　　次：	2020 年 11 月第 1 版　2020 年 11 月第 1 次印刷
定　　　价：	75.00 元

版权所有　翻印必究·印装有误　负责调换

本书的出版得到了中原发展研究基金会、新型城镇化与中原经济区建设河南省协同创新中心、河南省社会科学界联合会、河南中原经济发展研究院、河南省高等学校人文社会科学重点研究基地中原发展研究院等的支持。

河南大学教育发展基金会海王集团捐助专项基金对本书的出版提供了资助。

前 言

第五届中原发展研究创新奖于2019年12月10日正式启动，采取公开征集和专家推荐两种方式进行。此次成果征集共收到省内外二十多家行政、企事业单位研究成果82篇，分为六大类：金融，区域、空间、城镇化，开放，产业，管理、治理，生态与文化。2020年1月1日下午，在河南财政金融学院象湖校区图书馆十楼会议室，经专家匿名初评，遴选出21项成果进入第五届中原发展研究创新奖终评。

2020年1月5日，第五届中原发展研究创新奖终评及颁奖典礼在河南大学金明校区举行。由政府部门有关领导、专家学者、企业家等30余位代表组成的评审委员会经过多轮无记名投票，最终评出本届一、二、三等奖及优秀奖。中原发展研究创新奖由河南大学校友、深圳海王集团总裁刘占军博士提议，河南大学中原发展研究院发起，海王集团向河南大学教育发展基金会捐助专项资金设奖评审，目的是推动和鼓励更多青年学者积极投身河南经济社会发展战略领域的应用和理论研究。作为河南省第一个面向45岁以下青年经济学者的学术公益奖项，中原发展研究创新奖征集评选活动自2015年（首届）开展以来，影响力日益扩大，参评作品质量不断提高，累计吸引了数百位青年学者参与。

与前四届相比，本届评奖活动参评者来源单位和参评成果更多，研究涵盖面更宽，评委出席率和参与热情也更高。无论是参评青年学者抑或评审专家，都更加熟悉规则，更加自觉地遵循规则，评审过程也愈加严谨、流畅、顺利。所有参与者就该奖项客观公正的原则达成共识。这也表明经过五届的实践探索，中原发展研究创新奖日趋成熟，认可度日益提高。

设立该奖项的初衷，一是引导和激励更多的学者从事中原发展问题的研究，为中原崛起、河南振兴提供更多更有价值的智力支持；二是为青年人搭建一个相互交流和施展才华的平台，促进更多年轻学者的成长，推动经济学术领域逐步形成中原学者群体。五届下来，共评出一等奖5人、二等奖10人、三等奖15人，总数30人，获奖者及其获奖成果均已初具规模，亦为各界普遍认可。虽然不能说他（她）们个个都是精英，但至少他（她）们的成果都是经过省内顶尖专家认真筛选的，他（她）们的研究能力都是被专家检验认可的。如今，他（她）们中的不少人都脱颖而出，如已经走上厅级干部领导岗位的首届一等奖获得者陈维忠、已拥有多项学术荣誉头衔的首届二等奖获得者杨玉珍，以及因参评成果价值被吸纳加入国内顶级跨境电商研究团队的李晓沛等，就是这个青年团队成长的见证，也是我们设立中原发展研究创新奖的价值所在。

当前，中国及河南省发展都处在关键阶段，希望和隐忧并存。就国家层面来说，经过四十年的改革开放和经济持续高速增长，不仅财富总量和人均水平有了大幅度提升，而且社会结构和人的文明素质也有了长足进步。但是，在进入高收入社会的过程中，还有中等收入陷阱需要跨越。结构失衡、产能过剩仍没有彻底解决，环境治理、金融风险管控和扶贫与防止返贫等方面仍需攻坚。中美贸易战和国际环境的持续恶化带来的影响更是不可低估。就河南省来讲，稳居全国省域经济体量第五的位置带来的信心和影响力持续放大，

前 言

近年来，中原经济区、航空港经济综合实验区、创新示范区、自由贸易试验区、郑州国家中心城市、黄河流域生态保护和高质量发展等一系列国家战略实施，放大了固有的区位和交通优势，明显加快经济结构由资源型主导向先进制造业和现代服务业主导转型的步伐，经济增速持续保持在全国省域经济体的前列。与此同时，创新能力不足、环境压力不减、核心城市辐射带动力不强等诸多问题仍然困扰着我们。所有这些国家和省域层面的问题，对于经济发展和现代化进步来讲，是羁绊和障碍，而对于学者来讲，问题就是任务，也是学术研究的机遇。我们的青年学者要以强烈的社会责任意识，抓住机遇，找准问题，创新理论，提出解决问题的可行方案，成就自我，服务社会，为中华民族的伟大复兴和中原崛起的伟大事业贡献力量。

耿明斋

2020 年 10 月

目 录

新时代区域协调发展研究
　　——以河南省为例 / 1
　　一、新时代区域协调发展格局分析 ……………………（1）
　　二、河南省区域协调发展方位分析 ………………………（11）
　　三、相关对策建议 …………………………………………（22）

构建区域内部门比较的营商环境评价体系
　　——开封市营商环境第三方评估的实践 / 26
　　一、引言 ……………………………………………………（26）
　　二、构建区域内部门比较的营商环境评价指标体系的
　　　　背景 ………………………………………………………（27）
　　三、区域内部门比较的营商环境评价指标体系的构建
　　　　和特色 ……………………………………………………（30）
　　四、开封营商环境第三方评估的实践及效果 ……………（35）

激活河南省民间投资研究 / 37
　　一、河南省民间投资发展比较分析 ………………………（37）
　　二、当前河南省民间投资存在的问题 ……………………（45）
　　三、产生问题的原因分析 …………………………………（47）
　　四、激活河南省民间投资的对策建议 ……………………（49）

乡村振兴背景下的传统自然村落路在何方
　　——基于河南省农村调研的分析 / 53
　　一、引言 ……………………………………………………（54）

二、中国自然村落的发展 ……………………………………… (54)
三、样本选取及调研情况相关说明 …………………………… (55)
四、传统自然村落未来走向研判 ……………………………… (57)
五、乡村振兴背景下自然村落的转型方向 …………………… (69)
六、对策建议 …………………………………………………… (72)

以乡村振兴为视角的农村宅基地有偿退出影响因素分析 / 84

一、引言 ………………………………………………………… (84)
二、乡村振兴与宅基地有偿退出机理分析 …………………… (86)
三、研究设计与数据来源 ……………………………………… (88)
四、结果分析 …………………………………………………… (92)
五、结论与建议 ………………………………………………… (96)

互联网资本与民营经济高质量发展
——以企业创新驱动路径为视角 / 100

一、引言 ………………………………………………………… (100)
二、文献综述与研究假设 ……………………………………… (102)
三、实证研究设计 ……………………………………………… (107)
四、实证结果与分析 …………………………………………… (111)
五、研究结论与政策启示 ……………………………………… (117)

绿色发展为理念的河南省经济与环境协调发展的"制衡"
机制研究 / 138

一、环境规制对经济增长影响的主要理论观点 ……………… (139)
二、河南省环境保护和经济增长的典型事实 ………………… (141)
三、河南省环境规制和经济增长关系的实证分析 …………… (146)
四、河南省经济增长与环境保护协调发展的"制衡"
　　机制研究 ……………………………………………………… (147)
五、河南省经济增长与环境保护协调发展的保障政策 ……… (149)

农村土地流转差序格局形成及政策调整方向
——基于合约特征和属性的联合考察 / 153

  一、引言 …………………………………………………… (154)
  二、理论分析与研究假说 ………………………………… (156)
  三、数据来源和样本描述 ………………………………… (158)
  四、模型、数据和检验 …………………………………… (166)
  五、估计结果及分析 ……………………………………… (169)
  六、基本结论与政策建议 ………………………………… (180)

河南省制造业发展质量和创新路径研究 / 185

  一、研究背景与意义 ……………………………………… (185)
  二、制造业发展特征及模式 ……………………………… (188)
  三、国内外发达国家和地区制造业创新发展借鉴 ……… (192)
  四、河南省制造业发展现状分析 ………………………… (198)
  五、河南省制造业高质量发展的路径选择 ……………… (212)
  六、结语 …………………………………………………… (219)

河南省航空经济高质量发展的对策研究 / 221

  一、河南省航空经济发展面临的国内外环境 …………… (222)
  二、河南省航空经济发展的基本现状 …………………… (224)
  三、河南省航空经济发展的基本定位 …………………… (232)
  四、河南省航空经济高质量发展推进的重点 …………… (233)
  五、"十四五"时期河南省航空经济发展的对策建议 …… (236)

平顶山市产业集聚区低效用地企业提质增效和退出机制的研究 / 244

  一、平顶山市产业集聚区土地利用整体情况和低效
    用地企业现状 ……………………………………… (245)
  二、低效用地企业的成因分析 …………………………… (250)

— 3 —

三、盘活低效企业闲置资源、提高园区土地利用效率的
　　典型做法 ···（252）

四、低效用地企业退出中存在的主要问题及难点 ··········（254）

五、低效用地企业退出机制设计 ······························（256）

六、对策建议 ···（263）

乡村振兴背景下的新型农村集体经济发展路径研究
——以河南省中部 Z 县调研为样本的分析 / 268

一、问题与文献综述 ··（269）

二、新型农村集体经济：乡村振兴战略框架下的价值
　　分析 ··（270）

三、经验与困境：河南省中部 Z 县调研的样本解析 ········（273）

四、结论与建议 ···（280）

后　记 ··（289）

新时代区域协调发展研究

——以河南省为例

河南省宏观经济研究院 王超亚

【摘要】近期，国家印发实施了区域协调发展新机制、培育发展现代化都市圈、建立健全城乡融合发展体制机制等意见政策，将长江三角洲区域一体化、黄河流域生态保护和高质量发展上升为国家战略。如何把握顺应国家推动区域协调发展大势，抓住用好新时期中部崛起战略机遇，提前在"十四五"规划中科学谋篇布局，全面开启建设社会主义现代化强省新征程，是当前要重点考虑的问题。本文从国内区域协调发展格局、河南区域协调发展态势两个方面，系统梳理我国区域协调发展现状、预判未来发展趋势导向，判断当前我国区域发展已形成"'一带一路'引领、两个轴带贯穿、四大板块支撑、四个龙头牵引、若干大都市圈和中小城市圈带动、一系列创新机制助推"的基本格局；在查找分析当下河南弱项症结的基础上，通过"内收外放、核心突破"，绘制四张图、算清四笔账，进而形成"一带引领、两心集聚、五向合作、三山拱卫、廊带增彩"的区域协调发展格局，并对今后一段时期河南区域协调发展工作谋划提出了具体对策建议。

一、新时代区域协调发展格局分析

纵观世界发达国家的发展历程，凡是国土面积较大的国家，在推进工业化、城镇化、现代化的过程中，都不可避免经历由非均衡发展到协调发展的过程。19世纪末、20世纪初美国的"西进运动"，通过税收优惠、组建开发区、建设交通运输等基础设施，引导私人企业投资、促进人口流动、保护生态环境等措施开发西部地区；德国先后出台空间布局法、改善区域结构共同任务法、财政平衡法等法律法规，明确划分"促进地区"，强化财政补贴手段，扶持中小企业发展，加快区域协调进程；日本先后制定了五次全面综合开发计划，采取"据点"开发战略、建设"定居圈""技术集成城市"等措施，加快北海道等欠发达地区发展。我国作为国土面积960万平方千米，人口14亿人，地理空间横跨三级台阶的大国，区域发展不平衡、不充分始终是基本国情。中华人民共和国成立以来，尤其是改革开放以来，党中央历来高度关注区域协调发展问题，始终结合形势变化，及时调整战略导向，我国区域协调发展的理念不断丰富，发展战略和政策体系不断完善，先后经历了均衡发展（1949—1978年）、非均衡发展（1978—1992年）、再均衡发展（1992—2012年）、统筹协调发展（2012年至今）四个阶段，推动区域经济"非均衡—均衡—非均衡"螺旋式上升，促进区域协调发展格局发生了历史性变化，取得了历史性成就（见图1）。

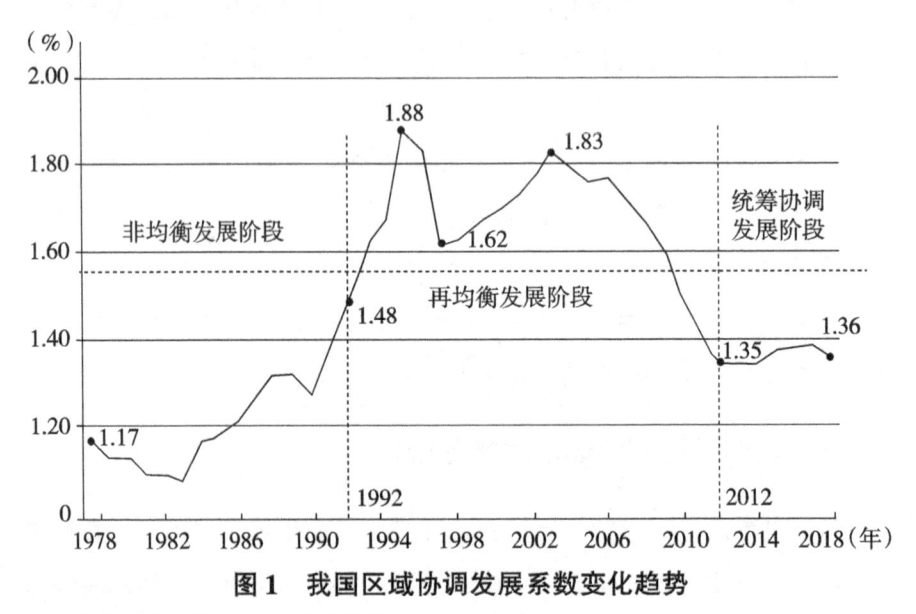

图1 我国区域协调发展系数变化趋势

数据来源：根据Wind整理计算。

据测算，改革开放以来，我国区域协调发展系数总体呈现先升后降趋势，先由1978年的1.17上升到1995年的1.88，1997年迅速下降到1.62，之后又上升到2003年的1.83，2012年以后稳定在1.35~1.36区间。[①]

（一）当前我国区域协调发展面临形势分析

随着我国发展进入增速换挡、结构优化、动力转换的经济新常态，在市场配置资源机制的作用下，经济增速出现"换道超车"，四大板块间、板块内部间、南北间出现较为明显的分化现象。

1. 四大板块发展分化

东部地区增速放缓。东部地区自改革开放以来，一直是全国经济增长的"火车头"，2007年后率先进入转型期，经济增速放缓，随着中美贸易摩擦不确定性增加，有可能面临再次减速风险。东北陷入低速增长，西部速度领先优势弱化，中部增速维持较高水平。2008—2012年，中西部和东北地区经济增速连续5年超过东部地区，显示出强劲增长势头，到2013年东北经济明显回落，这一追赶态势终结。2017年以来，西部的内蒙古、甘肃、新疆、宁夏等北方省份增速下滑，重庆市退出领跑全国的第一方阵，西部地区的增速优势不断弱化。东北的辽宁省企稳回升迹象增多，吉林省底部仍未探明，黑龙江省则面临二次衰退风险。中部六省自2013年以来，经济增速一直保持在8.0%左右，2018年增长7.8%，[②] 增速跃居四大板块之首，四大板块之间已经形成了迥异的增长格局（见图2）。

---

① 我国区域协调发展系数是指，各省（直辖市、自治区）GDP占全国GDP比重减各省（直辖市、自治区）常住人口占全国人口比重的绝对值，乘以各省（直辖市、自治区）常住人口占全国人口比重的加总。该系数数值越高表明区域发展越不平衡。需要说明的是，由于各省（直辖市、自治区）数据加总数据大于全国相应数据，在计算GDP、人口及后文中投资等相关数据时，为提升计算精确度，全国相应数据采用各省（直辖市、自治区）数据加总数据。

② 各板块的经济增速为加权经济增速，即以当年经济总量为权重系数的各省（直辖市、自治区）增速之和。下同。

图 2　四大板块经济增速

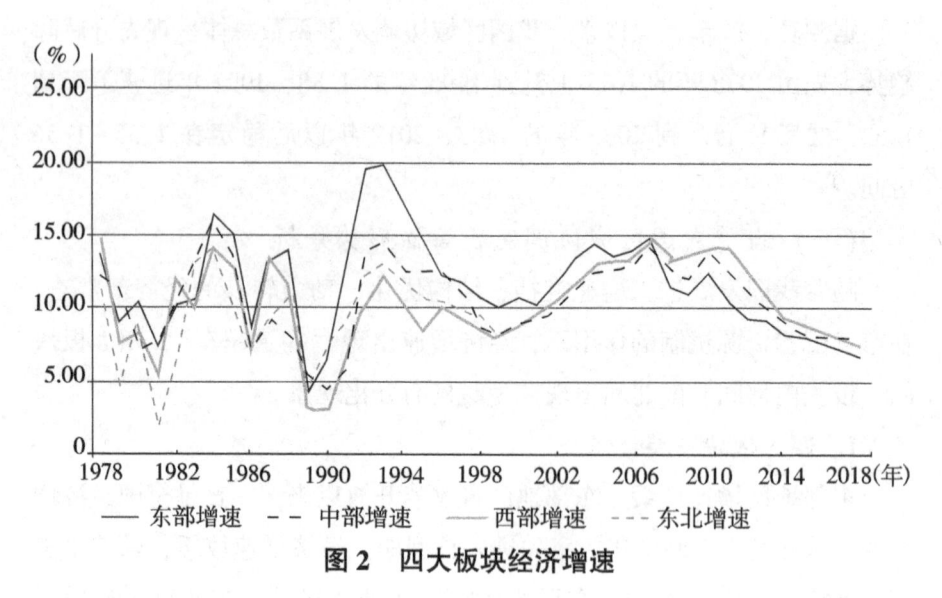

数据来源：根据 Wind 整理计算。

2. 板块内部个体分化

从"十二五"和"十三五"前三年年均人口净流量与经济增速看，板块内部轮动现象明显，广东省、浙江省替代天津市引领东部地区经济发展，山东省替代河南省成为人口流出第一大省，贵州省接棒重庆市展现"换道超车"迅猛势头，东北三省人口流出规模持续加大。在中部地区，山西省受资源型产业拖累，经济增速明显落后于其他5省；河南省人口净流出量持续降低，由"十二五"时期年均35.93万人降至"十三五"前三年年均12.56万人；安徽省人口由净流出转为净流入，总体表现好于其他5省。在东部地区，"十二五"时期，天津市表现抢眼，年均经济增速高于全国4.51个百分点、年均人口流入46.83万人，上海市、北京市虽然人口大量流入，但经济增速分别低于全国平均水平0.42个、0.33个百分点。"十三五"前三年，天津市增势衰减，经济增速低全国1.28个百分点，人口净流入量接近0；山东省发展压力加大，成为全国人口净流出最大省，年均净流出23.12万人，经济增速仅高于全国0.42个百分点；而广东省、浙江省率先转型的优势显现，年均人口净流入73.81万人和33.18万人，经济增速分别高于全国0.58个、0.77个百分点。在西部地区，重庆市、四川省、新疆维吾尔自治区人口持续流入，贵州省由"十二五"期间年均净流出10.99万人降至"十三五"前三年的1.05万人，经济增速也替代重庆市成为西部地区的龙头；甘肃省、内蒙古自治区与其他西部省份的差距越拉越大。

3. "东西落差"转为"南北分化"

从2013年开始，经济增长"南快北慢"，经济总量占比"南升北降"，区域发展不平衡由东西差异为主转为南北差异为主。

从经济总量看，东部省份占比与西部省份①经济体量占比的差距逐步扩大，于2005年达到历史峰值65.78个百分点，随后逐步收窄至2018年的59.70个百分点（见图3）。

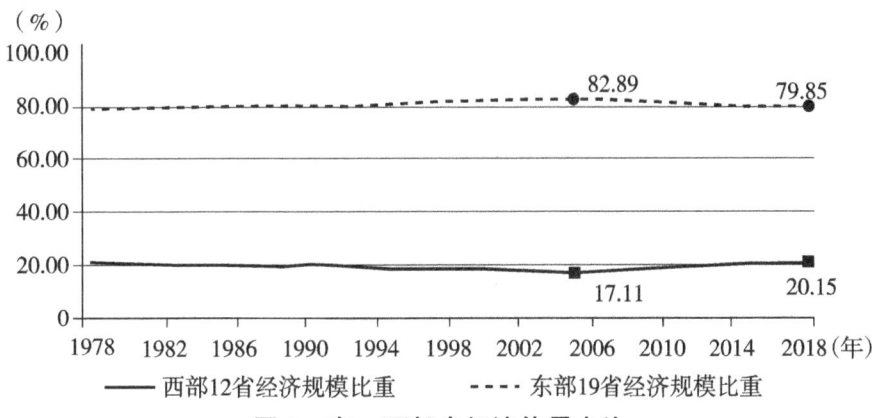

图3 东—西部省经济体量占比

数据来源：根据Wind整理计算。

南方省份与北方省份②经济体量占比的差距，在1993—2008年保持在13.7~15.7个百分点之间，随后逐步扩大至2018年的23.04个百

---

① 东部包括：北京、天津、河北、山东、江苏等19个省（直辖市、自治区），西部包括：陕西、四川、云南、贵州、广西等12个省（直辖市、自治区）。
② 南方包括：上海、江苏、浙江、安徽、福建等16个省（直辖市、自治区），北方包括：北京、天津、河北、山西、内蒙古等15个省（直辖市、自治区）。

分点；2018年北方经济总量占全国的38.5%，为1978年以来历史最低值（见图4）。

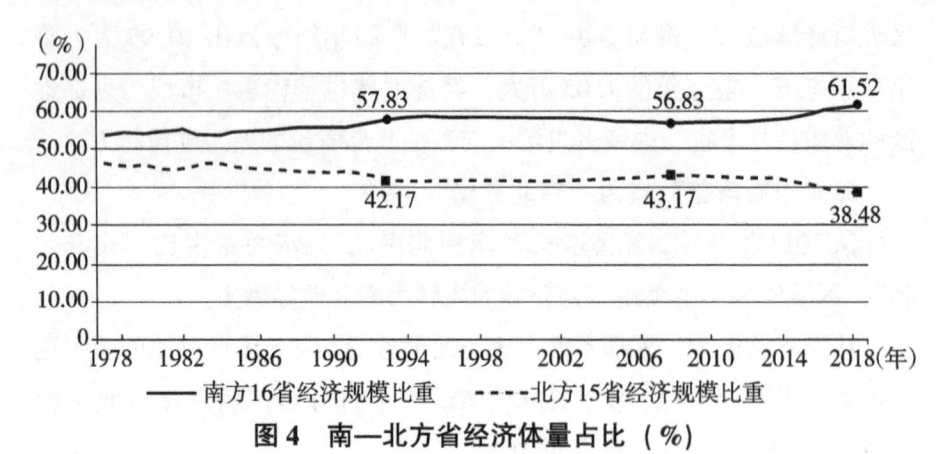

图4　南—北方省经济体量占比（%）

数据来源：根据 Wind 整理计算。

从经济增速看，1996年为分水岭，之前东部省份经济增速高于西部省份，之后发生逆转，且东—西部经济增速差距不断收窄，从2011年的4.90个百分点收窄至2018年的1.91个百分点（见图5）。

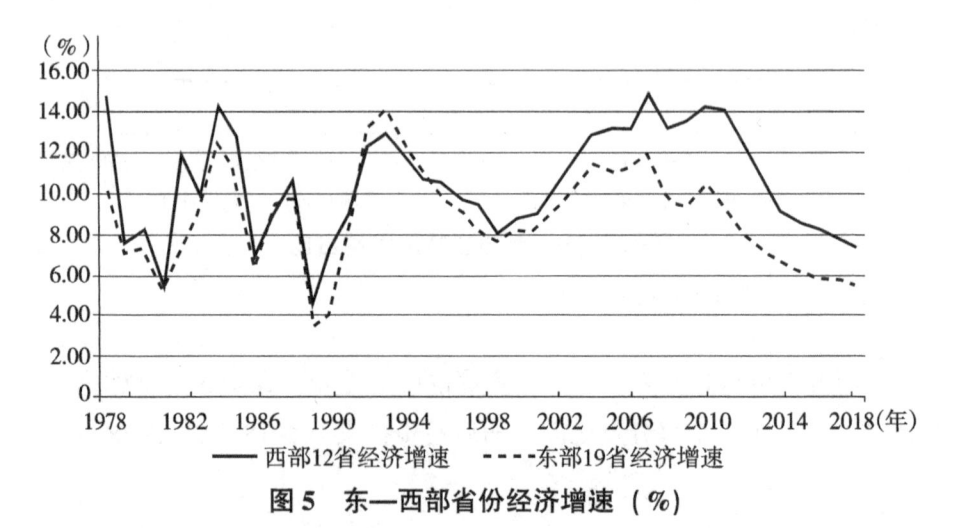

图5　东—西部省份经济增速（%）

数据来源：根据 Wind 整理计算。

从2013年开始，南方省份的总体增长速度开始超过北方，一直持续至今并且差距不断扩大，南北方的增速差距由2013年的0.42个百分点扩大到2018年的1.02个百分点（见图6），表现为南方经济已经基本企稳，而北方地区仍在快速下滑，且有区域扩散苗头。

图6 南—北方省份经济增速

数据来源：根据Wind整理计算。

（二）当前时期我国区域协调发展的战略框架

我国的区域协调发展战略，主要是结合不同区域特点和综合开发分析，分区域确定开发方式、发展任务、重点区域、重大项目等一系列规划布局和推进举措，从而缩小区域间经济发展差距，消除区域壁垒，实现共同富裕。区域协调发展目标是"以人为本"缩小区域差距，通过科学发挥市场与政府两种力量，逐步缩小区域间人均经济总量和人均收入、公共服务、生活水平差距，最终实现人口数量占比与经济总量占比基本持平，人口总量、产业规模与区域资源环境承载能力基本匹配。

1. 我国区域协调发展的总体框架

进入新时代，我国区域协调发展理念不断创新提升，以促进可持续发展、区域城乡协调和高质量发展为目标导向，统筹东中西、协调南北方,进一步缩小政策单元,高度重视跨区域、次区域规划,注重增强区域发展的协同性、联动性、整体性和区域政策精准性,促进经济要素在更大范围、更高层次、更广空间顺畅流动与合理配置,形成统筹协调、城乡融合、点线面联动的区域协调发展体系,区域间区域内互动合作和发展协调性持续增强。初步归纳,我国区域协调发展顶层设计框架可概况为:"一带一路"引领、两个轴带贯穿、四大板块支撑、四个龙头牵引,若干大都市圈和中小城市圈带动,市场一体化发展、区域合作互助、基本公共服务均等、区际利益补偿、纵向生态补偿机制、财政转移支付等一系列创新机制助推,支持"老少边穷"地区加快发展,彻底打破行政区划,强化流域空间、沿海湾区、国际国内战略通道等协同联动,进一步缩小区域划分的空间尺度和政策措施的针对性、精准性和差别化,细化落地主体功能区规划,促进生产、生活、生态在不同尺度空间内科学布局,构建形成优势互补、高质量发展的区域经济布局。

其中,"一带一路"引领旨在以国际经济合作走廊为主骨架,加强重大基础设施互联互通,助推沿海、内陆、沿边地区协同开放,构建统筹国内国际、协调国内东中西和南北方的区域发展新格局。"丝绸之路经济带"重点是"以点带面,从线到片,逐步形成区域大合作";"21世纪海上丝绸之路"致力于推动与沿线国家建立"全方位、多层次、宽领域的蓝色伙伴关系",实现"人海和谐、共同发展"。以长江经济带和黄河生态经济带为两轴分别贯通南北方,进一步强化新欧亚大陆桥、长江通道和西部新陆海通道"π"形格局,促进产业合理布局、转型升级和协同发展,实现流域上中下游协同、东中西板块联动,助于构建"东西双向、海陆统筹的对外开放新格局"。"四大板块支撑"旨在秉持问题导向思维,西部大开发、东北振兴、中部崛起、东部率先发展,解决"落后病""萧条病""膨胀病"等深层次问题,推动产业转型、动力转型、社会转型、生态转型和政府职能转型,加快建立资源节约、环境友好、可持续发展绿色经济体系的战略支撑。"四个龙头牵引"即以京津冀协同发展、粤港澳大湾区发展、长三角一体化发展、海南全面深化改革开放四个龙头牵引全国新一轮发展，基本覆盖了东部率先发展区域。"若干大都市圈和中小城市圈带动"旨在突破行政边界束缚、缩小区域政策单元、提高区域政策精准度、放大城市群核心城市辐射力，注重疏解中心城市非核心功能、增强中小城市产业功能、小城镇公共服务和居住功能，探索以中心城市引领城市群发展、城市群带动区域发展，促进区域板块间融合互动的新模式。预计此轮都市圈建设将触发生产力布局重新洗牌，也将奠定未来我国城市格局和经济增长中心格局。"一系列机制推动"旨在以区域战略统筹机制、区域政策调控机制、区域发展保障机制等为基础，进一步完善市场一体化发展、区域合作互助、基本公共服务均等化、区际利益补偿等机制，有效遏制区域分化，规范区域开发秩序，推动区域一体化发展。

2. 我国区域协调发展的趋势动向

综合近年来我国区域发展态势和历次会议及讲话精神，未来一个时期我国区域协调发展的趋势动向可归结为以下四点。

（1）区域发展支持政策由面上覆盖向精准落地转变。2006—2016年，我国1000万人以上城市人口增长36.0%，但土地供给仅增长14.4%；20万人以下城市人口增长3.0%，而土地供给大幅增长26.1%。在要素资源特别是土地指标配置上向三、四线城市倾斜，与人口向大城市流动的方向背离，形成"人""地"分离、土地错配，在一定程度上推动一、二线城市房价和三、四线城市库存双双高启。未来，按照人口、土地、资本等要素向回报率高地区流动的客观规律，国家将以效率优先的思路缩小区域协调发展政策单元，重新组织生产力空间布局。把板块区域政策缩小为次区域、城市群甚至是都市圈的精准政策，真正将各地比较优势与协同配合发挥到极致。

（2）中心城市引领城市群发展模式将主导我国城镇化进程。中华人民共和国成立以来，对于城镇化路径的选择，各界一直存在两种声音：一种是主张集中式发展，优先发展大城市，依靠大城市带动周边中小城市发展，但这种"摊大饼"的模式会让城市效率变得越来越低；

另一种是主张分散式发展，积极发展中小城市和小城镇，但这种自下而上的模式局限于优越的地理位置与良好的经济基础，中西部地区和东北地区部分小城镇存在凋敝苗头。我国城镇化70年历程，经历了"严格控制大城市，积极发展小城镇"到"大中小城市和小城镇协调发展"，再到"推进以城市群为主体形态的城镇化发展"的过程。2019年8月26日，习近平总书记在中央财经委第五次会议上强调，我国"经济发展的空间结构正在发生深刻变化，中心城市和城市群正在成为承载发展要素的主要空间形式"，这意味着我国的区域协调发展路径和战略导向将出现部分调整，并产生深远影响。

（3）中心城市、都市圈发展导向由"控人口"向"增强经济和人口承载能力"转变。近年来，城市间发展不平衡凸显，出现"大城市病"与中小城市人口流出并存，大城市过度膨胀与产业基础差的中小城市急剧收缩并存，京沪等大城市"控制人口总量"与中小城市建新城盲目扩张并存。未来，我国的人口、资本、产业、土地等核心生产要素面临全面洗牌，城市群将成为集聚承载人口、资源、产业和要素的重要平台和战略空间，规模经济效应逐步增强，基础设施密度和网络化程度加快提升，创新要素集聚推动新的主导产业跨越式发展，进而形成由大城市尤其是特大城市更多提供市场和就业，中小城镇侧重为转移人口提供住房和教育、医疗等公共产品的都市圈"同城化"互补联动格局。

（4）都市圈和城市群以外的其他地区由"齐头并进"推进工业化城镇化向注重提升粮食安全、生态安全、边疆安全等保障功能转变。未来"其他地区"要接受人口增长缓慢甚至持续流失的现实，将发展的重点由过去的追求经济增长、城市规模扩张，转变为保障粮食生产、生态安全、边疆安全。"其他地区"将不得不转变惯性增量规划思维，严控增量、盘活存量，引导人口和公共资源向城区集中，提高城市运营效率，把人财物和环保容量等资源腾出来给都市圈、城市群的发展。同时，都市圈、城市圈也将通过转移支付、生态补偿等二次分配模式弥补

"其他地区"的基础设施、公共服务均等化等财力不足和投入不足，最终实现区域间人民生活水平大体相当。

二、河南省区域协调发展方位分析

河南省区域协调发展轨迹基本与全国相似，呈现鲜明的阶段性和区域特殊性，大致经历了京广陇海十字形非均衡架构期（1949—1978年）、经济技术协作区横向联合期（1978—1990年）、县域经济壮大期（1990—1998年）、中原城市群引领带动期（1998—2012年）和全面统筹协调发展期（2012年至今）等五个阶段。随着中部崛起规划实施，河南省经济综合实力大幅提升，新型城镇化步伐加快，人民生活水平大幅提高，生态环境质量总体改善，全方位开放格局基本形成，"三区一群""四路协同""五区联动"建设取得了显著成效，在区域协调发展大局中的地位作用更显重要。

（一）河南区域协调发展态势分析

河南省地处内陆腹地，是我国地形第二阶梯和第三阶梯的过渡地带。区域发展不平衡不协调、开放型经济发育不足，是河南省的突出短板。十八大以来，河南省在全国开放大局谋划推动对外开放，从无到有打造空、陆、网、海"四条丝绸之路"，内陆开放高地建设取得显著成效，但绝对优势并不明显，依然面临周边地区激烈竞争。此外，在长期发展中，河南省下辖18个省辖市，由于地形、历史等原因，各地经济实力大小不一，区域发展不平衡、不充分、不协调依然突出，全省区域协调发展系数[①]由2010年的2.54逐步上升至2018年的2.70，省内发展态势明显分化（见图7）。

[①] 河南省区域协调发展系数是指，各省辖市GDP占河南省GDP比重减各省辖市常住人口占河南省常住人口比重的绝对值，乘以各省辖市常住人口占河南省常住人口比重的加总。该系数数值越高表明区域发展越不平衡。

图7　河南省协调发展系数变化趋势

数据来源：根据Wind整理计算。

1. "空陆网海"开放通道竞争激烈

（1）"空中丝绸之路"优势明显，航空发展面临激烈竞争。经过多年努力，郑州机场现已开通客运航线208条（含4条定期洲际客运航线）、货运航线34条，其中国际客货运航线56条（客运27条、货运29条），在全球前20位货运枢纽机场中开通15个航点，初步形成了横跨欧美亚三大经济区、覆盖全球主要经济体的国际枢纽航线网络。但随着国家加快临空经济示范区的统筹布局，相继批复设立了北京新机场、青岛胶东、重庆、广州、上海虹桥、成都、长沙、贵阳、杭州、宁波、西安、北京顺义、南京等13个临空经济示范区，区域间政策差异缩小，郑州市先发优势逐步消退，面临的周边竞争愈来愈烈。目前，郑州机场的国际通航点仍然较少，不足成都市的1/3、西安市的1/2。2018年下半年，郑州机场货邮吞吐量结束高速增长态势，全年仅增长2.4%；2019年上半年下降了9.7%，而西安市、武汉市持续保持高速增长，分别达到22.2%和23%。

（2）"陆上丝绸之路"中部领先，发展势头逊于"西三角"与合肥市。在陆权回归、"东引西进"的大背景下，河南省依托国际陆港开通中欧班列（郑州），构建形成以郑州为枢纽中心的"1+3"国际物流大通道（"1"指中欧物流通道，"3"指东向亚太通道、西向中亚枢纽和南向东盟通道），中欧班列（郑州）网络遍布欧盟、俄罗斯及中亚地区24个国家126座城市，实现了欧洲方向每周"去程九班、回程九班"往返满载运行。近年来，全国中欧班列的货运线路、发车时间均趋于成熟稳定，截至2018年年底，全国有59座城市开行中欧班列，运行线路达65条，形成"西三角"［成都（1591列）、重庆（1442列）、西安（1235列）］和"中三角"［郑州（752列）、武汉（423列）、合肥（182列）］多个区域中心群。"西三角"中欧班列开行量稳居全国前三，西安、合肥加速追赶，地区间竞争由比拼开行数量、补贴向比拼开行质量、服务质量转变，更加注重通关时间、物流时长、货值、重载率及公铁水国际多式联运，通过优质服务质量、低廉物流成本、精细化增值服务扩大市场份额。2019年8月，国家发展和改革委员会印发《西部陆海新通道总体规划》，意味着"西三角"地区将依托陆海新通道连接中亚和东南亚，真正意义上纳入国际分工体系，直接高效地参与全球贸易，深度融入全球产业链体系，郑州市面临的中西部竞争越来越大。

（3）"网上丝绸之路"特色鲜明，激烈竞争下落后于甬杭等先进地区。郑州市首创"网购保税1210"监管服务模式并向卢森堡等国复制推广，连续三年举办全球跨境电商大会，规划建设EWTO（电子世界贸易组织）核心功能集聚区，跨境电商综试区综合指标稳居全国第一方阵，2018年河南省跨境电商进出口（含快递包裹）1289.2亿元，增长25.8%。郑州市跨境电子商务的业态、模式和体制机制的创新动力减弱。中国电子商务研究中心通过交易规模、成长空间、产业渗透、支撑环境、平台集聚等五个指标，对2017年13个跨境电子商务综合试验区城市进行排名，郑州市"全球买、全球卖、全球送、全球付"特色突出，综合排名第5位；但与深圳、广州、杭州、宁波等城市相比，在构建完整跨境电商生态圈、产业链和发展多元化贸易等方面还有较大差距（见图8）。

图 8 2017年中国13个跨境电商综合试验区城市排名

数据来源：电子商务研究中心《2017年度中国城市跨境电商发展报告》。

（4）"海上丝绸之路"潜力巨大，成为扩大开放的重要突破口。从全国情况看，2011年以来铁水联运发展迅速，2018年运量增长30%，达到415万标箱，但主要港口铁水联运比例还较低，其中最高的青岛港和宁波港占比仅有5.4%和4.2%，铁海联运市场潜力巨大。河南省内河航运具有向南与淮河、长江水系贯通，向北与铁路、公路主通道连接，与能源产业基地衔接的特点，铁水联运、河海联运具有独特优势。未来，河南在将空陆网海"四路"作为有机整体统筹推进，通过提升铁海联运班列运营水平，加快淮滨港、漯河港、周口港等内河港口建设，创新发展河海联运和铁海联运，进而打通面向海外战略支点的海铁公多式联运国际物流通道方面，扩大全方位开放具有重要意义。

2. 省内城市发展分化态势明显

（1）城市实力"头部效应"明显，板块内分化加剧。从省辖市经济体量看，郑州市与洛阳市差距越拉越大，经济总量由2010年1.74∶1扩大至2018年的2.19∶1，常住人口由1.32∶1扩大至1.47∶1，人均GDP由1.40∶1扩大至1.50∶1。经济体量在0.5万亿~1万亿元的省辖城市缺失。南阳经济总量占比和周口人口总量占比显著下滑（见图9）。

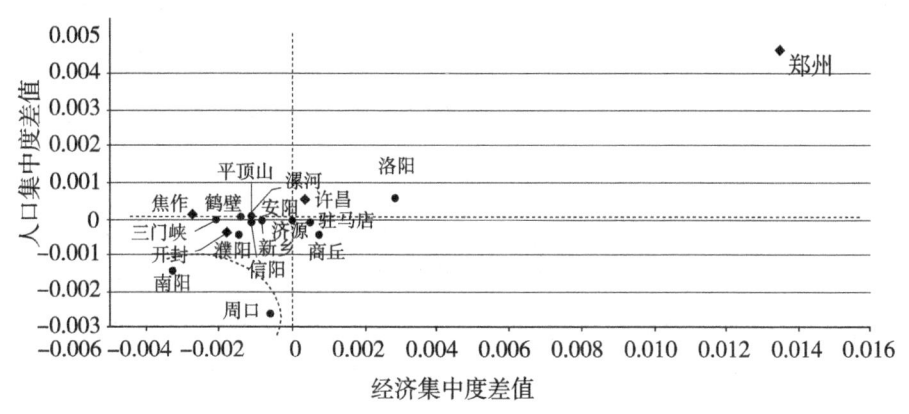

图9 "十三五"前三年河南各市经济—人口集中度差异变化

数据来源：根据 Wind 整理计算。

豫北豫西地区，济源、三门峡、焦作传统工业城市人均 GDP 明显高于其他地市，人口比重未出现大的波动，而焦作、三门峡两市经济比重下滑。从河南省辖市市区及县（市）经济体量看，郑州市区一枝独大的状况更为明显，所辖县市实力甚至超过一些省辖市市区（数据为各省辖市所辖区数据之和）。如，2017 年，新郑、中牟 GDP 分别高出新乡市区 300 亿元和 71 亿元；巩义 GDP 超过南阳和许昌市区；新密 GDP 分别高出漯河、开封市区 19 亿元和 33 亿元；荥阳、登封 GDP 超过安阳、信阳、平顶山、焦作、商丘、濮阳、三门峡、鹤壁、驻马店等市的市辖区。

（2）人口净流出量收窄，大都市区人口吸引力持续提升。河南是人口大省，更是流动人口大省，随着河南经济社会的发展和新型城镇化的加速推进，人口净流出量明显下降，而省内人口流动加速。2018 年外省流入河南的人口中 36.8%流入郑州市，同比提高 3.1 个百分点；省内跨市流动人口中 59.8%流入郑州市，同比提高 1.1 个百分点。[6] 周口、南阳、商丘等市人口净流出依然较大。"十三五"前三年，周口市年均净流出 9.4 万人，成为人口流出第一大市；南阳市年均净流出 4.6 万人；商丘市年均净流出 2.8 万人。此外，濮阳市人口净流出规模明显扩大，由"十二五"年均1.7万人上升到"十三五"前三年年均2.2万人。

3. 圈层板块互补格局尚未形成

(1) 郑州大都市区产业互补结构基本形成。2018年郑州市三次产业结构为1.4∶43.9∶54.7，未来服务业占比将进一步提升，预计将会达到65%~70%，甚至会更高。在都市区4个节点城市中，许昌、焦作偏工业，开封偏服务业，新乡二产相对稍高于三产（分别为47.9%和43.2%），总体产业结构相对合理（见图10）。但由于都市区产业统筹联动机制尚未成熟，4个节点城市在谋划产业发展方向时，存在"四多四少"趋向。即，考虑单兵突进的多，将都市区作为一个整体来考虑的少；在产业发展上考虑做"加法"的多，考虑有所为、有所不为做"减法"的少；考虑做都市区综合服务中心的多，真正想做一个功能中心和产业、人口引聚的"反磁力"中心少；担忧"大树底下不长草"的多，发挥比较优势实现"背靠大树好乘凉"的少。

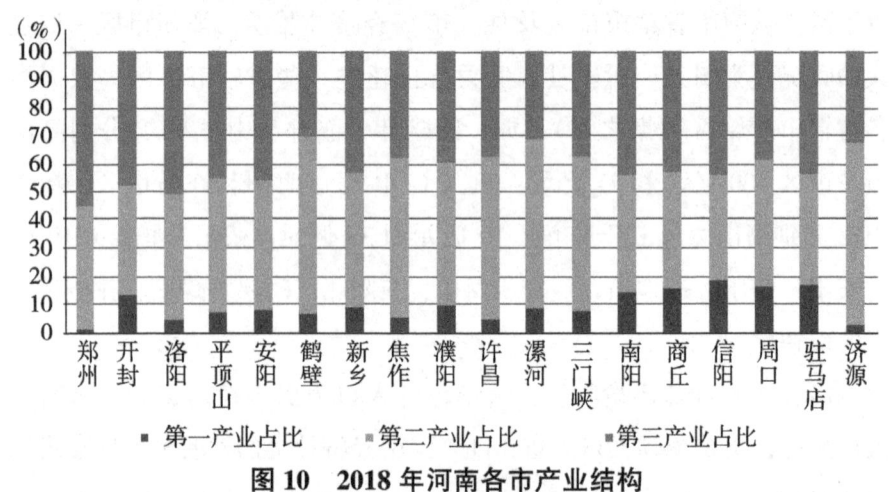

图10　2018年河南各市产业结构

数据来源：根据Wind整理计算。

(2) 洛阳都市圈产业结构加快调整孕育动力变革。近年来，洛阳在服务业特别是生产性服务业上发力，服务业持续较高速发展，三次产业结构由2014年的7.1∶51.1∶41.9调整为2018年的5.1∶44.6∶50.3，综合服务功能逐步增强，与平顶山、三门峡、济源等市形成了良好互动和优势互补的态势。

（3）三个区域中心城市短时期内难以带动周边发展。安阳三次产业结构为 8.2∶46.2∶45.7，与全省基本相当，经济总量相对不大，近年来经济增速持续下滑，特别是 2019 年上半年，第二、第三产业增速大幅低于全省各市，下滑幅度进一步加大，且鹤壁、濮阳与安阳有点类似，豫北地区整体处于转型最困难时期。豫东和豫南地区（除漯河外）整体呈现一产规模大、二产占比低、三产发展严重不足、经济集中度远低于人口集中度的现象，人均 GDP 基本处于全省最低水平。

4. 要素区域配置效率尚待优化

（1）投资增速逐级下滑，传统工业大市增速疲弱。河南固定投资增速保持高于全国 2~3 个百分点的水平，由 2010 年的 30% 逐级下滑至 2018 年的 8%（见图 11）。

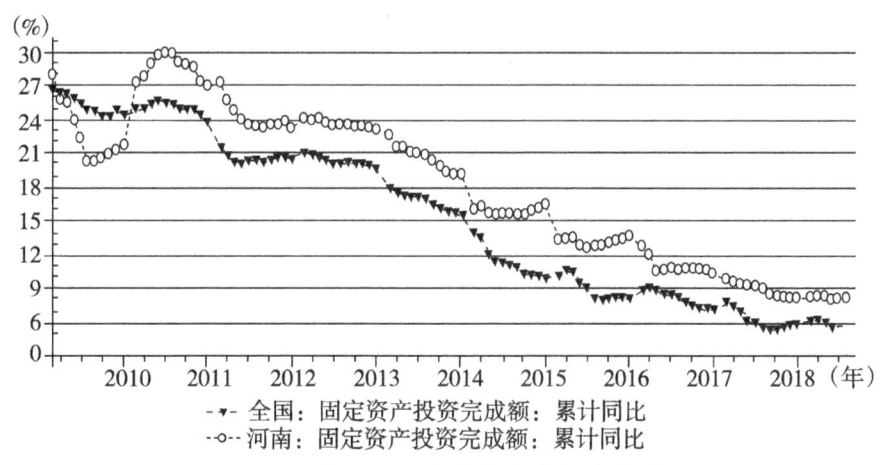

图 11 全国及河南固定资产投资增速

数据来源：根据 Wind 整理计算。

从各市数据看，2019 年上半年安阳、焦作、新乡、商丘等传统工业大市民间投资与工业投资增速均低于河南整体水平，民间投资、工业投资出现持续下滑态势。平顶山、信阳、驻马店和南阳等市工业投资增速相对较快，但民间投资增速不容乐观（见图 12）。

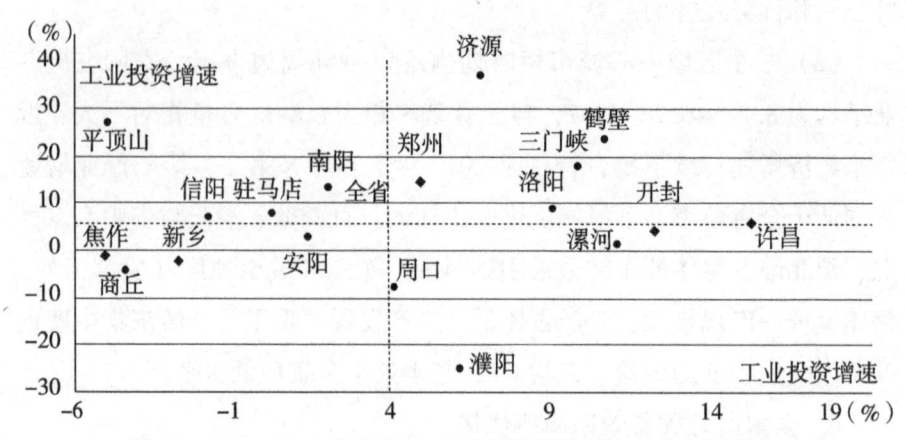

图 12　2019 年上半年河南各市民间投资与工业投资增速

数据来源：根据 Wind 整理计算。

（2）豫北劳动生产率整体高于豫南地区，人力资源流动将持续在城乡和区域间流动。2017 年，河南省平均劳动生产率为 6.6 万元/人，郑州、济源、三门峡等市超过 10 万元/人，黄淮四市和南阳市集中在 3 万~4 万元/人的水平（见图 13）。从一产劳动生产率看，开封市、鹤壁市利益于生态农业、观光农业，劳动生产率较高，周口市、南阳市劳动生产率较低，预示未来农业人口可能进一步转出。

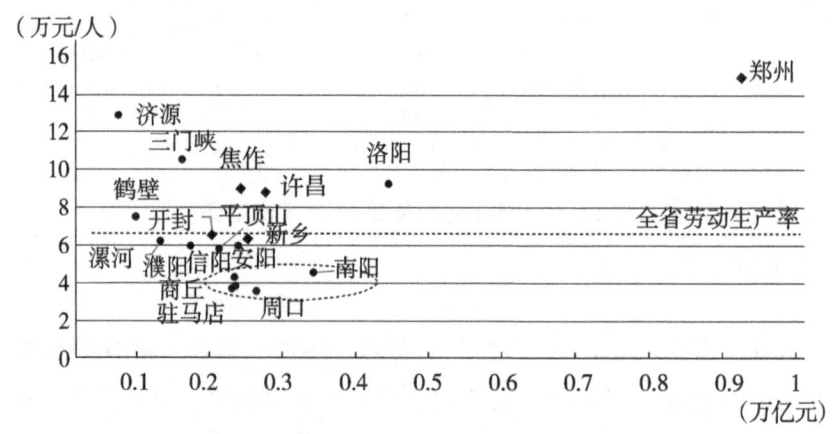

图 13　2017 年河南各市人均劳动生产率及 GDP

数据来源：根据 Wind 整理计算。

(3) 河南省地方财政税收收入 1/3 集中在郑州市，各市税收贡献率差异巨大。2018 年河南省地方财政税收收入为 2656.5 亿元，其中，郑州市贡献 859.5 亿元，占 32.3%。从单位 GDP 税收贡献率看，郑州市为每百元 GDP 产生 8.5 元地方财政税收，18 个省辖市中仅有漯河、三门峡、平顶山、鹤壁、开封等市与河南省 5.5 元的水平基本相当，而南阳、周口、信阳等市不足 3.5 元（见图 14）。

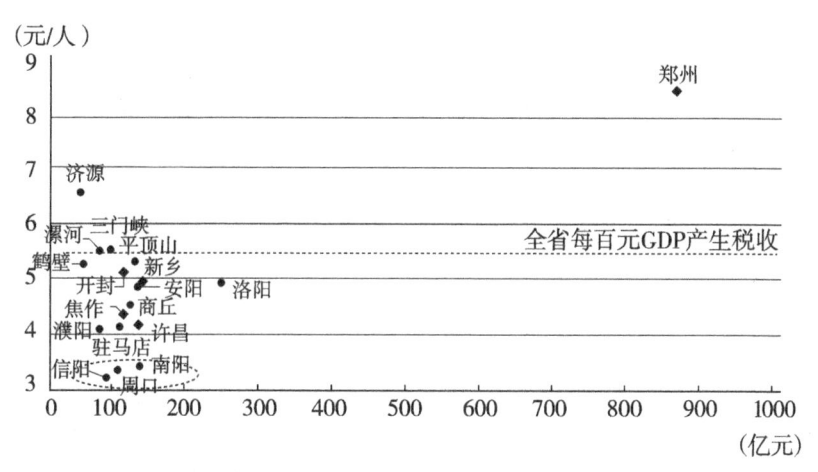

图 14　2018 年河南各市百元 GDP 产生税收及税收收入

数据来源：根据 Wind 整理计算。

（二）对河南区域协调发展战略认识

在谋划未来一个时期河南区域协调发展时，要以充分发展解决发展的不平衡问题，在发展中不断营造平衡；不平衡是促进区域协调发展的潜力空间，摆脱"齐头并进"推进各地工业化城镇化的困扰，把握人口流动方向与经济要素向回报率高的地方集聚的趋势，发挥各地比较优势，分类明确各地的功能定位和发展方向，最终实现人口与经济、公共服务水平与人均收入水平的大致均衡。

1. 促进区域协调发展的空间布局

按照国家将中心城市、都市区（圈）、城市群作为承载经济、人口重要空间形式的导向，结合人口流动方向及趋势，深刻认识四个协同区

"合作不足、竞争有余、分散突围"的现状，进一步优化生产力空间布局，明确都市区、都市圈、中心城市等经济人口承接空间，黄河生态经济带、大运河文化带、南水北调中线生态走廊、沿淮生态保育带和太行山、伏牛山、桐柏—大别山等生态空间的主导功能，大都市区周边市县融入次级经济区进行分散突围的战略导向，建立更加有效的区域协调发展机制和措施。河南区域协调发展的重点，近期可从郑州大都市区、洛阳都市圈和安阳、商丘、信阳、南阳、三门峡等5座城市圈三个层面进行考虑，远期形成以郑州市、洛阳市为中心，包括开封、新乡、焦作、许昌、平顶山、漯河、济源等市在内"郑洛（或河洛）同城化大都市圈"，周边5座城市圈强化与周边经济区、城市群紧密联系，共同拱卫"郑洛大都市圈"，形成"内收外放、核心突破"的优势互补高质量发展区域经济格局。

"内收"，体现在集中全省高端要素资源，打造郑州大都市区和洛阳都市圈，形成一体化发展向心力，为构建形成"郑洛（河洛）都市圈"奠定基础。将郑州大都市区作为一个基本区域单元，以互补共进的导向科学确定"开新焦许"四市的功能定位和发展重点，细化发展领域的负面清单，科学推进郑开、郑许、郑焦、郑新一体化发展，大幅提升郑州大都市区经济、人口承载能力。洛阳都市圈重点考虑向北、向东方向发展，可将济源市和孟津、孟州、偃师、伊川、宜阳、新安、义马等县（市）纳入，进行统筹规划，实现同城一体化发展。同时，加强与平顶山市、漯河市的经济交流和产业合作，推动平顶山市与宝丰县、鲁山县及叶县的一体化发展，促进郑州大都市区与洛阳都市圈连绵成片。

"外放"，体现在郑州大都市区、洛阳都市圈外围城市圈的培育与发展，促进其与周边经济区、城市群的组团联动，形成分散突围、共同拱卫的区域协调发展格局。引导安阳、鹤壁、濮阳组团发展，向北积极与京津冀协同发展区对接；商丘向东、向南发展，紧密与淮河经济生态带的经济联系，推动周口—阜阳—亳州组团基础设施和产业园区共建；

加快南阳—襄阳组团一体化进程，合力打造城市圈；推进三门峡市区—平陆县城一体化发展和义马—渑池同城化发展，提升对黄河金三角区域的辐射力和带动力。

"核心突破"，体现在全力抓好郑州国家中心城市这个带动经济社会发展和改革开放的总龙头，强化"四路协同""五区联动"，不断提高经济开放度和国际化水平，集全省之力打造"三中心一枢纽一门户"，使郑州国家中心城市成为引领郑州都市区乃至中原城市群，参与全球竞争、集聚高端资源的门户枢纽和战略平台，发挥带动全省区域协调发展的辐射带动作用。

2. 促进区域协调发展的顶层谋划

围绕推动区域经济高质量发展，重点绘制4张图。一是空间功能定位图。按照"多规合一"理念和方法，结合主体功能区规划实施，进一步优化生产力布局，按照提升中心城市和城市群经济、人口承载力的导向调整各地功能定位和空间规划，并结合大数据手段制作区域功能、主导产业、基础设施、公共服务分布的现状全景图和未来发展蓝图，形成"十四五"乃至未来一个时期发展空间形态变化的动态指引。二是产业转型升级路线图。深入推进供给侧结构性改革，在"追"与"转"中加快高质量发展，重点加强对自主可控产业链的选择、聚焦和调整，研究制定各地产业链基础高端化、产业转型升级路线图，形成"优势产业升级+新兴产业扩规+未来产业培育"的梯度培育发展路径，培育本土龙头骨干企业、独角兽企业、"隐性冠军企业"、瞪羚企业、中小微创新型企业的雁形企业梯队。三是资源要素分布图。结合各地功能定位和产业转型升级，重点对高端人才（团队）、"专精特新"企业、先进技术、重要载体平台等全国性、行业性资源要素进行数据整理，形成精准招商、精准对接的资源分布图谱。四是区域协同发展图。进一步细化明确洛阳都市圈和其他中心城市城市圈的发展范围与发展重点，以及与周边经济带、合作区的合作互动领域，健全交通互联互通、产业联动发展、生态合作、扶贫协作、人才交流、规划衔接、机制协调等关键领域的机制,将"内收外放、核心突破"的思路落到具体工作层面。[7]算清"人""地""钱"和资源环境4笔账。一是人口账。加强对户籍人口、常住人口、流动人口、年龄结构、人才结构等方面数据的整理和预测分析,研究制定鼓励生育、劳动力素质提升、高端人才引进、公共服务优化等政策,特别是应对人口老龄化等方面的储备性政策。二是土地账。对全域建设用地总量、年度新增建设用地、存在的可盘活土地、可入市的农村集体经营性土地进行摸底核算,研究土地资源向郑州大都市区、洛阳城市圈和重点中心城市倾斜的相关措施。三是资金账。综合考虑财税收入增速下行风险,对税源税基、财政收入、地方政府负债、中央转移支付与公共财政支出、基础设施建设等进行测算,摸清可用资金规模,划定政府债务安全底线。四是资源环境账。结合能源总量强度"双控"和能源利用增幅及结构变化等,测算能源外引内节、污染物排放的总量及结构,研究环境容量指标向重点区域倾斜的市场化机制,将以水定城、以水定地、以水定人、以水定产落到经济空间布局规划中。

三、相关对策建议

面对新时期中部崛起战略,站位要高,视野要广,格局要大,眼光要远,从趋势导向、产业谋划、发展平台、生态文明、政策储备等方面大处着眼、小处着手,超前谋划、因势利导。贯彻政策大导向,顺应把握国家缩小区域协调发展单元,确立中心城市引领城市群发展的区域协调格局以都市圈、城市群为重点优化生产力空间布局的导向,优化郑州大都市区、洛阳都市圈和安阳、商丘、南阳等中心城市为框架的区域协调发展格局,在具体工作层面突出"内收外放、核心突破"。

(一)优化区域协调发展格局

按照黄河流域生态保护与高质量发展座谈会和中央财经委员会五次会议精神,在优化河南全省区域协调发展格局时,建议聚焦都市区(圈)、大河流域、省际经济合作区和山川生态屏障,结合豫北、豫西地区环保压力相对较大、豫东豫南地区环保压力相对较小的现状,注重向心发展与分散突围、经济社会发展与生态屏障保护"两个并重",形成"一带引领、两心集聚、五向合作、三山拱卫、廊带增彩"的区域协调发展格局。"一带引领",即强化黄河流域生态保护与高质量发展,沿黄生态带地区以水定城、以水定地、以水定人、以水定产,强化水、路、岸、产、城联动,引领绿色发展、高质量发展。"两心集聚",即集中优势力量,科学配置资源要素,推动郑州大都市区、洛阳都市圈一体化发展。"五向合作",即安阳、鹤壁、濮阳等豫北地区积极对接京津冀协同发展战略,承接更多优质产业主体和公共服务资源转移;三门峡等豫西地区深入实施黄河金三角发展规划,加快产业转型升级;商丘、周口、漯河等豫东地区加强与淮河生态经济带合作,积极承接长三角产业转移;豫南和豫西南地区聚焦绿色发展主题,强化"两山两源"(伏牛山、桐柏—大别山,南水北调源头、淮河源头)生态功能,加快绿色发展步伐;其中,信阳、驻马店等豫南地区加强与长江经济带的经济联系,南阳等豫西南地区加强与汉江经济带特别是襄阳的经济合作和产业协同,推动组团发展。"三山拱卫",即将太行山、伏牛山、桐柏—大别山生态屏障纳入区域协调发展体系,综合考量和优化城镇、农业、生态布局。"廊带增彩",即强化南水北调中线生态走廊、隋唐大运河文化带的文化保护传承利用与农商文旅融合发展,优化人居环境,推动高质量发展。

(二)推进要素资源科学配置

河南省常住人口城镇化率突破50%关口,迈入城镇化中后期,人口流动将由城乡纵向迁移向城市间横向迁移、城乡纵向迁移并重转变,都市圈对人口的吸引力进一步增强,县城及县级市发展态势出现分化。构建形成优势互补高质量发展的区域协调发展格局,需要通过多种力量科学配置资源要素来引导和支撑。一是前瞻性研判各县(市)发展导向。把握经济发展客观规律和人口流动趋向,对各县级城市的经济和人口进行预测,按扩张、平稳、收缩三个趋向进行分类,为资源要素的科学配置奠定基础。二是推动土地、水、环境容量等指标向经济发展条件好的地区倾斜。积极稳妥推进土地制度改革，制定农村集体建设用地同等入市细则，在年度新增建设用地指标、占补平衡指标、增减挂钩指标上向都市区（圈）倾斜，提高"人地钱"挂钩配套政策精准度。落实以水定"城地人产"机制，在保障沿黄农田灌溉的基础上，适当增加都市区（圈）黄河取水指标份额。扩大污染物排污权有偿使用和交易规模，加快推进用能权交易试点建设，积极开展碳排放权交易，充分利用市场化机制扩大优势发展地区的资源权属类指标供给。三是强化区际利益补偿。完善多元化横向生态补偿机制，争取更多的生态纵向转移支付额度，创新与粮食主销区的合作模式，扩大省内资源权属交易规模，探索利用市场化方式填平生态功能区域和粮食主产区域的基础设施、公共服务均等化投入不足缺口的途径。

（三）积极稳妥推进行政区划调整

习近平总书记强调，行政区划本身也是一种重要资源。应首先重点考虑郑州大都市区内、区域中心城市周边的撤县设区和经济实力较强的省直管县撤县设市，分批、分次、积极稳妥推进，对于财政自给率高的县可优先考虑。如，郑州市中牟县（60.2%）、洛阳市孟津县（50.5%）、新乡市新乡县（55.3%）、平顶山市宝丰县（36.5%）、鹤壁市淇县（42.4%）的撤县设区以及武陟县（43.6%）的撤县设市可率先启动；对安阳市安阳县（17.6%）、濮阳市濮阳县（20.6%）与清丰县（16.8%）、周口市商水县（20.0%）的撤县设区和固始县（15.8%）、潢川县（16.4%）、新蔡县（13.6%）等撤县设市，建议开展前期研究和相关谋划工作，适时推进。

（四）谋划打造黄河流域跨区域合作示范区

加强省（区）间协调沟通，搭建共商共建共享的交流合作平台和统一的政策框架，为企业等市场主体深度参与黄河流域生态保护和高质量发展战略创造条件。争取国家相关部委支持，倡导建立沿黄九省（区）主要党政领导联席会议制度，在此基础上积极推动不同职能部门的跨区域协作机制构建，加强各地政府部门、城市间的政策协调，破解长期以来黄河流域产业发展同质化、生态保护地方化、文化传承碎片化的窘境。加快沿黄地区公共服务共建共享、基础设施互联互通进程，探索生态补偿、粮食交易、产业导入等稳定脱贫长效机制。支持郑州、开封、洛阳、新乡、焦作、濮阳、三门峡、济源等8个省辖市和安阳市滑县建设沿黄生态经济核心区，打造黄河流域生态建设与经济高质量发展先行区。

参考文献

[1] 袁惊柱.区域协调发展的研究现状及国外经验启示［J］.区域经济评论，2018（2）：132-138.

[2] 贾若祥，张燕，王继源，等.我国实施区域协调发展战略的总体思路［J］.中国发展观察，2019（9）：24-27.

[3] 肖金成，安树伟.从区域非均衡发展到区域协调发展——中国区域发展40年［J］.区域经济评论，2019（1）：13-24.

[4] 任泽平，熊柴.中国土地资源稀缺吗？［R］.北京：恒大研究院，2019.

[5] 姜舒寒.大城小镇70年：中国城镇化路径的"变"与"辩"［J］.环境经济，2019（17）：46-51.

[6] 河南省统计局.2018年河南人口发展报告［EB/OL］.河南省统计局官网，2019-06-14.

[7] 姚荣伟.未来已来，何以竞胜（下）：大尺度大视野编制"十四五"规划［EB/OL］.搜狐网，2019-08-26.

构建区域内部门比较的营商环境评价体系

——开封市营商环境第三方评估的实践

河南大学经济学院、中原发展研究院 李少楠

【摘要】 营商环境是一个地区软实力和核心竞争力的综合体现，也是支撑各类市场主体健康发展的重要因素，营商环境的优劣将直接影响招商引资的多寡，最终对经济发展状况、财税收入、社会就业情况等产生重要影响，与之相对应的营商环境评价则受到各级地方政府越来越多的重视。现有营商环境评价大多都是基于区域层面进行的评价，而政府是由众多职能部门组成的庞大体系，其规则和行为实施要具体分解到各个职能部门的各个岗位上。所以，要提高政府效能，创造良好的营商环境，很有必要建立起基于各职能部门行为比较的评价体系，督促指导各职能部门推进落实优化营商环境工作。只有对政府内部各职能部门为企业服务的效能和水平做出合理评价，并建立起比较排序和竞争机制，才能在整体上形成不断优化营商环境的内在机制，将改善和优化营商环境落到实处。

一、引言

营商环境是一个国家或地区各类市场主体所处的经营大环境，它包括影响各类市场主体活动的社会要素、经济要素、政治要素、法律要素、制度规则要素等方面，是一项涉及经济社会改革和对外开放众多领域的系统工程。一个地区营商环境的优劣将直接影响招商引资的多寡，同时也直接影响区域内的企业生产经营状况的好坏，最终对一个地区的

经济发展状况、财税收入、社会就业情况等都会产生重要影响。2018年4月8日，习近平总书记在博鳌亚洲论坛上发表主旨演讲时指出，"投资环境就像空气，空气清新才能吸引更多外资"，形象地说明了营商环境的重要性。李克强总理也多次在不同场合强调，"优化营商环境就是解放生产力、提升竞争力，是增强市场活力、稳定社会预期、应对经济下行压力、促进发展和就业的有效举措"。根据世界银行发布的《营商环境报告2020》，我国营商环境便利度在全球190个经济体中大幅提升，从2018年的第78位，升至2019年的第46位，又升至2020年的第31位，连续两年被世界银行评选为全球营商环境改善幅度最大的10个经济体之一。

随着对营商环境认识的加深、关注度的提升，越来越多的地区开始重视优化营商环境工作，国内外各大智库研究机构和地方政府也相继推出营商环境评价指标体系，出台优化营商环境重大举措。然而"营商环境评价指标体系"仍属于"新生事物"，它主要是利用一套全面、客观的指标体系把地区营商环境情况进行量化，直观反映营商环境的优劣，而针对不同区域范围、不同层级政府的营商环境评价指标体系也会有所区别。

二、构建区域内部门比较的营商环境评价指标体系的背景

（一）现有营商环境评价体系多是基于区域之间的比较

建立营商环境评价体系是经济转型发展的需要，通过分析营商环境指标，各地可以直观地看到自身短板所在，有助于提高补短板的针对性，更好地改善营商环境水平。其实，营商环境评价工作由来已久，其中，最为知名的当属世界银行的《营商环境报告》（Doing Business），其主要针对全球各经济体之间营商环境情况的评价。该报告从2003年开始已连续发布十多年，主要关注政府监管效率、营商便捷度等方面的情况，从企业开办设立到中间生产经营涉及的缴纳税费、获取电力、执行合同，再到退出涉及的企业破产、注销等企业全生命周期的各个环节

客观衡量营商环境。此外，国际上较为知名的还有经济学人智库（EIU）每五年发布一次全球各国家或地区的营商环境排名，科尼尔管理咨询公司连续11年发布的全球城市指数排名。

近年来，我国也有越来越多的研究机构探索区域或城市营商环境评价体系。例如，樊纲团队的中国分省企业经营环境指数、中国社会科学院倪鹏飞团队的城市竞争力报告、中山大学的城市政府公共服务能力评价、中国社会科学院的中国城市基本公共服务力评价、中国人民大学国家发展与战略研究院的《中国城市政商关系排行榜（2017）》等，这些评价集中在省级和城市政府提供的各类公共服务质量上。另外，还有政商关系和营商环境的具体内容评估，如政府廉洁度（中山大学）、电子政务和移动政务（清华大学、中国软件评测中心、中山大学）、政府透明度（中国社科院、上海财经大学、清华大学）等。

2018年以来，我国官方也正式开展了城市营商环境评价。由国家发展和改革委员会牵头，借鉴世界银行营商环境评价有关做法，按照国际可比、对标世行、中国特色原则，构建了中国营商环境评价指标体系，并于2018年在全国22座城市开展了试评价。2019年，经国务院同意，又印发实施了《中国营商环境评价实施方案（试行）》，在直辖市、计划单列市、部分省会城市和地县级市等40余座城市开展了营商环境评价。部分省份也参照国家制定的评价指标体系，结合经济社会发展实际，开展了对省域内各地市或县（市、区）的营商环境评价工作。

上述这些营商环境评价基本都是基于区域或城市之间的比较，是评价某一区域单元整体的营商环境水平，更多的是侧重于对一个地区营商环境结果的反映，而对于一个地区内部各职能部门具体落实优化营商环境工作的做法或者说优化营商环境的过程关注较少。

（二）构建基于区域内部门比较的营商环境评价体系的必要性

2019年10月22日，李克强总理签署国务院令，公布《优化营商环境条例》，条例界定了营商环境是市场主体在市场经济活动中所涉及的体制机制性因素和条件。明确要求优化营商环境工作应当坚持市场化、法治化、国际化原则，以市场主体需求为导向，以深刻转变政府职能为核心，创新体制机制、强化协同联动、完善法治保障，对标国际先进水平，为各类市场主体投资兴业营造稳定、公平、透明、可预期的良好环境。这就明确了优化营商环境要通过政府建立规则并施以相应的行为，为各类市场主体的经济活动营造良好的体制机制性因素和条件。

政府是由众多职能部门组成的庞大体系，其建立的规则和行为需要具体分解到各个职能部门的各个岗位上去落实实施，并且市场主体的众多经济活动也是通过与不同职能部门发生联系完成的，市场主体对营商环境优劣的感知就是通过各个职能部门展现的。所以，优化营商环境的规则和施以相应行为也需要通过各个职能部门反映落实。因而要提高政府效能，督促各职能部门落实优化营商环境工作，创造良好的营商环境氛围，就必须建立起基于各个部门行为比较的评价体系。也只有对区域政府内部各个部门为企业服务的效能和水平做出合理评价，并建立起比较排序和竞争机制，才能在整体上形成不断优化营商环境的内在机制，将改善和优化营商环境落到实处。

此外，前文已经提到，现有营商环境评价指标体系大多都是基于区域或城市之间整体营商环境优劣的比较，且比较时也多是以市场主体的经济活动事项发生的结果作为依据，能够直观看出一个区域或城市营商环境水平的好坏，但无法更加细化到事项发生涉及的环节和具体影响因素。这就使得政府在具体落实优化营商环境工作时不易找到有效的措施，也不利于各职能部门落实优化营商环境工作的积极性。构建基于区域内各部门比较的营商环境评价指标体系是督促各职能部门具体落实营商环境工作的重要抓手，也是对区域或城市营商环境评价的有益补充。

在建立基于区域内部门比较的营商环境评价体系方面，开封市开了先河，创造了有价值的经验。2018年年初，开封市启动了基于内部政府部门行为的营商环境评价工作，并引入河南大学中原发展研究院作为第三方评估机构，参照国内外各种营商环境评价体系，结合地方实际，构建了独具特色的评价指标体系，并具体组织实施。以两个月为一个周期，给出各部门营商环境综合排序，由书记、市长共同参加发布会并进行公开点评，排位靠后的部门要上台做检讨表态发言，极大地提升了各部门优化营商环境的意识，形成了争创优化环境的良性竞争机制，对优化区域整体营商环境起到了极大的推动作用。

三、区域内部门比较的营商环境评价指标体系的构建和特色

（一）指标体系的构建

基于区域内部门比较的营商环境指标体系设计的原则仍是围绕营商环境的便利化、国际化、法治化、市场化，在充分理解营商环境内涵的基础上，结合区域内各职能部门业务特性、职责范围不同，从各职能部门优化营商环境工作应该"做什么""如何做"为出发点，设定客观、可比的评价指标体系。

我们在设定指标体系以促进各职能部门协同推进全市优化营商环境工作落实为目的，体现市场主体和人民群众的期待和诉求，围绕企业群众办事方便、增强企业及群众幸福感获得感、提升政府服务等方面发力。评估指标体系主要包括政务公开透明度、政务服务满意度、政务办理效率、信息化建设情况、政策法规宣传及执行情况、业务办理公正透明情况、咨询投诉及反馈情况等7个一级指标，涵盖办事流程清晰度、业务办理满意度、办理业务效率评价、网上业务办理能力、政策法规执行落实情况、业务办理规范程度、咨询投诉及反馈满意度等26个二级指标、55个三级指标，[①] 在三级指标基础上，又根据被评估对象主要职责、业务内容的不同，进一步细化、量化为四级指标。指标数据类型主要包括主观数据、客观数据两类，其获取对象主要包括企业、群众及各职能部门（见表1）。

---

① 最初设定时包括业务办理数量、业务办理效率、服务态度、非现场办理、投诉及反馈5个一级指标，经过不断地探索研究，目前已经细化为7个一级指标、26个二级指标、55个三级指标。

表1 区域内部门比较的营商环境评价指标体系

一级指标名称	二级指标名称	三级指标名称	数据类型及获取来源
政务公开透明度	信息公开渠道情况	信息公开渠道数量：官网、微信公众号或微博、政府公报、线下宣传等	客观数据、各被评估单位
		企业及民众对信息公开渠道了解情况	主观数据、企业及民众
	办事流程清晰度	办事流程查询便捷度	主观数据、企业及民众
		办事指南清晰度	主观数据、企业及民众
		现场业务咨询或办理指引清晰度	主观数据、企业及民众
	业务办理所需资料及费用清晰程度	业务办理资料清单详细程度	主观数据、企业及民众
		业务办理所需费用明确程度	主观数据、企业及民众
	部门职责信息公开情况	部门内部科室职能划分明确度	主观数据、调研团队查阅资料
		部门职责清单内容详细度：职责、负责人、联系方式	主观数据、调研团队查阅资料
政务服务满意度	业务办理满意度	业务办理环境满意度	主观数据、企业及民众
		业务办理流程满意度	主观数据、企业及民众
		业务办理结果满意度	主观数据、企业及民众
	工作人员服务评价	工作人员服务态度	主观数据、企业及民众
		工作人员业务熟练程度	主观数据、企业及民众
		调研团队直观感受	主观数据、调研团队
	部门形象评价	部门人员工作作风评价	主观数据、企业及民众
		企业及民众对部门整体印象评价	主观数据、企业及民众
政务办理效率	事项办结率	该部门月度事项办结率	客观数据、调研团队查阅相关信息
	办理审批事项所需时长	审批业务办理时长达标情况	客观数据+主观评价、企业及民众

续表

一级指标名称	二级指标名称	三级指标名称	数据类型及获取来源
政务办理效率	工作人员技能水平评价	窗口工作人员技能水平评价	主观数据、企业及民众
	办理业务效率评价	办理业务耗时是否符合预期	主观数据、企业及民众
		企业及民众对业务办理效率打分	主观数据、企业及民众
信息化建设情况	官网信息完善及明晰度	官网信息完善程度	主观数据、调研团队查阅资料
		官网信息更新时效性	主观数据、调研团队查阅资料
		官网信息查询便捷度	主观数据、调研团队查阅资料
	新媒体信息完善及明晰度	新媒体信息完善程度	主观数据、调研团队查阅资料
		新媒体信息发布时效性	主观数据、调研团队查阅资料
		新媒体信息查询便捷度	主观数据、调研团队查阅资料
	网上业务办理能力	官网咨询及办理业务能力	主观数据、调研团队查阅资料
		新媒体咨询及办理业务能力	主观数据、调研团队查阅资料
		网上办理业务量占全部业务量比重	客观数据、各被评估单位
		网上办理事项占全流程的比例	客观数据、各被评估单位
		网上业务办理便捷程度	主观数据、企业及民众
	网上业务办理公示及反馈情况	网上业务办理进度公示情况	主观数据、企业及民众
		网上业务办理结果及反馈查询情况	主观数据、企业及民众

续表

一级指标名称	二级指标名称	三级指标名称	数据类型及获取来源
政策法规宣传及执行情况	政策法规宣传途径数量	政策法规宣传途径：官网、微信公众号或微博、线下宣传等	客观数据、各被评估单位
	政策法规宣传情况	政策法规宣传次数	客观数据、各被评估单位
		政策法规解读情况：官网、微信公众号等	客观数据+主观判断、调研团队查阅资料
		政策法规宣传效果	主观数据、企业及民众
	政策法规查询便捷度	查询了解相关政策法规便捷度	主观数据、企业及民众
	政策法规执行落实情况	政策法规执行落实情况评价	主观数据、企业及民众
		政策法规奖惩机制满意度评价	主观数据、企业及民众
业务办理公正透明情况	业务办理规范程度	业务办理程序是否规范	主观数据、企业及民众
		业务办理是否存在乱收费情况	主观数据、企业及民众
		业务办理是否存在强制委托中介服务情况	主观数据、企业及民众
	业务办理透明度	业务办理过程公开透明度	主观数据、企业及民众
		业务办理结果公开透明度	主观数据、企业及民众
咨询、投诉及反馈情况	咨询、投诉及反馈渠道多样性情况	咨询、投诉及反馈渠道数量	客观数据、各被评估单位
	咨询、投诉及反馈渠道畅通情况	咨询、投诉电话畅通情况	客观数据、企业及民众
		官网及微信公众号互动反馈情况	主观数据、企业及民众
	咨询、投诉及反馈满意度	咨询、投诉及反馈办理效率评价	主观数据、企业及民众
		咨询、投诉及反馈办理结果满意度	主观数据、企业及民众
	市长热线及信箱办结率	市长热线及信箱按期办结率	客观数据、市长专线
	企业投诉事件处理情况	企业投诉事件处理情况	客观数据、企业投诉中心

(二) 指标体系的特色

对比以区域或城市为对象的评价指标体系，基于区域内部门比较的营商环境评价指标体系具有如下特色。

(1) 立足于营商环境内涵，从各职能部门优化营商环境工作该"怎么做"入手，根据部门工作性质重构指标体系。就营商环境评价指标体系来说，由于区域内各部门权责职能不同，涉及业务内容不同，而现有参照世界银行构建的各种评估指标体系都是以地区为单位，其一项指标可能涉及若干个部门，而有些政府组成部门在全部指标体系中甚至都涉及不到，因此无法套用通用的区域营商环境评价指标体系。但是，各职能部门又是一个地区发展不可缺少的组成部分，一个地区营商环境的优化提升需要各部门协同、共同努力才能做好，对区域内各职能部门的评估也是非常重要的，这是督促各职能部门转变工作作风、提高工作效率、提升服务满意度的重要抓手。

其实，对一个地区的营商环境评价指标体系重点考察的无非就是办事便捷程度（或者说效率）、企业生存经营成本、政府为企业发展提供的服务情况等。而区域内各部门比较的营商环境评价指标体系也是基于这样的内涵，更加侧重优化营商环境工作的具体做法，督促各部门为企业发展提供更加便捷高效的服务，使企业群众办事方便、办事成本低、得到好的服务。例如，指标体系包括业务办理效率，这与对区域通用的评价指标体系中各类事项办理环节、办理时间等都是对应的，环节少、时间短，则效率就高。此外，政务信息公开、政务服务满意度、业务办理公平公正情况、信息化建设情况等都是围绕企业办事方便、更好地为企业提供服务等方面评价的。因此，各部门的营商环境评价指标体系虽然表面上与通行评估指标体系设定不一致，但其评价的内涵、评估涉及的主要内容是相通的。

(2) 增加主观评价指标，真正将营商环境好坏的评价权交给市场主体。目前通行的营商环境评价基础数据是以区域年度数据为依据的，年度数据相对好获取，并且以客观数据和办事结果为主，辅助于企业调查问卷验证客观数据的有效性。而基于区域内各部门比较的营商环境评价基础数据无法直接利用各部门客观数据进行对比，并且我们对各部门开展营商环境评价的目的还是督促和指导其具体落实推进优化营商环境工作，因而增加市场主体对各部门营商环境工作的主观评价更有意义，也更加客观。中原发展研究院对开封市各部门的营商环境评价是每两个月一次，频率较高，数据采集中客观数据相对较少，而通过企业调查、座谈，企业切身体会的主观评价较多，能够更加客观地反映近两个月企业办事过程中对被评估对象营商环境工作的评价。这也正是做到了把营商环境的评价权真正交给市场主体，让市场主体来评价各部门优化营商环境工作的好坏，让市场主体切身感受一个地区营商环境的优劣。

（3）在指标体系设定方法上，通过分级指标设定的方法，使最终的指标体系既相对统一，又针对各单位自身实际情况差异化对待，对各级指标进行差异化赋权，通过模型计算，最终对各单位优化营商环境得出综合评价。对评价结果的计算，总体上还是采用通用的"前沿距离法"，但对于部门之间比较细化的三级指标和个性化的四级指标计算时，通过差异化赋权，分级倒推上级指标权重，使得结果既可对比，又更加客观。在对各级指标赋权时，充分考虑各指标对地区营商环境水平优化提升的重要性、时效性、变动性等因素，差异化赋权，这样能够依据各地区优化营商环境的实际情况，突出重点、强化落实，体现政府工作的重点和重心。

四、开封营商环境第三方评估的实践及效果

2018年以来，开封市委、市政府就高度重视优化营商环境工作，将其作为全市工作的重点，出台了《开封市进一步优化营商环境实施方案》《开封市优化营商环境双月通报点评例会实施方案》《开封市优化营商环境双月点评第三方评估方案》等文件，建立起了优化营商环境双月通报点评例会制度，并委托河南大学中原发展研究院为全市市直各单位和县（区）优化营商环境工作进行每两个月一次的第三方评估，

定期公开发布评估结果，并运用评估结果对各单位优化营商环境工作进行奖惩。中原发展研究院在开展营商环境第三方评估工作时，坚持对标国际一流营商环境，在参照借鉴世界银行及国家、河南省营商环境评价指标体系的基础上，结合开封经济社会发展实际及被评估对象的特点，立足以评促改、以评促建的原则，制定完善了针对市直相关单位和县（区）两套具有"开封特色"的营商环境评估指标体系，力求督促和调动各县区及市直相关单位优化营商环境工作的热情，举全市之力将一流营商环境打造成古都开封的新名片。

在评估指标体系构建的基础上，具体评价工作严格立足第三方角度，遵守客观、公正的原则，组织硕士研究生团队依据评价指标体系多渠道采集一手数据。通过组织企业家座谈会、走访企业、随机采访办事群众、查阅资料、部门提交数据等方式，多渠道核验采集数据的可靠性、真实性，并对数据进行标准化处理，剔除无效数据，以保障结果的客观公正。同时，采集数据实行小组形式，每3～5个人为一组，负责多个部门的数据采集，各组之间相互检查数据采集和录入的准确性，且每次评价采集数据都对评估团队进行交互调整，以避免或降低人为对结果的影响，真正从评价过程到结果多种措施保障评价质量。并且针对评价结果，要对各级指标评分进行分析，查找优化营商环境工作的短板和优势，提出针对性建议，以保证评价结果应有的意义和效果。

经过两年十次的优化营商环境第三方评估工作，开封市营商环境水平明显改善，各级政府领导及相关职能部门对优化营商环境工作高度重视，积极主动为企业发展、群众办事提供便利和优质服务，将便民利企工作落到了实处，得到了企业及群众的好评。在2019年河南省发布的《开封营商环境评价报告》中，开封市在18个地市中总排名第七，其中，政务服务和获得电力两个指标排名全省第一，市场监管和缴纳税费两个指标排名全省第二，另有多个指标在全省排名都位居第一方阵。这些排名靠前的指标都是体现开封营商环境软实力的重要指标。

激活河南省民间投资研究

河南省社会科学院　袁金星　高璇

【摘要】改革开放以来，伴随着市场经济的发展以及国家相关政策的变化，河南省民间投资不断发展壮大，日益成为促进全省经济发展、调整优化产业结构、繁荣城乡市场、扩大社会就业的重要力量。随着经济进入新常态，河南省民间投资出现了一些新的矛盾和问题，增速自2015年第四季度开始出现断崖式下滑，2016年跌至5.9%，2017年小幅回升后2018年再次探底，跌至2.9%，表现持续低迷。当前，河南省正处在决胜全面建成小康社会、谱写新时代中原更加出彩新篇章的关键时期，民间投资对于促进经济高质量发展的重要作用不言而喻，在这种背景下，迫切需要把激活民间投资活力放在全省经济工作更加突出的位置，向社会传递更多积极信号，进一步扩大民间投资的关联效应和乘数效应，使民间投资为促进中原更加出彩提供更多动力。

一、河南省民间投资发展比较分析

（一）与全国平均水平对比

从民间投资增速变化趋势看，呈"整体下降"特征，全国由24.8%下降到8.7%，河南省由24.8%下降到2.9%。从增速变化阶段看，呈"先下降、后反弹、再分化"的特征，2012—2016年为同步下降阶段，2017年河南省和全国均小幅反弹，2018年开始分化，全国增速保持继续回升，河南省增速再次探底，并且河南省增速开始低于全国平均水平（见图1）。

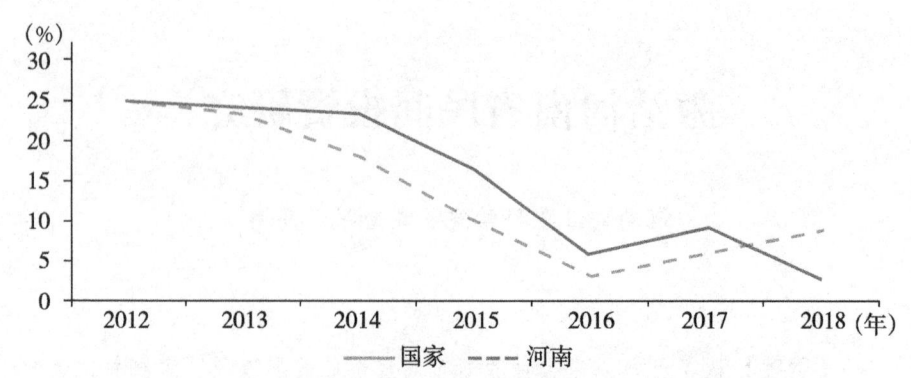

图1 2012—2018年河南民间投资增速与全国平均水平比较

数据来源：历年中华人民共和国及河南省《国民经济和社会发展统计公报》。

从民间投资增速变化幅度看，呈"先同步、后扩大"的特征，2013—2016年，两者降幅基本同步，2016年河南省下降幅度大于全国3.8个百分点，到2018年，下降幅度差距扩大到8.9个百分点。从占比变化情况看，呈"一稳一降"特征，全国民间投资比重基本稳定，略高于60%，变动幅度不超过3.8个百分点；而河南省下降明显，由2015年最高的84.9%快速下降到2018年的71.2%（见图2）。

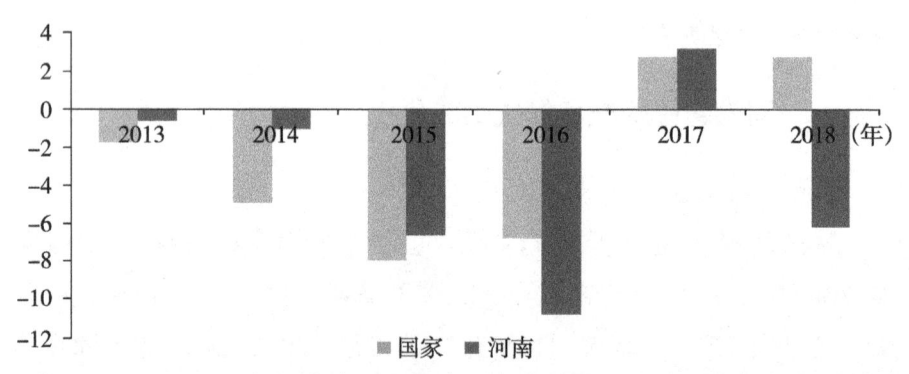

图2 2013—2018年河南省民间投资增速变化幅度与全国平均水平比较

数据来源：历年中华人民共和国及河南省《国民经济和社会发展统计公报》。

对比可知，宏观经济形势对河南省民间投资影响较全国而言"来得晚、影响深"。所谓"来得晚"，2012—2015年，河南省增速下降幅度均小于全国，到2016年才出现大幅下滑，主要是由于河南省产业结构以资源型、基础型产业为主，受市场变化信号传导相对较慢，民间投资反映相对滞后。所谓"影响深"，河南省民间投资增速在2017年小幅回升之后2018年再次探底。一方面由于河南省民间投资主要集中在煤炭、有色、制造等传统领域，受相关政策影响，市场需求持续低迷，对投资信心形成了负面影响；另一方面很多政策落地难、操作难，加上河南省民企整体实力不强，应对经济周期变化能力不够，对投资前景没有形成良好预期（见图3）。

图3 2012—2018年河南省及全国民间投资占固定资产投资比重比较

数据来源：历年中华人民共和国及河南省《国民经济和社会发展统计公报》。

（二）与沿海发达地区对比

从民间投资增速变化趋势看，呈"两降一稳一反弹"的特征，即河南省、广东省整体呈"明显下降"态势；江苏省"基本趋稳"；浙江省则实现了"V"型反弹。从增速变化阶段看，呈"先下降、再分化"的特征，2014—2016年为同步下降阶段，之后河南省"先反弹、再探底"；广东省继续"缓慢下降"；江苏省"缓慢回升"；而浙江省实现了"快速回升"（见图4）。

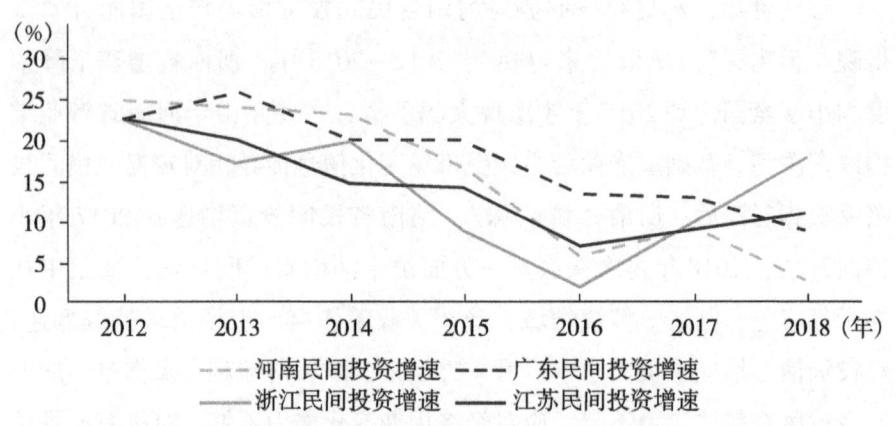

图 4　2012—2018 年河南省民间投资增速与广东、浙江、江苏三省比较

数据来源：历年河南省、广东省、浙江省、江苏省《国民经济和社会发展统计公报》。

从民间投资增速变化幅度看，呈"先同步为负、后正负分明"的特征。2015—2016 年，四省增速幅度均为负；2018 年四省增速变化幅度为"两正两负"，江苏省、浙江省正向变化；河南省、广东省负向变化。从占比变化情况看，呈"有升有降、升降并存"的特征。河南省占比"持续下降"，江苏省占比"持续上升"，广东省占比"先升后降"，浙江省占比"先降后升"（见图5）。

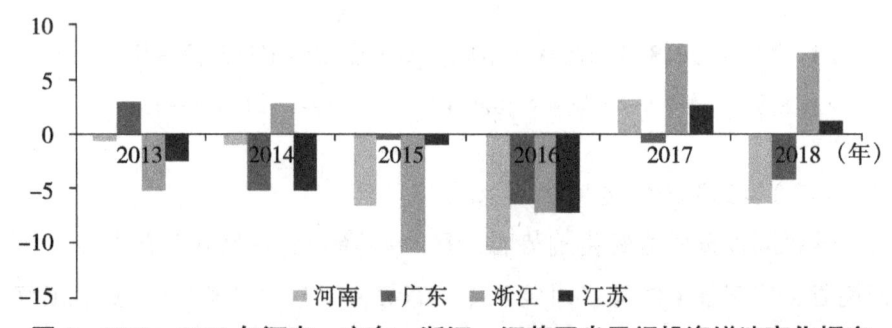

图 5　2013—2018 年河南、广东、浙江、江苏四省民间投资增速变化幅度

数据来源：历年河南省、广东省、浙江省、江苏省《国民经济和社会发展统计公报》。

对比可知，广东、浙江、江苏三省民间投资整体表现好于河南省。三省同属沿海发达地区，市场化程度高，产业转型升级在全国前列，民间资本相对充裕，营商环境全国领先，在国家出台鼓励政策后，投资者迅速形成了积极的预期，实现了民间投资的快速回升。反观河南，正处在"经济转型、爬坡过坎"的阶段，加上政府在执行相关政策时"轻落实"，企业经营各项成本没有明显改善，民间资本的观望情绪比较浓，整体仍处于低迷状态（见图6）。

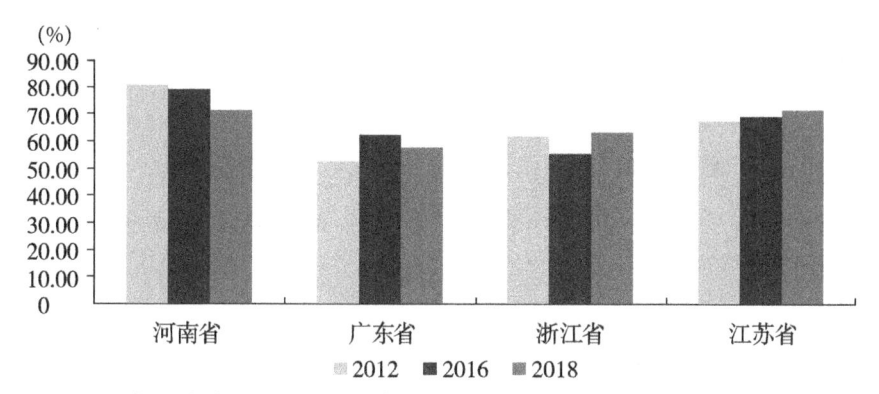

图6 河南、广东、浙江、江苏四省民间投资占固定资产投资比重变化

数据来源：历年河南省、广东省、浙江省、江苏省《国民经济和社会发展统计公报》。

（三）河南省与中部其他五省对比

从民间投资增速变化趋势看，呈"两降两稳两反弹"的特征，河南省、山西省整体"大幅下降"；湖北省、江西省经历下降后"基本趋稳"；湖南省、安徽省经历下降后迅速实现"V"型反弹。从民间投资增速变化阶段看，呈"先下降、再分化"的特征。2014—2016年，六省同步进入下降通道，随即进入"分化"阶段。2017—2018年，湖南省、安徽省实现"快速回升"；河南省、山西省"先小幅回升、再深入探底"；而湖北省、江西省总体保持"升中趋缓"（见图7）。

从民间投资增速变化幅度看，呈"下降幅度较大、升降幅度分化"的特征，即：2014—2016年，六省增速下滑幅度比较大，特别是2016年，五个省降幅超过10个百分点；2016年以后，六省出现了较大差异，湖南省、安徽省回升幅度十分明显；湖北省、江西省略有回升；而河南省、山西省下降幅度再次扩大（见图8）。

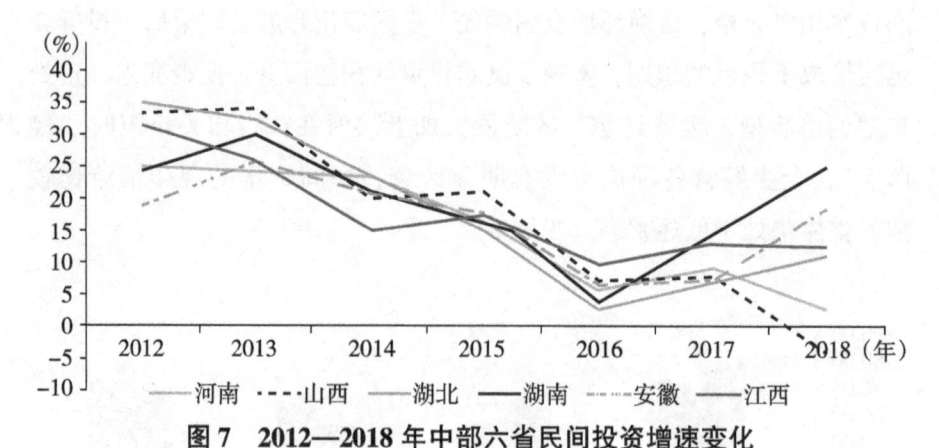

图7　2012—2018年中部六省民间投资增速变化

数据来源：历年河南省、山西省、湖北省、湖南省、安徽省、江西省《国民经济和社会发展统计公报》。

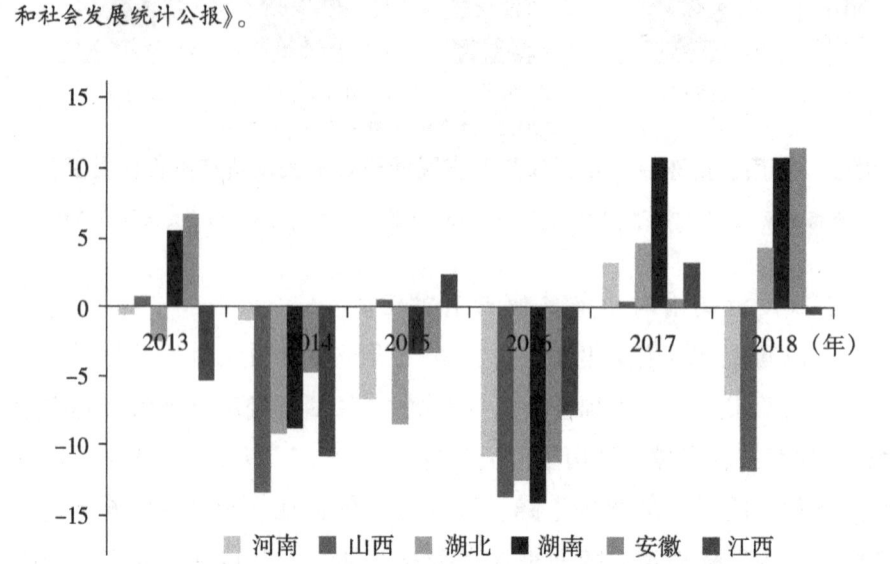

图8　2013—2018年中部六省民间投资增速变化幅度

数据来源：历年河南省、山西省、湖北省、湖南省、安徽省、江西省《国民经济和社会发展统计公报》。

对比可知，2016年以来中部六省民间投资表现差异性比较大。湖南省、安徽省表现抢眼，湖南省产业结构较为合理，紧邻珠三角，带动了大量民间投资；安徽省近几年新兴产业发展迅猛，积极融入长三角分工协作，沪苏浙在安徽省进行了大量投资。湖北高新技术产业实力雄厚、城镇化水平中部领先；江西近几年经济增速持续保持全国"第一方阵"，发展条件相对较好，两省很快有效扭转了民间投资下滑态势。河南省、山西省能源原材料、重化工产业占比较高，经济下行造成传统产业发展困难，使民间投资形成了不良预期，加上政府政策传导机制不畅、成本上升、转型困难、信心不足、回报下降等问题在民间投资领域集中体现，对政府引导提出了更大的挑战。

（四）与其他典型省份对比

从民间投资增速变化趋势看，呈"一探底三回升"的特征，即河南省经过大幅下降、短暂小幅回升后再次下降"探底"；四川、贵州、陕西三省在经历大幅下降后均实现了触底回升，虽未恢复到之前水平，但企稳态势明显。从民间投资增速变化阶段看，呈"先同步下行、再逐年分化"特征，即2012—2014年，四省民间投资增速均处于下降通道；2015—2018年，四省每年都有新的变化，2015年四川省开始触底回升；2016年陕西省开始触底回升；2017年贵州省开始触底回升；而2018年河南省继续探底（见图9）。

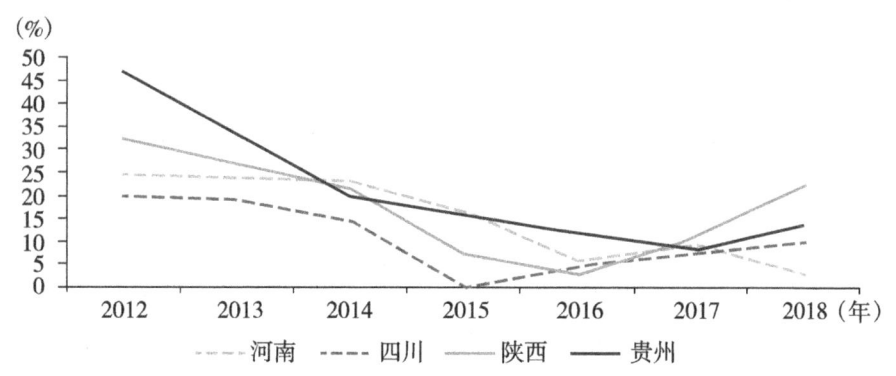

图9 2012—2018年河南、四川、贵州、陕西四省民间投资增速变化

数据来源：历年河南省、四川省、陕西省、贵州省《国民经济和社会发展统计公报》。

从民间投资增速变化幅度看，呈"降幅大、升幅小"特征。"降幅大"，即进入下降通道以来，四省下降幅度十分显著，四川、陕西、贵州三省最大下降幅分别为 14.3 个、13.6 个和 13.9 个百分点，比河南省最大降幅 10.7 个百分点都要多，说明经济形势的变化对西部地区影响更为显著；"升幅小"，即四川、陕西、贵州三省增速虽然有回升，但回升幅度明显小于之前下降幅度，整体仍未恢复到原来水平（见图 10）。

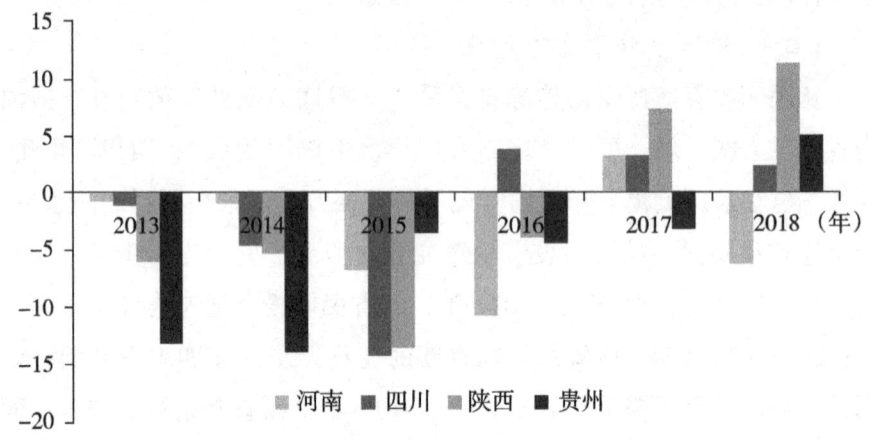

图 10 2013—2018 年河南、四川、贵州、陕西四省民间投资增速幅度变化

数据来源：历年河南省、四川省、陕西省、贵州省《国民经济和社会发展统计公报》。

对比可知，宏观经济环境趋紧对西部省份产生的影响比河南省更为显著，但经过采取措施，整体已经企稳回升，而河南省增速则再次探底，反映出河南省民间投资问题更为复杂。四川、陕西、贵州三省仍处于投资拉动发展阶段，受产能过剩、劳动密集行业成本上升、房地产去库存等影响，整个民间投资增速下行较快，这些省份的后发优势十分显著，在基础设施、公共服务等领域民间投资的空间也比较大，再加上民间投资规模基数小，经过相关政策的刺激，较快地释放了发展红利，实现了民间投资的企稳回升。河南省正处于爬坡过坎、攻坚转型的紧要关口，长期积累的结构性矛盾比较突出，民间投资规模基数大，对刺激政策反应相对较慢，快速回升难度较大。

二、当前河南省民间投资存在的问题

（一）民间投资增速下滑明显

2012年以来，河南省民间投资增速从变化趋势来看，呈"整体快速下降"特征。2012年河南省增速仍处于高位增长阶段，达到24.8%，随后开始缓慢下滑，2015年开始迅速下降，到2018年增速仅为2.9%，七年间增速下降了21.9个百分点（见图11）。

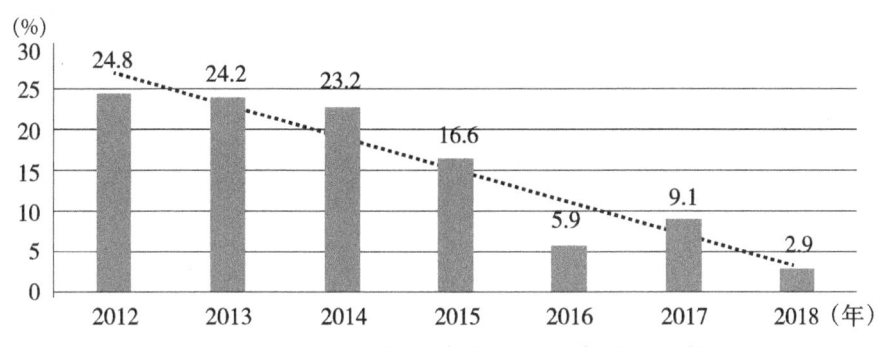

图11　2012—2018年河南省民间投资增速趋势图

资料来源：历年《河南省国民经济和社会发展统计公报》。

（二）民间投资份额下降明显

2016年以来，河南省民间投资占固定资产投资的份额下降明显。2015年，河南市民间投资份额达到峰值，为84.9%，随后开始持续下降，到2018年，份额为71.2%，三年时间下降了13.7个百分点（见图12）。

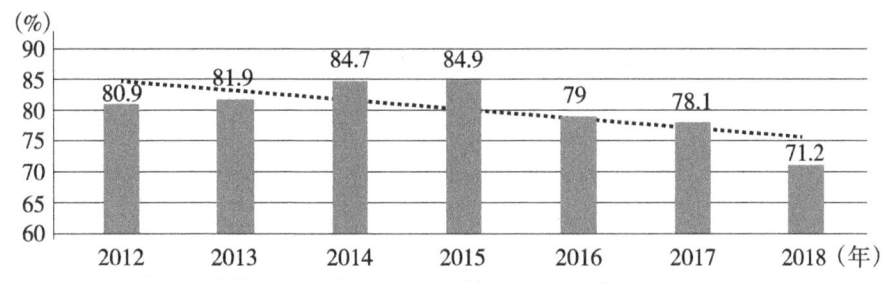

图12　2012—2018年河南民间投资占固定资产投资份额

数据来源：历年河南省、四川省、陕西省、贵州省《国民经济和社会发展统计公报》。

（三）民间投资信心不足明显

一是市场看空情绪加重。2015年以来,制造业投资增速下降至个位数,2018年仅为3.4%;房地产投资增速2016年以后呈现断崖式下降态势,2018年为-1.1%,说明民间资本投资意愿明显降低(见图13)。二是持币观望情绪加重。2016—2018年间,全省非金融企业存款下降态势明显,2018年非金融企业存款仅增加386.71亿元,民间资本投资主体出现了明显的持币观望情绪。

图13　2012—2018年河南制造业、房地产业投资增速趋势图

数据来源:历年《河南省统计年鉴》。

（四）民间投资分化态势明显

一是地区分化明显。郑州、周口、濮阳、三门峡等市民间投资较为活跃,2018年增速均在10%以上,新乡、许昌、开封等市民间投资较为缓慢,2018年增速均在2%以下,新乡市甚至出现了负增长。二是行业分化明显。采矿业、建筑业、批发与零售业、租赁与商务服务业等传统行业投资处于负增长或缓慢增长态势,科学研究和技术服务业、信息传输、软件和信息技术服务业等新兴产业处于高速增长态势。三是内外分化明显。2018年全省民间投资增速仅为2.9%,而对外投资增速却屡创新高,2018年增速超10%,呈现"由内向外""外热内冷"现象。

（五）民间投资空间变窄明显

数据显示，河南大量资本"逃离"实体经济，流向楼市、汇市、股市等虚拟经济市场，2018年河南省金融业增速投资高达73.8%，非金融企业存款达到16188.8亿元，占各类存款的25.3%，实体经济领域的投资增速较为缓慢，有些领域甚至出现了负增长态势，如采矿业、建筑业、批发与零售业等实体行业均出现了不同程度的投资缩减态势，"脱实向虚"特征突出。

三、产生问题的原因分析

（一）预期之忧，民间投资面临"不敢投"难题

一是对经济周期认识不足。当前河南正处在"四期叠加"阶段，面对这一新的发展时期，相当一部分企业家没有认识到变化的新趋势，没有认识到企业投资盈利点已发生改变，形成了"不敢投"的压力。二是去产能和环保限产政策挫伤了民企积极性。钢铁、煤炭等传统行业开始全面收缩，企业经营和债务危机开始不断出现，使得投资趋于谨慎。三是投资回报率下降。在很多领域，竞争日趋激烈而利润空间缩小，加上监管松懈所造成的"劣币驱逐良币"现象，使得产业和服务升级难以实现，资本投资回报率明显下降，让投资者信心陷入低迷。

（二）成本之忧，民间投资面临"不想投"的难题

一是要素成本持续上升。劳动力、土地、原材料等生产要素成本持续上涨，加上环境约束成本也在不断增加，影响了投资积极性。二是制度性成本仍然较高。行政审批办理流程多、手续繁等问题依然存在，比如省环保部门已把10亿元以下工业项目审批权限下放到市区一级环保部门，但实际工作中市级环保批复时间比省级部门要长得多，类似情况挫伤了民间投资意愿。三是融资成本居高不下。目前地方商业银行贷款在对民间投资主体贷款中，往往不断增加附加条件，如过高上浮贷款利率、附加承兑贴现等，使融资成本进一步提高，影响了投资热情。

(三)能力之忧,民间投资面临"不能投"难题

一是民间投资存在路径依赖问题。从投资行业来看,当前民间投资仍主要集中在传统行业领域,这些重化工、重有色金属等传统行业,在"去产能""去库存"作用下,投资盈利空间进一步缩小,依靠投资传统领域的投资行为显然不可持续。二是民间投资存在能力不适应问题。战略性新兴产业应是未来民间投资的主战场,但其具有长周期性、高风险性、高投入性等特点,且面临着资本短缺、核心技术储备不足、抗风险能力较弱等发展瓶颈,民间投资主体难以判断其风险,造成"不能投"。

(四)门槛之忧,民间投资面临"无处投"的难题

一是市场准入不公平问题依然存在。比如中央出台了一系列政策措施有序向社会资本放开配售电业务,但仍没有完全开放,民间资本只能进入售电侧的增量部分业务等,类似的条条框框太多,造成"无处投"。二是市场不公平竞争问题依然严重。过快增长的国有资本投资,不可避免地会对民间投资产生挤出效应,比如很多PPP项目民间资本难以进入,多为国有资本"量身定做";另外,地方政府和金融机构在选择投资对象时会带有"有色眼镜"挑选,在规模上"重大轻小",在身份上"重公轻私"等,这些都导致民间投资难公平以待。

(五)渠道之忧,民间投资面临"无力投"的难题

一是直接融资少。从数量上看,2018年全省有主板上市企业79家,而广东、浙江、江苏三省分别为584家、429家和396家,中部的安徽省、湖北省分别为103家和101家,很明显河南省直接融资能力偏弱;从质量上看,2018年全省79家上市企业中,业绩下滑的有23家,15家出现亏损,且79家上市公司直接融资仅431.73亿元,不及广东1/10。二是间接融资难。一方面银行对民间投资主体贷款要求严格、审批条件苛刻,甚至存在歧视性贷款政策;另一方面银行抽贷断贷压贷现象较为普遍,造成企业资金链紧张,"无力投"现象突出。三是民间融资风险高。河南省很多民间投资主体通过民间借贷解燃眉之急,年利率

大多在20%以上，甚至更高，造成不堪重负，无力进行再投资。

（六）环境之忧，民间投资面临"不愿投"的难题

一是政策环境不优。相关政策"一刀切"、不配套、难兑现问题突出。比如民间资本在对接"一带一路"建设及国家重大战略上蕴藏着巨大商机，但如何引导民间资本与国家战略对接缺乏具体的措施。二是政商关系不畅。河南省部分政府官员"谈商色变""躲商""冷商"，"不作为""不会为"现象突出，"门好进，脸好看，事不办"，投资者"被冷落感"、失落感比较普遍，"不愿投"情绪严重。三是市场环境不公。民企与国企、本土企业与外来企业存在明显的不平等问题，挫伤了本土民企投资积极性。此外，法律体系不健全、服务意识淡薄等也对民间投资形成了一定的负面影响。

四、激活河南省民间投资的对策建议

（一）加快形成激活河南民间投资的组织合力

一是建立联席会议制度。发挥省促进非公有制经济健康发展领导小组作用，明确各部门的权责，推动形成省市联动、部门协作的工作格局。二是推动政策"上接天线、下接地气"。一方面做好政策之间的统筹协调，消除政策"打架"问题。另一方面强化与上位法的对接，该取消就取消、能突破则突破，保证政策的可操作性。三是开展政策落实专项督查工作。结合国务院督导组反馈的河南问题，开展"回头看"，切实推动各部门各地把好的政策用起来。四是搭建民间投资服务平台。利用平台集中发布民间投资政策、惠企政策等信息，同时接受企业各类投诉，做到企业诉求有渠道、办事有平台、困难有人帮。

（二）稳定河南民间投资预期、提振投资信心

一是正确解读宏观经济形势。开展"经济专家进千企、进基层"活动，唱响中国经济、河南经济光明论，稳定和改善投资预期。二是多渠道、广范围宣传民间投资政策。在广播电视、党报党刊开辟民间投资专栏，综合运用现代传媒手段，高密度宣传相关具体措施，保持对民间

投资大力支持的舆论态势。三是切实加强产权保护。推动省、市高院开展产权保护案例宣传活动，用实际行动体现政府依法保护投资者权益的决心。四是开展河南省民营企业家队伍形象提升行动。重点依托省、市工商业联合会，开展民企高管教育培训，强化企业家荣誉感和责任感，激发内心投资动力。

（三）推动金融业在激活民间投资中更加发力

一是组织开展金融服务民间投资专项检查。重点排查"企私捆绑""以存转贷"等行为，引导金融机构将授信尽职免责机制和容错纠错机制执行好，更好地为实体经济服务。二是积极探索政银保担合作模式。发挥财政资金引导作用，扩大还贷周转基金规模，继续完善小微企业信贷风险补偿机制，探索设立中小企业信用担保基金，推动各方形成风险共担、利益共享的共同体。三是引导金融豫军加大信贷支持力度。建议金融主管部门引导省内金融机构专门针对河南民间投资需求和特点制定相关信贷管理办法，降低门槛，适当提高贷款不良率容忍度。四是鼓励企业开展直接融资。加大财政奖补力度，支持企业到中原股权交易中心"上市后备板"、沪深交易所和境外上市融资。

（四）以继续深化改革拓展河南民间投资领域

一是优化企业投资负面清单管理模式。积极探索负面清单和产业准入的审管分离制度，早日建立以事中事后为重点的新型监管和追责体系。二是发布"两个目录"。尝试动态发布《河南省重点传统产业转型升级引导目录》《河南省略性新兴产业重点产品和服务指导目录》，引导省市各类基金对列入目录的项目进行重点支持。三是深化土地管理制度改革创新。参照长沙经验，完善产业用地弹性出让政策，实现土地利用管理系统化、精细化、动态化；借鉴深圳经验，研究探索集体建设用地入市交易与流通制度等，增加土地资源供应，创造投资空间。四是继续探索PPP融资模式。争取形成典型案例和可靠经验，重新打通民间资本进入相关公共领域的渠道。

（五）落实降成本举措、提高投资主体获得感

一是显著降低税收负担。全面落实减税政策，确保所有行业税负只减不增。二是显著降低社保负担。坚决实施逆周期社保费率缴纳机制，降低社保缴费名义费率，确保企业社保缴费实际负担有实质性下降。三是显著降低要素负担。落实国家直购电交易、峰谷电价、降低一般工商业用电等政策，推进通关便利化及电子口岸建设，培育发展第三方、第四方物流企业，全方位降低企业相关要素成本。四是显著提高服务效能。加快在"一网通办"基础上全面推进"双随机、一公开"监管；全面推广投资项目告知承诺、容缺办理、多评合一等模式；组织开展全省涉企收费检查，重点检查"红顶中介"、隐性收费等问题，为企业轻装上阵创造条件。

（六）建设信用政府、营造诚实守信发展环境

一是实施专项清欠行动。对市、县政府及省属企业拖欠民企材料款、工程款等情况进行集中排查，督促制订清偿计划，对严重拖欠的相关负责人要进行惩戒问责，维护社会契约精神。二是建立政府诚信评估机制。由纪检监察部门或第三方作为评估主体，并将评估报告作为市县政府绩效评价、组织部门选人用人的参考依据，用制度来强化政府守信践诺。三是坚决做到依法行政。严格执行《河南省政府法律顾问工作暂行规定》，提高制定政策的严肃性，减少因政策调整对企业造成的利益损害。四是构建亲清新型政商关系。尽快制定出台政商交往"正面清单"和"负面清单"，并制定具体的、可操作性强的制度规定，使"亲"有尺度、"清"有规范。

（七）加大引导力度，打造民间投资新增长点

一是大力实施豫商回归工程。发挥省豫商联合会作用，利用豫商大会、黄帝故里拜祖大典等平台，鼓励更多的豫商企业"凤还巢"。二是引导民间资本参与河南国家战略实施。汇总梳理相关扶持政策及项目情况，引导省内民间资本积极参与重大基础设施、产业园区等项目工程；支持民企参与"一带一路"建设。三是引导民间资本抓住新型城镇化

及乡村振兴战略机遇。加快投融资体制改革，让更多的民间资本能够深度参与"产城融合""产业融合"项目。四是引导民间资本抓住河南产业转型升级的投资机遇。支持民间资本布局"专精特新"领域，推动产业链向深度广度延伸、价值链向中高端攀升，让民间投资在新旧动能转换中释放更大活力。

乡村振兴背景下的传统自然村落路在何方

——基于河南省农村调研的分析

河南科技大学研究生 刘莹 周鑫 冯子骅 刘俊玲 刘洋 樊香香

【摘要】 自然村落形态、功能的变化与生产力存在密切联系。中国传统农业生产力以人力和畜力为主,作业范围小,从而形成了"傍田而居"的村落形态。当前,中国农业生产力以机械化为特征,传统农业生产方式被淘汰,村落与土地之间的距离限制被打破,传统自然村落已经无法适应中国农业现代化的需要。自然村落路在何方?已经成为"乡村振兴"必须面对的时代课题。

本课题以农业兼人口大省——河南省的自然村落为研究对象,通过查阅资料、实地走访、线上线下问卷调查等方式取得了第一手资料,使用多重二分法、logistics 回归等分析方法。得出结论:当前自然村落的现状不能满足"乡村振兴"的需求。无论是农村常住人口还是外出务工人员,均对目前自然村落的现状不满意,而对城市居住表现出强烈的意愿。未来30年村落人口将会锐减,大部分自然村落也将会随着人口萎缩而走向新的变革。

在乡村振兴的过程中,自然村落应转型为新农村综合体,为农民提供良好的生活、工作条件,从而成为乡村振兴的有力支撑。未来,自然村落的人口一部分将会转移至城市,推动城镇化发展;另一部分则留在乡村,以新农村综合体建设为依托,为农业现代化发展贡献力量,最终形成美丽中国的新型城乡格局。

---

① 本课题是在河南科技大学经济学院张纪教授的指导下完成的。

一、引言

中国自然村落的命运和城镇化发展密切相关。在中国大力推进工业化、城镇化的进程中，诸多学者越来越倾向于关注与城市发展形成强烈反差的农村。自改革开放以来，中国城镇化进程逐步加快，由1978年的17.9%上升至2017年的58.52%。

中国越来越多的农村人口正在向城市转移。如费孝通先生所言，近百年以来，都市的兴盛和乡村的衰败就像是一件事物的两面。改革开放后尤其是20世纪90年代以来，越来越多的自然村落随着中国城市化进程的加快而逐步走向消亡。

根据统计年鉴显示，从1985—2018年34年的时间里，自然村落数量在不断锐减，自然村落在1985年约有365万个，到2018年只剩下200万个左右，这意味着，平均每天有80~100个村落消失或被改造（冯骥才）。对于有着悠久农业文明与文化传统的中国而言，众多的自然村落路在何方？这将会是中国"乡村振兴"必须回答的时代命题。

二、中国自然村落的发展

（一）自然村落的内涵

本研究以自然村落为研究对象。自然村落是历史上一定区域的村民经过长时间的聚居生产、生活而自然形成的村落。受小农经济的影响，我国传统农村居民的房屋围绕耕地依地貌成片、较松散地构成居住建筑群落，从而自然地形成"村落"。

作为具有几千年农耕文明人口大国的中国，乡土社会是其文明传承的渊源之地。在此前多个世纪中，中国自然村落被视为生产性的、以农业生产生活方式为基础的地域共同体。其最主要的特征在于农业、村民、土地、乡村生活等村落构成要素以高度重叠的方式聚合在一起，因此具有"独立封闭社会边界的社会实体"属性（毛丹、王萍，2014）。作为典型的农业大国，中国社会根基于乡村性。在相当漫长的时期内，

"乡村性"被定义为传统农业生产方式、传统小农经济以及"乡土社会"（费孝通，2008）。当前的中国乡村比以往任何时候都更加开放、多元和复杂，因此当今村落的转型不仅意为物理形态、空间、组织、社会关系等方面的结构转型，同时也更加注重"人"的转型。

（二）自然村落的发展

村落的产生、发展、消亡与生产力、生产方式演化密不可分，传统自然村落的发展不仅是农业文明的展现，其形态、功能的变化也反映出生产力的发展。中国传统的自然村落形态反映了小农经济的生产方式，与中国传统农业生产力相适应。中国传统农业生产力以人力和畜力为特征，受作业范围的限制，形成"傍田而居"的形态。

但是，随着中国的发展，以人力和畜力为代表的传统农业生产力逐渐被机械化的现代农业生产力所取代，传统自给自足的小农生产方式被逐渐淘汰，村落与耕地之间的距离限制被打破，传统自然村落已经无法适应中国农业现代化的需要。那么"自然村落路在何方"呢？

三、样本选取及调研情况相关说明

（一）样本选取

河南省是全国农业和人口大省，农业比重大，农村人口多，自然村落多。根据典型性、代表性和可行性的原则，本课题选取河南省自然村落作为调研样本区。

（二）调研情况说明

1. 研究思路与方法

本课题按照"提出问题—实地调研—材料分析—得出结论—政策建议"的研究思路，其中问卷调查是本课题的核心环节。为了全面地把握河南自然村落的状况，我们设计了两份调查问卷：问卷1——"河南省自然村落基本状况调查问卷"，采用纸质问卷方式调查河南农村常住人口，重点调研自然村落人口结构和村落生产、生活的具体情况（见附录1）；问卷2——"河南农村外出务工人员调查问卷"，采用问卷星电子问卷方式调查，重点调研农村外出务工人员生产、生活的具体情况（见附录2）。

2. 调研进度安排

第一阶段：2018年1—2月，组建团队，初步形成针对外出务工人员的调查问卷，发动课题组成员在寒假期间对河南农村进行预调研，收回105份问卷。通过对数据的整理分析，结合农村实地调研情况，发现预调研初步结论与预判相符。

第二阶段：2018年3—5月，在预调研分析的基础上，形成针对农村常住人口的"河南省农村基本情况调查问卷"。为检验问卷的合理性，首次打印50份纸质问卷进行试调查。针对被调查人群所反映的问题，及时对问卷部分问题进行修正。最终在2018年5月底形成了正式的"河南省农村基本情况调查问卷"。

第三阶段：2018年6—9月。积极发动×大学和×学院（×分院）的农村籍学生参与问卷调研，并借助学校暑期调研实践活动，扩大问卷的发放范围。

第四阶段：2018年8—10月。对河南省外出务工人员调查问卷进行了修改与补充，在2018年8月份形成正式的"农村外出务工人员网上调查问卷"。在2018年8—10月，采取各种形式组织发动农村外出务工人员进行网上问卷填写。

第五阶段：2018年11—12月初。回收、筛选、整理问卷，开展数据录入工作，并采用SPSS软件对数据进行整理分析。

第六阶段：2018年12月—2019年1月。在所获得大量数据资料的基础上，进行统计分析，发现问题，归纳整理，同时查阅相关文献资料，最终形成调研报告初稿。

第七阶段：2019年1月—2019年6月。不断查阅相关资料，对作品进行针对性修改、充实、完善。

3. 调研情况

"河南省自然村落基本状况调查问卷"总共发出1000份，回收781

份，经过严格筛选后有效问卷为667份（见附录1）。

"河南省农村外出务工人员调查问卷"，通过"问卷星"开展调查。最终回收问卷1105份，经过严格筛选确定1087份有效问卷（见附录2）。

四、传统自然村落未来走向研判

（一）基于问卷的自然村落发展方向分析

1. 自然村落人口将会急剧萎缩

通过"河南省自然村落基本状况调查问卷"获得667个农村家庭（2085人）的人口结构资料。在2085人中，男性占53.91%、女性占46.09%。调查问卷显示，在家务工人员的平均年龄为46.75岁（见表1），呈现明显的老龄化。

表1 河南省农村家庭人口情况调查统计分析表

单位：次,%

指标	选项	频数	合计	比例（%）
性别	男	1124	2085	53.91
	女	961		46.09
指标	选项	频数	合计	比例（%）
年龄	0~15岁	161	2085	7.72
	16~60岁	1784		85.56
	61岁及以上	140		6.72
	平均年龄	38.84		
在家务工	男	332	641	51.79
	女	309		48.21
	平均年龄	46.75		
外出务工	男	332	515	64.47
	女	183		35.53
	平均年龄	41.5		

在务工方面，在家务工的有641人，约占总人数（2085人）的30.74%；外出务工的有515人，约占总人数的24.70%。在家务工人员数量与外出务工人员数量相接近，他们的平均年龄相差5.25岁。有近半的农村年轻人已经离开自己的村庄外出务工，而农村剩下的大部分都是中老年人和一些儿童、妇女。已经习惯了城市生活的外出务工人员是否还会愿意返回自然村落居住，将是一个值得探讨的问题。

通过分析得出：农村空心化是困扰自然村落发展的主要问题，也是自然村落未来走向的主导因素。根据此次问卷分析，农村常住人口平均年龄为46.75岁，河南省人均预期寿命是74.57岁。这表明，未来30年这部分农村留守的老年人将逐渐走向人生终点。

2. 自然村落人口"进城"意愿强烈

（1）基于"河南省自然村落基本状况调查"问卷的分析。问卷分析表明：村民离开村落去城市居住的意愿强烈。在选项"如果条件允许，您是否愿意在城市居住"中（见图1），纸质问卷的调查对象中85.5%人都愿意到城市居住，只有极少部分人表示不愿意。

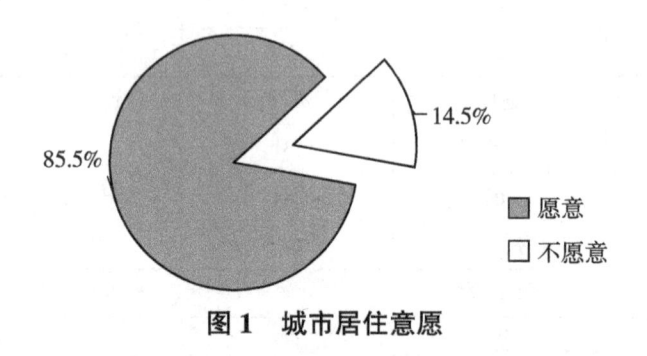

图1 城市居住意愿

在分析城市居住意愿与农村居住不满意地方的关系时发现（见表2），分别有56.70%、51.55%、43.3%的人由于农村公共设施落后、医疗条件差、交通不方便而不愿意居住在农村。而愿意前往城市居住则是看到了城市完善的公共设施、良好的医疗条件；购物方便、交通发达；

还能给子女提供相对较好的教育环境。由于自然村落布局分散,未来也难以在自然村落中普及这些公共设施,简言之,自然村落不能满足人们的生活质量提升的需求。

表2 城市居住意愿与农村居住不满意地方的相关性分析

单位:%

分类		农村居住不满意的地方					
		公共设施落后	医疗条件差	子女教育	购物不方便	娱乐设施少	交通不方便
是否愿意在城市居住	不愿意	56.70	51.55	36.08	37.11	40.21	43.30

(2)基于"农村外出务工人员的状况调查"问卷的分析。通过"农村外出务工人员的状况调查"问卷分析,我们发现(见图3):有72.32%的人选择愿意在城市留下继续生活和工作,只有13.6%的人选择了不愿意在城市生活。

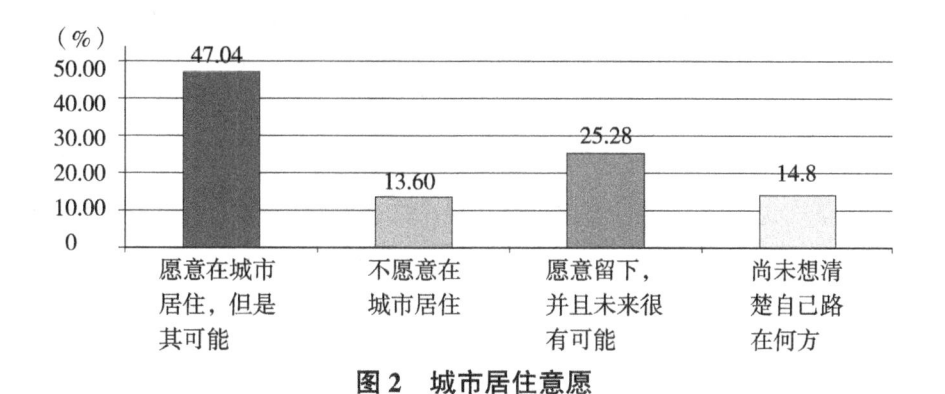

图2 城市居住意愿

外出务工人员中的大部分人已经习惯了城市生活,调查显示:绝大部分外出务工群体回到乡村的时间在16~60天(见表3)。

表3 外出务工群体一年内回村天数

单位：次,%

天数	频数	百分比
0~15	167	16.70
16~30	345	34.60
31~60	235	23.60
61~90	73	7.30
91~120	78	7.90
121~180	16	1.60
181~365	83	8.30

3. 自然村落未来走向预判

调研结果看，随着城镇化以及工业化进程的发展，农村大量劳动力外出务工，自然村落正在逐步走向衰败甚至消亡，本课题组预测，大部分村落将会随着人口的持续减少而消亡。从课题组在河南农村走访的情况看，部分自然村落虽在地理空间上依旧存在，然而已经失去了往日的生机和活力，未来随着国家户籍制度政策的放宽以及城镇化扩张速度的提升，自然村落消失的速度还会加快。

（二）城市居住意愿计量分析

1. 模型构建

根据纸质问卷和网上调查问卷两份数据，不难发现，无论是农村常住居民，还是农村外出务工人员，都表现出了强烈的城市居住意愿。因此，本文分别选取农村常住居民城市生活意愿、农村外出务工人员城市生活意愿作为因变量，并选取问卷中的相关指标作为自变量建立实证模型，进一步探讨农村人口进城生活的可能性以及影响因素，进而辅助说明未来传统村落的走向。在选用模型时，从模型的试用情况来看，选择二元因变量逻辑模型。这是因为对于传统实证模型来说，因变量的取值范围一般是从负无穷到正无穷，但是在逻辑模型（Logistic Model）当中，因变量的取值只能为0或1。所以，本文采用二元因变量的逻辑模型来研究和分析在城市居住意愿的影响因素。二元因变量的逻辑模型见下列公式。

$$y = \ln9\left(\frac{p}{1-p}\right) = \beta_0 + \beta_1 x_1 + \beta_2 x_2 + \beta_3 x_3 + \cdots + \beta_i x_i + \varepsilon$$

其中，y 是因变量；p 为农村常住居民（或农村外出务工人口）城市居住意愿的概率；β_0 为常数项；x_1，x_2，x_3，…，x_i 是相关影响因素；β_1，β_2，β_3，…，β_i 为相关影响因素系数；ε 为随机扰动项。

2. 变量选取

（1）因变量：分别选取农村常住居民在城市生活的意愿和农村外出务工人员在城市生活的意愿为因变量。0 代表不愿意到城市居住，1 代表愿意到城市居住。

（2）自变量：第一部分对农村常住居民的调查问卷中，选取对农村居住不满意的地方（基础设施落后、医疗条件差、子女教育问题、购物不便、娱乐设施少、交通不便）、长期居住农村的原因（城市就业困难、对当前收入满意、耕种土地、年龄大、有自己的房屋、习惯农村生活、身体状况不适、祖祖辈辈都住在农村）、收入来源依赖土地（粮食种植、经济作物种植、养殖）、收入来源不依赖土地（外出务工、附近打零工、做生意）、种地净收入、与最近商业区距离等因素作为自变量。第二部分对农村外出务工人员的调查问卷中，选取性别、年龄、学历水平、月收入水平、外出时是否携带子女或配偶、城市生活障碍（子女入学问题、购房价格过高、工作不好找、生活费用过高、生活习惯不一致、价值观念不一致）、对农村居住不满意的地方（基础设施落后、医疗条件差、子女教育问题、购物不方便、娱乐设施少、交通不便）等因素作为自变量。

3. 模型结果分析

本文使用 SPSS 计量统计软件分别对第一部分问卷的 667 个样本和第二部分问卷的 931 个（由于该部分数据的城市居住意愿选项中有不确定项，为便于分析，剔除不确定性样本）样本数据进行二元 Logistic 回归（见表4、表5）。

表4 农村常住居民城市生活意愿（Y）预测

单位：%

类别		Y（预测）		正确百分比
		0	1	
Y（实测）	0	1	96	1
	1	2	568	99.6
总体百分比85.3				

表5 农村常住居民城市生活意愿模型分析

	变量	B（估计系数）	标准误差	瓦尔德	显著性
对农村居住不满意的地方	基础设施落后	0.12	0.24	0.25	0.617
	医疗条件差	-0.184	0.254	0.525	0.469
	子女教育问题	0.649***	0.253	6.556	0.01
	购物不便	0.48*	0.249	3.721	0.054
	娱乐设施少	0.478*	0.249	3.667	0.056
	交通不便	0.033	0.246	0.018	0.893
长期居住农村的原因	城市就业困难	0.74***	0.28	6.974	0.008
	对当前收入满意	-0.831**	0.386	4.632	0.031
	耕种土地	-0.389	0.264	2.167	0.141
	年龄大	-0.843**	0.348	5.849	0.016
	有自己的房屋	0.23	0.251	0.843	0.359
	习惯农村生活	-0.782***	0.26	9.054	0.003
	身体状况不适	0.113	0.415	0.074	0.786
	祖祖辈辈都住在农村	0.049	0.258	0.036	0.849
	收入来源依赖土地	-0.443	0.307	2.084	0.149

续表

变量	B（估计系数）	标准误差	瓦尔德	显著性
收入来源不依赖土地	0.081	0.315	0.067	0.796
种地净收入	0	0	0.88	0.348
与最近商业区距离	−0.01*	0.006	3.118	0.077
常量	1.56***	0.449	12.081	0.001
−2Loglikehood			501.469	
Cox&SnellR2			0.075	
NagelkerkeR2			0.132	

注：*表示10%显著性水平；**表示5%显著性水平；***表示1%显著性水平。

表4、表5是针对农村常住居民样本数据所得出的分析结果。由表4发现，在农村居住条件令人不满意、长期居住农村原因、收入来源与土地关联度、种地净收入以及与最近商业区距离等诸多因素的影响下，农村常住居民有85.3%的概率想要去城市居住（由于种种原因部分村民无法实现到城市居住的愿望）。表5进一步分析各个指标对农村常住居民城市生活意愿的影响程度，发现子女教育问题、购物不便、娱乐设施少、城市就业困难、对当前收入满意、年龄大、习惯农村生活、与最近商业区距离8个指标对Y的影响较为显著。

表6、表7是针对农村外出务工人口样本数据所得出的分析结果。由表6发现，在性别、年龄、学历、月收入水平、城市生活障碍、对农村居住不满意等等诸多因素的影响下，农村外出务工人口有86.8%的概率想要留在城市居住。进一步分析各个指标对农村外出务工人口城市生活意愿的影响程度，即表7，发现学历水平、城市购房价格过高、工作不好找、农村交通不便、子女教育问题等5个指标对Y的影响较为显著。

表6 农村外出务工人口城市生活意愿（Y）预测

单位:%

类别		Y（预测）		正确百分比
		0	1	
Y（实测）	0	2	119	1.7
	1	4	806	99.5

总体百分比 86.8

表7 农村外出务工人口城市生活意愿模型分析

变量		B（估计系数）	标准误差	瓦尔德	显著性
性别		0.261	0.234	1.25	0.264
年龄		0.006	0.011	0.319	0.572
学历水平		0.308***	0.082	14.102	0.00
月收入水平		-0.074	0.057	1.72	0.19
外出务工是否携带子女或配偶		-0.164	0.219	0.561	0.454
城市生活障碍	子女入学问题	-0.15	0.238	0.399	0.528
	购房价格过高	1.08***	0.229	22.183	0.00
	工作不好找	-0.535**	0.234	5.24	0.022
	生活费用过高	0.331	0.229	2.088	0.148
	生活习惯不一致	-0.296	0.266	1.24	0.265
	价值观念不一致	-0.266	0.276	0.927	0.336
对农村居住不满意的地方	基础设施落后	0.333	0.217	2.345	0.126
	看病难问题	-0.077	0.235	0.106	0.745
	子女教育问题	0.464**	0.23	4.068	0.044
	购物不方便	-0.234	0.237	0.975	0.323
	娱乐设施少	0.193	0.231	0.698	0.403
	交通不便	0.836***	0.24	12.097	0.001
常量		-0.27	0.705	0.147	0.702
-2Loglikehood				634.586	
Cox&SnellR2				0.087	
NagelkerkeR2				0.162	

注：*表示10%显著性水平；**表示5%显著性水平；***表示1%显著性水平。

实证研究表明：无论是农村常住居民还是农村外出务工人口均对城市生活表现出了强烈的向往，二者均有超过85%的概率选择去城市居住，从而说明现有的自然村落格局难以满足人们对美好生活的需要。进一步分析影响二者进城意愿的各项指标，不难发现随着社会的不断发展，自然村落环境对人的吸引力将持续下降，而城市的吸引力则会持续上升。例如，农村教育水平落后、交通和购物不便、娱乐设施少等问题在现有的"分散居住"的传统村落环境下难以得到根本解决。伴随中国城市的发展，城市与传统村落的差距将会加大，对传统村落进行变革，以满足农民对美好生活的向往已经刻不容缓。

（三）自然村落的现状与乡村振兴的冲突

2018年9月，中共中央、国务院印发了《乡村振兴战略规划（2018—2022年）》，这也标志着第一个全面推进乡村振兴战略的五年规划正式付诸实施。党的十九大报告中已经把农村这个称谓修改为了乡村，这不仅代表着党中央对"三农"工作的新思维，同时也意味着解决现有的自然村落与乡村振兴战略之间的矛盾才是改革的关键。实现"振兴"的过程其实也是自然村落向产业融合的新型乡村的转变，而自然村落的现状与乡村振兴的内在矛盾正是这一过程的推动力。

1. 自然村落现状与农业现代化之间的冲突

当前，我国的现代化建设和社会发展正进入一个重大社会转型时期，中国农民问题经历了一百多年的风云跌宕曲折多变，终于进入了一个历史的"拐点"。乡村振兴战略提出了要建设现代化农业体系，而传统自然村落格局不利于农业现代化。自然村落与乡村振兴所倡导的农业现代化的冲突主要有以下三点。

（1）难以实现土地规模化生产。推进农业规模经营，已成为我国实现农业现代化过程中的重要政策导向。实现农业现代化首先要解决的就是土地的集中管理问题，与传统一家一户分散的土地经营相比，土地规模化的种植效率高，人工成本低。从调研结果（见图3）看：农户家庭自有土地数量很少，土地经营存在明显的"碎片化"。这种分散的、碎片化的较小规模土地经营方式限制了生产规模，不利于土地资源的有效利用。

表8 农村土地经营情况

分类	自有土地（%）	租用土地（%）	租出土地（%）
0~1亩	17.09	93.40	80.05
1~3亩	34.18	1.80	7.50
3~5亩	20.99	1.65	8.10
5~10亩	23.69	0.90	4.05
10亩以上	4.05	2.25	0.30

（2）不利于农业机械化水平的提高。农业机械化就是机器换人，使农民可以体面种田实现增产增效愿望和提高农业劳动生产率、降低农业生产成本的有效途径。农业现代化的过程其实就是农业机械不断替代人力的过程。土地的规模较小限制了农业机械化的展开，虽然近年来国家投入巨资补贴农机购买，全国农业机耕率也连年提高，但受限于土地经营规模，农业机械化的发展水平与发达国家的农业差距仍然较大。

（3）阻碍了农业产业化的发展。农村产业的融合发展是实现乡村振兴的必由路径。由于自然村落土地规模化和机械化水平较低，无法进行农产品生产的规模化、标准化，也就无法适应市场的需求。例如，我国的粮食基本上是一家一户分散种植，每家的种子、种植方式都是不同的，这就很难保证粮食品质的一致性。而粮食深加工则需要原料的一致性，这就是为什么我们国家一方面粮食库存连年提高，而另一方面需要从国外进口大量粮食的主要原因。

2. 自然村落现状与环境治理之间的冲突

（1）生活垃圾治理难度大。乡村振兴战略中特别提出了人与自然的和谐共生，要走乡村绿色发展之路。但随着农村经济的快速发展、农民生活水平的不断提高，与此同时农村生产生活垃圾也越来越多，尤其是近些年以来农村垃圾甚至出现了毒害化的新趋势。过去由于生活水平的限制,农村垃圾主要以易腐烂变质的剩菜剩饭、瓜皮菜叶、秸秆等生活类垃圾为主,现在随着农民生活水平的提高,塑料袋、废电池等有毒有害垃圾大大增加。以往河南农村居民的污水排放较少,近年来随着生活水平提高,洗浴、洗衣用水增加,污水排放较以往大为增加。

由于当前自然村落毗邻土地,并且分布又过于分散,污水、固体垃圾不能集中处置,传统自然村落的生活垃圾已经成为主要的土地污染来源。

(2) 农业污染愈加严重。由于自然村落土地经营分散,难以监管,超标使用化肥和农药的情况难以得到有效遏制。化肥的过量使用导致土壤板结、酸化、耕地质量差,农药的滥用导致食品安全问题和环境污染。

3. 自然村落现状与脱贫工作之间的冲突

(1) 农业收入水平低。乡村振兴的战略目标要使6800多万贫困人口脱贫,但通过这次的调研结果看河南省传统村落农业收入水平低,扶贫工作困难重重。经过对家庭年收入和收入主要来源分析后发现,家庭年收入大部分都在2万元左右,农业净收入普遍较低,且经济作物种植面积较小,农民增收乏力。在居民家庭年收入结构中,粮食种植和经济作物种植总共占40.74%,二者占比都比较低。而且根据调研了解到,已经有24.74%的农村人员无种地净收入,说明他们已经彻底放弃了土地这份微薄的收入来源。相反,倒是外出务工收入和附近打零工收入则占比较高(见图3)。同时,在附近打零工的比例与外出务工的比例相差12.59个百分点,说明自然村落附近的岗位较少,不足以满足农民的打工需求。

(2) 农业收入占比不高。在自然村落中,农业收入占比在家庭收入的总占比不高也是脱贫工作的难点。从调研结果中我们可以看出,家庭种地年净收入的7个选项中(见表9),无种地收入的占24.74%,约为总体的1/4;种地净收入在1~3000元的有48.57%,约占1/2,净收

图3 收入主要来源

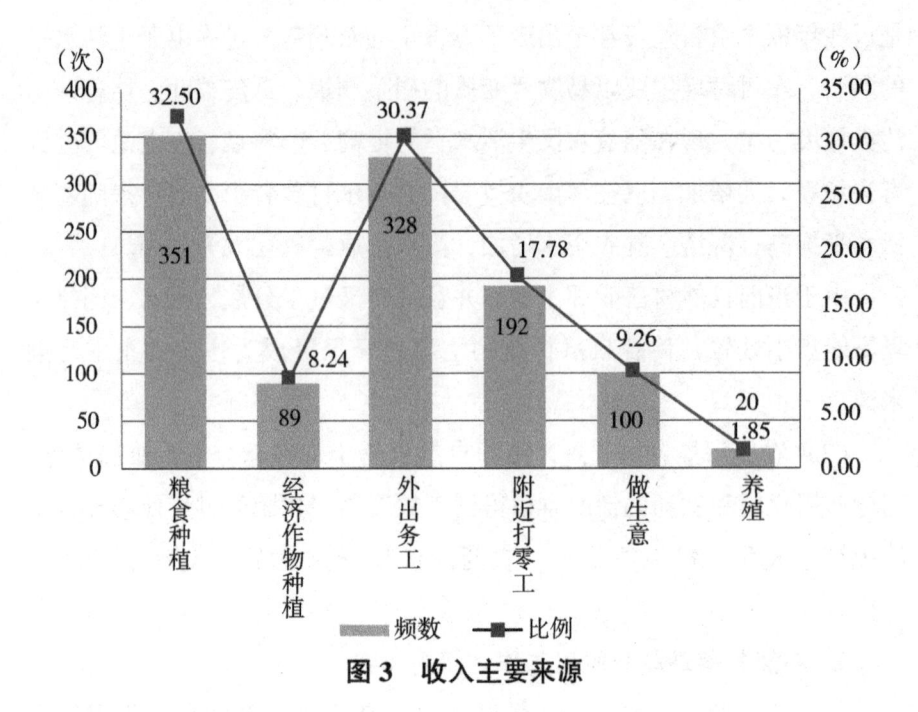

入5000元以上的有8.25%，占比非常少。农户种地净收入只占年收入中很小一部分。而自然村落农业生产的低收入和村落附近较少的就业岗位，导致了村民难以脱贫致富，阻碍了地区的脱贫。

表9 居民家庭种地净收入

单位：元，次,%

分类	频数	比例
无种地收入	165	24.74
1000元以下	96	14.39
1000~2000元	143	21.44
2000~3000元	85	12.74
3000~4000元	70	10.49
4000~5000元	53	7.95
5000元以上	55	8.25

4. 自然村落现状与农民追求美好生活之间的冲突

（1）基础设施不完善。农村基础设施是产业兴旺的先行设施，是生态宜居的必要条件，是生活富裕的重要保障。经过我们的走访发现，目前自然村落的基础设施建设较为薄弱，主要表现在：河南省大部分自然村落缺乏下水道等排水设施，基本没有污水处理设施；固体垃圾处理设施滞后，垃圾任意丢弃状况非常普遍；乡村公共厕所、垃圾桶等环卫设施质量差，影响村容村貌。

通过访谈许多村民表示：农村基础设施不完善，用水和垃圾处理一直都是村里发展的难题，村里的垃圾大都倾倒在沟里，一到夏天刺鼻的气味就让人头昏脑涨。

（2）公共服务难以满足当代农民需求。我国农村地区公共服务发展相对滞后，难以满足人民群众日益增长的需求。由于当前我国的传统自然村落分布过于分散，无法达到公共服务基础设施建设的经济规模，导致农村公共服务设施与城市存在较大差距。学校、影剧院、图书馆、运动场、文化广场等公益性文体娱乐设施缺乏，导致村民相较于城市居民精神娱乐生活缺失。通过访谈我们发现，大部分村里面没有基本娱乐和服务设施，没有图书馆、运动场和电影院，难以满足村民的文化需求。自然村落难以满足乡村居民对美好生活的需求，也难以达到乡村振兴战略中"乡风文明"的要求。

五、乡村振兴背景下自然村落的转型方向

目前，我国农村人口出现分化转移，但是，愿意前往城市居住的居民面临最大的难题就是城市房价高企，想留留不下；而另一部分愿意从事农业生产而必须在农村居住的居民面临最大的难题就是，传统自然村落无法承载居民对美好生活的需求。本课题组认为：一方面，我国应当采取有效措施，加快城镇化步伐，通过构建现代化城市体系，帮助愿意前往城市居住的居民更好地融入城市；另一方面，推进自然村落转型为新农村综合体，更好地满足农民对美好生活的需求，最终实现美丽中国

的新型城乡格局。

(一) 自然村落转型为新农村综合体

新农村综合体是依附传统自然村落而建成的、农户居住较为集中、农业相关产业发展有力、基础设施配套齐全、公共服务完善、社会管理健全、能初步体现城乡一体化格局的农村新型社区。综合体的生活配套设施,如道路、院坝、广场、文体设施、水电气主干道、污水管道及污水处理设备、公共服务设施等以群众为主体,由政府主导统一建设完成。

新农村综合体不同于传统乡村,具有城市的部分功能。它将会通过公共设施建设,修建公路、下水道、污水处理厂等配套设施,为村民提供更好的人居环境;通过产业改造升级,实现三产融合,完善产业链条,为村民提供良好的工作条件,提升村民收入水平;通过农业创新、农业技术支持与农业服务业的引进,为村民提供丰富的农业支持,提升生产力,改变其落后的生产方式等。这样村民可以实现家门口就业、享受便利的公共服务与干净卫生的生活环境、现代化的农业支持,使资源配置和便民利民方面达到良好的均衡。新农村综合体既适应现代农业发展的要求,又满足了生产者对城市生活的需要。

根据不同传统自然村落的形态和特征,未来村落发展的方向也需因地制宜。通过结合每个村落的地方特色以及资源禀赋,各个村落可以选择适合自己的发展方向与道路,促进传统自然村落的新农村综合体建设,使城乡之间快速融合发展。我们总结出以下四种未来新农村综合体(见表10)。

表10 四种类型的新农村综合体

新农村综合体类型	条 件	特 征
农业型	具有地理位置、土地等资源优势的村落	发展现代农业,实现规模化生产
工业型	面向广阔的市场、具有良好的交通优势的村落	基于农产品产业链的延伸

续表

新农村综合体类型	条　件	特　征
商贸型	农业发展空间较小、土地资源稀缺、市场广阔的村落	以交易为主的商品贸易，组建特色或综合性市场
文化旅游型	具有丰富的文化、自然环境资源的村落	根据旅游资源禀赋发展休闲农业或文化旅游

资料来源：根据相关文献整理所得。

（二）形成美丽中国的新型城乡格局

在中国经济高速发展的今天，我们仍然存在着现代化的城市与落后的自然乡村的城乡二元结构，集中体现了"人民日益增长的美好生活需要和不平衡不充分的发展之间的矛盾"。形成美丽中国的新型城乡格局是"乡村振兴"战略和生态文明建设理念指导下的综合选择，是顺应社会发展趋势的升级版的新农村建设。

因此形成美丽中国的新型城乡格局不仅要重视三农的发展，更重要的是实现城乡发展的有机融合。城乡融合发展是城乡可持续发展的重要保障，能有效缩小乡村与城市之间的差距，改变城乡空间隔绝、形态对立的状态，实现治理资源在城乡间的有机互动。城乡融合也有助于城镇化的健康发展，促使劳动力在城市和乡村之间的双向合理流动，城乡经济与社会生活的紧密结合、协调发展，缩小乃至消除城乡之间的基本差别，从而使城市和乡村协调发展。

无论是构建现代化城市体系还是塑造新农村综合体，其目标都是为了形成美丽中国的新型城乡格局。转移至城市的农村人口，参与到构建更加现代化的城市体系中去，同时也享有城市公民应有的权利和义务；留守在农村的人，应为他们打造现代宜居的新农村综合体，从而改变当前传统村落发展的颓势，形成美丽中国的新型城乡格局（见图4）。

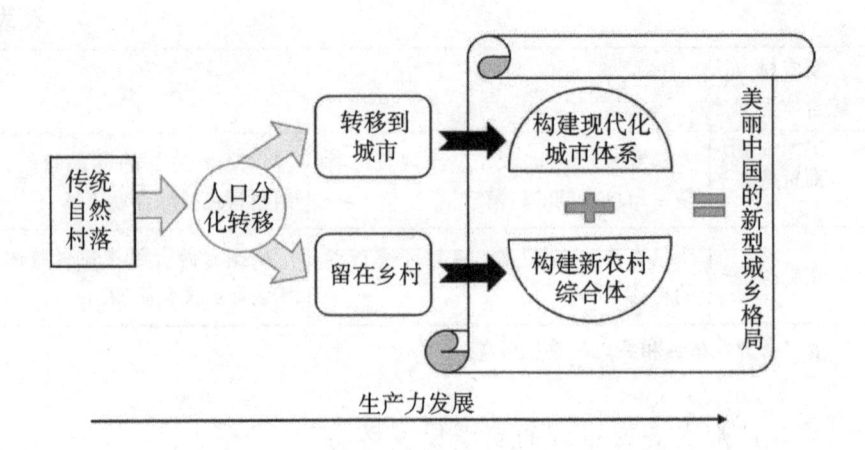

图 4　打造美丽中国的新型城乡格局

六、对策建议

（一）建设新农村综合体

1. 构建新型村落发展蓝图

首先，合理规划村落未来发展布局，根据不同地形地区村落数量的多少、产业状态等条件来重新划分行政单位或者撤村并镇，在充分尊重当地村落居民意愿的基础上，对农村进行整体规划。根据当前村落的特点，综合考虑生态效益和经济效益等因素，对农村的空间布局和产业发展进行合理规划。其次，加强生产性基础设施建设。着重加强农田水利基础设施建设，保持和提高农业土地质量，改善优化农村生态环境。最后，应合理规划农村土体与宅基地资源。要充分保护现有耕地，基于村镇合并、宅基地复耕等举措实现土地资源的综合利用。

2. 加快新农村综合体建设

首先，在新农村综合体建设中，要以产业发展为主题，促使产业支撑多元化。充分挖掘本地优势资源，将新农村综合体建设与产业发展有机结合，探索出一条适合当地经济发展的新途径，使群众充分享受新农村综合体建设带来的便利。其次，充分发挥农民的主体作用，最大限度地激发群众积极参与，实施政策激励引导，并按标准给予相应补助。最后，抓好新农村综合体的生活性基础设施建设。改善人居生活环境，加快饮用水安全工程建设、污水垃圾处理，提升教育文化卫生体育设施水平，让农业生产者在新农村综合体也能够享受到跟城市居民一样的物质和精神生活。

（二）农业转移人口"进城难"的解决措施

1. 实现城乡公共资源均衡配置

对于有意向以及已经进入城市生活的农民，政府可以完善社会住房及就业保障体系。提供保障房、公租房等住房优惠措施，完善配套学校、基础设施服务，吸引农业人口转移；同时，在农民进入城镇生活后，积极组织职业技术培训，加强技能指导和文化教育，增强农业转移人口综合素质与能力。

（1）我们的调研结论表明（见表11），有57.60%的人认为城市购房价格过高。所以在住房问题上，应坚持"房子是用来住的"理念，建设更多公共租赁住房，杜绝中介机构垄断并恶意抬高房租现象的发生。逐步扩大公积金覆盖范围，为在迁入地有稳定收入的流动人口提供公积金，并尽可能地实现公积金的跨地区转移和接续，帮助农业转移人口解决住房难问题。

表11　农村外出务工人员城市生活的阻碍

单位:%

主要问题	百分比
子女入学问题	40.64
购房价格过高	57.60
工作不好找	51.36
衣食住行等生活费用过高	69.92
日常生活习惯不一致	26.24
价值观念不一致	21.12

（2）调研结果显示，有51.36%的人认为城市就业困难。在就业方面，要健全农民工劳动权益保护机制。重视农业转移人口的技术培训和市民化教育，使农业转移人口的能力达到城市用人单位的要求，心理上融入和接纳城市社会的文化和观念。因此，要培训其拥有进入城市工作相匹配的能力，达到融入城市相契合的观念。依据转移人口从事工作的不同，分类开展第二产业技能培训和第三产业服务培训，农村转移人口可根据自身需求选择适合自身职业发展的培训机构进行职业能力学习。此外，政府、用人单位以及社区应加大对农业转移人口的关怀力度，促使农业转移人口快速适应城市生活，缩小与原有城镇居民之间在生活方式、行为习惯、思想观念、文化教育等方面的差距，加快其融入城市生活的步伐。

（3）教育方面，保障进城务工人员随迁子女接受义务教育的权利，适当放宽入学条件，鼓励城市优质学校吸纳农民工子女。将农业转移人口的子女纳入当地的教育发展规划中，并根据地区人口流动的实际情况，合理配置教育资源。

（4）医疗、社会保障方面，实施全民参保计划，扩大农民医保报销范围，完善医保支付和报销制度，减轻农民就医负担。建立全国统一的社会保险公共服务平台，做好新型农村和城镇在合作医疗保险、养老保险方面的衔接工作，实现医疗、养老保险在城乡之间以及跨地区之间的转移和报销。

2. 采取户籍制度与土地制度双轴驱动

近日，国家发展改革委印发《2019年新型城镇化建设重点任务》，其中放宽城市户籍的政策备受关注。一是在户籍上加快促进农业转移人口市民化。如积极引导有强烈离开农村愿望的农户转移出来，并对这些人的宅基地、房产、土地进行长期的跟踪管理。对于以上资产的具体使用方式可成立专门的中介机构，让其在农户与政府部门之间沟通交流有关资产流转或清产事宜，避免资源的闲置和浪费。对于有意愿退出农村土地未来无偿使用权的农户，国家建立这样一类人员的数据库，并给予相应的经济补偿,为将来土地现代化规模经营创造条件。二要通过立法等手段,从理论上消除"二元"户籍制度带来的诸多不公平问题,并加以行政手段辅助以便逐步实现平等的户籍制度,为农业人口向城镇转移扫除障碍。三是加强土地改革力度,建立公平合理、体系完备的土地流转体制,规范农村土地市场。比如在不违背现有法律的情况下,放开手脚敢于突破和创新,推动农地租赁市场、信托市场等的发展。四是加快户籍制度改革力度,建立适合当前和未来城乡融合发展的新型户籍制度。同时注重简化户籍办理程序,以便实现社会公共服务便携式、均等化使用。

3. 实现农业转移人口平等化对待

近年来,农村剩余劳动力转移取得了显著成效,但制约农村劳动力就业的体制性、政策性障碍还没有根本消除,农村剩余劳动力转移就业的环境还有待进一步改善,转移过程中出现的一些新情况、新问题亟待研究解决。对于政府来说,应加强对农业转移人口的人文关怀,引导社会舆论对农业转移人口的包容和理解,创造没有偏见、互相尊重的和谐城市环境;促进城乡之间的文化交流,加强城镇文化与乡村价值观的"对流",增进彼此了解,消解误会与偏见。

对于企业来说,打造职业无高低、人格无贵贱的文化价值观。由于从农业转移至城市的外来人口大部分没有非农产业经验,学历和素质较低,所以只能从事重体力劳动和低层次的服务行业,因此城市原住民出于职业的歧视对进城务工人员心怀芥蒂,从而上升到不愿意接纳的心态。对此,积极打造职业不分高低贵贱的从业环境是促使城镇居民摒弃偏见的重要因素之一。

(三)农村人口"留不下"的解决措施

1. 完善土地流转,建设农村社会保障体系

农村土地的高效流转在一定程度上可促进农业现代化的发展,当前农村土地的流转现状不太乐观。加快农村土地流转,可提高农业产业化和规模化水平。据调研数据显示,河南省农村人口之所以不愿意离开农村，有很多人的原因是由于自家的耕地需要有人管理。但其实这种一家一户分散管理和耕种土地的形式很难满足未来河南市农业产业化和规模化的要求（见表8）。

农村原有劳动力的转移与农民的群体性分化，不仅是土地流转的基础条件，也是新型城镇化建设的关键。河南农民家庭种地年收入5000元以上只占8.25%，大部分在1000~2000元左右，这说明河南农村现有的土地生产效率是非常低的，碎片化的土地管理和分散化的农户耕种很难提高农业的生产效率。因此应当加快农村土地流转，把土地交给更加专业化的农户团队或集体进行合理化的布局，提高土地的生产效率，政府给予适当的补贴和援助让更多的农民可以从土地中解放出来。

完善农村社会保障体系，解决失地农民的后顾之忧。调研过程中很多农民不愿意流转土地不是因为经济利益，而是土地后面的保障功能，他们认为有土地，心里才踏实，生活才有保障。因此我们要完善农村的社会保障体系，让土地从农村的社会保障功能中逐渐分离出去，为农村土地流转提供更广阔的空间。

2. 实施人才战略，培育农业新型生产者

乡村振兴，人才是关键。人才是实施乡村振兴战略的必备要素和重要资源，是落实产业兴旺、生态宜居、乡风文明、治理有效、生活富裕总要求的推动力量和重要保障。要实行农业人才"换血"和"造血"工程，培育适合农业现代化发展要求的专业人才队伍。

（1）努力"换血"。"换血"就是通过国家政策的引导与扶持，使得广大的农村大学生、农业科技人员、返乡创业人员、相关农业企业以及有志向并热衷于农村发展的人员积极投身于美丽乡村建设。实施国家"阳光工程""雨露计划""温暖工程"、三进村培训等项目。在村落发展的顶层设计中，为前往农村发展的新人们开辟"绿色通道"，对进行土地规模经营给予一定的政策倾斜，发展家庭农场，将现代化的农业科学技术有效运用于粮食安全建设中。新一批"三农"建设者无疑填补了村落"空心化"的留白，如同给村落"换血"一般，这些人员的到来，可以有效改善且提升农村后备力量和人力资源的综合素质。

（2）积极"造血"。实施农民素质优先提升工程，把"乡土人才""聚"起来、"唤"回来、"留"下来、"用"起来，不断优化基层人才结构，为乡村振兴积蓄人才力量。将优先提升农民素质作为坚持农民主体地位的本质要求，注重挖掘身上有本事、手中有绝活的"土专家""田秀才"，同时也要注重培育一批农业高端科技人才，打造职业经理人、科技带头人、现代青年农场主、农村青年创业致富"领头雁"。广泛开展农业标准化生产、特色农业和现代农业生产等方面的技能培训，培养能够适应生产规模化、标准化要求的种植、养殖、加工能手和经营能人。加大实施"绿色证书工程"力度，重点培养以乡土人才、种养专业户等为主的"绿色证书工程"学员，尤其是村组干部和农民党员，要带动群众增收致富。

基于乡村振兴战略背景，探究农村青年的社会责任感现状，进而思考农村青年社会责任感的培养路径，以期进一步促进农村青年社会责任感的提升，为乡村振兴增添新动能。完善乡土人才培育机制，建立"政府主导+高校+社会力量"培养模式，以政府为主导，积极推进新型职业农民培育，加大政府补贴力度，整合社会力量开展培训。引导涉农高校积极搭建学历型农业专业人才培育平台，鼓励职业院校、技工学院开设与传统技艺技能相关的专业和课程，切实培养出更加接地气的农业专业型人才。通过政府购买培训服务等方式，引导社会专业培训机构参与乡村人才培养。充分发挥乡土人才行业协会等社会组织的作用，积极组织乡土人才交流、研修培训、创作研讨等活动，拓宽乡土人才视野。建立乡土人才梯形培养机制，针对村干部、农民企业家、普通农民等不同培养对象确定各自的培养路径。

附录1：河南省自然村落基本状况调查问卷

尊敬的受访者：您好！

我们是××大学的学生，正参加"自然村落路在何方——基于河南省农村调研分析"的大学生课外科研活动，此调研目的是了解当前河南农村的发展状况，通过深入分析，力争为河南城镇化和农村发展工作提出合理化建议。该调查问卷是无记名调查，您的所有信息我们将严格保密，非常感谢您的参与！

填写说明：请根据您自身真实的情况，选择问题的答案，并将符合您情况的答案填入"【 】"。

1. 您居住的村庄的地形状况是【 】。（单选题）

    A. 平原　　　　B. 丘陵　　　C. 山区

2. 您家经营土地的面积：自有土地【 】亩；租出土地【 】亩；租用（租进）土地【 】亩。（填空题）

3. 您家收入的主要来源是【 】。（多选题）

    A. 粮食种植　　　　　　B. 经济作物种植

    C. 外出务工（在外地打工）　D. 附近打零工

    E. 做生意（开店、办厂、运输、承包工程）

    F. 养殖（鸡、鸭、鱼、猪、牛、羊等）

4. 您家的年收入（毛收入）是【 】元。（填空题）

5. 一般情况下，您家种地年净收入（扣除种子、肥料、机械耕作等费用）【 】元。（单选题）

    A. 无种地收入　　　　　B. 1000元以下

    C. 1000~2000元　　　　D. 2000~3000元

    E. 3000~4000元　　　　F. 4000~5000元

    G. 5000元以上

6. 您长期居住在农村的原因是【　　】。(多选题)

　　A. 在城市就业困难　　　　B. 对当前收入满意

　　C. 耕种土地　　　　　　　D. 照顾孩子

　　E. 年龄大　　　　　　　　F. 有自己的房屋

　　G. 习惯于农村生活　　　　H. 身体健康状况不适

　　I. 有自己的生意

7. 您对在农村居住不满意的地方是【　　】。(多选题)

　　A. 排水、垃圾处理等公共基础设施落后

　　B. 医疗条件差　　　　　　C. 子女教育问题

　　D. 购物不方便　　　　　　E. 娱乐设施少

　　F. 交通不便

8. 如果条件允许,您是否愿意在城市居住【　　】。(单选题)

　　A. 是　　B. 否

9. 您所在的村庄与最近县城的距离是【　　】千米。(填空题)

10. 您所在村庄与最近地级市的距离是【　　】千米。(填空题)

河南省农村家庭人口情况调查表

家庭成员	性别	年龄(周岁)	常年在家人口状况		常年外出人口状况	
^	^	^	常年在家务工(指专门从事农业,或在家附近打零工或在家开店、办厂、承包工程等)	常年在家非务工(在家但没有专门的工作)	外出务工(在外地打工)	外出非务工(离家但没有工作,指外出上学的大学生及跟随父母外出的儿童等)

附录2　河南农村外出务工人员调查问卷

尊敬的受访者，您好！

我们是××大学的学生，正参加"自然村落路在何方——基于河南省农村调研分析"的课外科研活动，此问卷目的是为了了解农村外出务工人员（不包括在校生）状况，通过深入分析，以期为河南城镇化和农村发展工作提出合理化建议。本问卷实行匿名制，所有数据只用于统计分析，请您按自己的实际情况填写，感谢您的帮助（本次调查对象为农村外出务工人员，在校大学生请勿填写）。

1. 请问您的性别？

  A. 男　　B. 女

2. 请问您的年龄（周岁）？

3. 请问您的学历程度？

  A. 小学　　B. 中学　　C. 普通高中　　D. 职业高中

  E. 大学　　F. 硕士　　G. 博士

4. 请问您一般在什么地方打工？

  A. 村庄　　B. 附近乡镇　　C. 县城

  D. 省内城市　　E. 省外

5. 请问您在外务工时通常从事职业？

  A. 农业、渔业等其他基础生产部门

  B. 服务业（服务员、驾校教练、销售、导购、出租车司机等）

  C. 建筑业

  D. 制造业（纺织厂、电子厂等制造行业员工）

  E. 采掘业

6. 请问您每个月大概收入？

  A. 1000元以下　　B. 1000~2000元　　C. 2000~3000元

  D. 3000~4000元　　E. 4000~5000元　　F. 5000~6000元

  G. 6000~7000元　　H. 7000~8000元　　I. 8000元以上

7. 您在城市打工时一般在哪居住？

    A. 员工宿舍　　　　　　B. 自购房屋

    C. 政府廉租房　　　　　D. 亲戚朋友家

    E. 在外租房（不包括政府廉租房）

8. 您每年大概在村中居住多少天？

9. 您外出务工时是否带子女和配偶？

    A. 只带子女　　　　　　B. 只带配偶

    C. 二者都带　　　　　　D. 二者都不带

10. 您在城市中生活的障碍是？（多选题）

    A. 子女入学问题　　　　B. 购房价格过高

    C. 工作不好找　　　　　D. 衣食住行等日常生活费用过高

    E. 日常生活习惯不一致　F. 价值观念不一致

11. 您对在农村居住不满意的地方？（多选题）

    A. 排水、垃圾处理等基础设施落后

    B. 看病难问题　　　　　C. 子女教育问题

    D. 购物不方便　　　　　E. 娱乐设施少

    F. 交通不便

12. 您是否愿意在城市居住，以及在城市居住可能性？

    A. 愿意在城市居住，但是其可能性不大

    B. 不愿意在城市居住

    C. 愿意留下，并且未来很有可能留在城市中

    D. 尚未想清楚自己路在何方

参考文献

[1] 郭占锋, 焦明娟. 费孝通乡土重建思想略述 [J]. 农业经济, 2019 (3): 3-5.

[2] 李培林. 小城镇依然是大问题 [J]. 甘肃社会科学, 2013 (3): 1-4.

[3] 高海峰, 陈春, 张可男, 等. 中国农村人口趋势的脆弱性分析 [J]. 中国农业资源与区划, 2017, 38 (9): 135-143.

[4] 沈金华. 走向新的社会集约和博弈 [D]. 福州: 福建师范大学, 2005.

[5] 胡凌啸. 中国农业规模经营的现实图谱: "土地+服务"的二元规模化 [J]. 农业经济问题, 2018 (11): 20-28.

[6] 刘春香. 浙江农业"机器换人"的成效、问题与对策研究 [J]. 农业经济问题, 2019 (3): 11-18.

[7] 杨富云. 农业产业化经营组织的演进路径探析 [J]. 农业经济, 2019 (3): 54-55.

[8] 袁平, 朱立志. 中国农业污染防控: 环境规制缺陷与利益相关者的逆向选择 [J]. 农业经济问题, 2015, 36 (11): 73-80+112.

[9] 王晓毅. 重建乡村生活实现乡村振兴 [J]. 华中师范大学学报 (人文社会科学版), 2019, 58 (1): 1-4.

[10] 张晓山. 推动乡村产业振兴的供给侧结构性改革研究 [J]. 财经问题研究, 2019 (1): 114-121.

[11] 罗兴, 马九杰. 不同土地流转模式下的农地经营权抵押属性比较 [J]. 农业经济问题, 2017, 38 (2): 22-32.

[12] 程晓宁. 危机视角下农村土地流转困境研究 [J]. 企业改

革与管理, 2015 (15): 185-186.

[13] 曲广龙, 任雨柔, 张力文, 等. 城乡一体化背景下农村劳动力转移问题与对策——以西安市鄠邑区为例 [J]. 现代商贸工业, 2019, 40 (12): 79-80.

[14] 李长安. 户籍改革提速, 释放强劲动能 [N]. 环球时报, 2019-04-10 (15).

[15] 韩艳梅. 浅谈农村剩余劳动力转移存在的问题与对策 [J]. 农民致富之友, 2018 (3): 198.

[16] 田素云, 张庆考. 乡村振兴中农村土地流转机制研究 [J]. 智库时代, 2019 (16): 10-11.

[17] 黄丽敏. 农村土地流转与新型城镇化进程的相互促进发展 [J]. 农业与技术, 2019, 39 (7): 175-176.

[18] 刘长喜. 乡村人才振兴教育培训模式探索 [J]. 农村. 农业. 农民 (B版), 2019 (4): 50-51.

[19] 何竹梅. "乡土人才"是乡村振兴的生力军 [N]. 河南日报, 2019-04-08 (007).

[20] 张瀚元, 周鹏飞. 乡村振兴战略背景下农村青年社会责任感现状及培养路径思考 [J]. 农村经济与科技, 2019, 30 (5): 277-279.

以乡村振兴为视角的农村宅基地有偿退出影响因素分析[①]

河南农业大学资源与环境学院　栗滢超

【摘要】农村宅基地有偿退出是优化资源配置、实现城乡融合的主要途径。测度农村宅基地有偿退出的影响因素对盘活农村土地资源、助力乡村振兴有重要的启迪作用。基于河南省农村宅基地实地调查，构建结构方程模型分析发现：

（1）农村宅基地有偿退出主要是通过农户家庭特征、宅基地特征、个体特征等方面的传导，对农户收入、就业、生活等产生影响，进而影响农户宅基地退出意愿，其中家庭特征对宅基地有偿退出影响最大，其影响力为0.58。

（2）可测指标中，个体特征中的年龄越小、受教育程度越高、对城市的喜好程度越高与家庭特征中的家庭劳动力结构越偏向非农业，家庭农业收入占比越低越能促进农村宅基地有偿退出。基于此，建议有针对性地依据家庭特征开展农户技能培训，探索分类型多样化宅基地有偿退出路径，依据区域不同发展水平分时序推进农村宅基地有偿退出。

一、引言

党的十九大提出的乡村振兴战略是一个基于新思维、新理念的重大战略。为落实该战略，2018年中央一号文件明确提出探索宅基地所有

---

① 本篇论文原载于《经济经纬》期刊，2019年第5期。
栗滢超（1979—），女，河南南阳人，博士，副教授，主要从事土地利用与管理研究。

权、资格权、使用权"三权分置",以宅基地制度改革作为实施乡村振兴的重要突破口,盘活农村土地资源为乡村振兴提供必要支撑(刘锐,2018)。伴随城镇化及经济社会发展,我国农村宅基地闲置、废弃、利用率不高的现象日益凸显,乡村振兴对农村宅基地有偿退出提出新的要求:农户将其拥有的超出法定标准、长期低效使用或不再使用和闲置的宅基地,有偿归还给宅基地所在农村集体经济组织(张世全,2013;张梦姣,2013)。该措施可以有效激活农村宅基地潜在价值,农村宅基地有偿退出后经过整理复垦,一方面可以作为补充耕地,通过增减挂钩实现异地交易,资金用以支撑乡村振兴;另一方面可以为当地产业落地提供空间以助力乡村产业发展。

具有生产功能的农地及农户所拥有的宅基地和附着在宅基地上的房屋是农户最大的财富。从新制度经济学看,农村宅基地有偿退出是地方政府在外部利润的诱导下进行的一项制度创新(黄贻芳,2013;鲁建爵,2014)。从农户经济行为决策看,作为理性"经济人"的农户,往往追求效益最大化,农户对宅基地有偿退出意愿是其综合权衡成本和收益的结果,取决于农户依其自身状况和外部条件做出的理性决策,其决策依据是对成本和收益的比较结果(邵子南,2014)。宅基地作为农户居住生活的物质基础,具有保障居住、养老、储备财产和发展副业的作用,与农户生产生活密不可分,但由于社会养老保障和补偿标准等的不完善,容易让农户产生退出宅基地后生活水平降低的疑惑,导致宅基地有偿退出受当地社会保障、医疗教育等各方面因素的阻碍。同时,城镇便利的交通、高质量的教育、更多的就业机会吸引农户到城市定居,宅基地有偿退出也可为农户去往城市提供资本。农户作为农村宅基地有偿退出的主体,不同类型农户退出宅基地时考虑的因素不同,退出意愿也不同(张勇超,2016)。已有定量研究多是从宅基地保障功能、农户家庭特征、农户个人特征角度选取与其相关的若干指标测度其对宅基地退出的影响(梁发超,2017),而针对宅基地特征对有偿退出的影响定量分析不多,而且缺少综合宅基地特征、农户个人特征、家庭特征等多个潜变量对宅基地有偿退出影响的综合考量。

农村宅基地有偿退出是一项复杂的系统工程。宅基地退出影响因素直接关系到农户退出宅基地的积极性（梁发超，2017）。近年来学者们大都采用 Logistic 回归模型或二元 Probit 模型对农户宅基地退出意愿进行实证分析，如张婷等运用二元 Probit 模型分析了上海市松江区、金山区农户宅基地退出影响因素（张婷，2016），于伟等通过构建 Probit 模型分析山东省农户宅基地退出的影响因素（于伟，2016）。石志恒、王丹秋等采用 Logistic 回归模型分别探讨了西部地区、湖北省 4 个典型村农户宅基地退出影响因素（石志恒，2017；王丹秋，2015）。鉴于影响农户宅基地退出的因素较为复杂，而传统的 logistic 或 Probit 模型通常不能很好地处理政策、制度等无法直接观测到的潜变量，结构方程模型（SEM）能够处理潜变量及外显测量指标（吴云青，2017）。因而，本研究选取结构方程模型探求农村宅基地有偿退出的农户响应状况，为促进农村宅基地有偿退出及宅基地制度渐进式改革提供参考依据。

二、乡村振兴与宅基地有偿退出机理分析

乡村振兴战略的实施需要一系列条件、准备以及配套的政策制度。实施乡村振兴战略离不开资金、土地、人力等各种要素的制度性供给。

（一）乡村振兴要解决"钱从哪来"的问题

当下许多乡村建设主要依靠政府财政投入，一旦没有政府资金注入依然是破败景象，而解决乡村振兴资金筹措问题"造血"胜过"输血"。国务院办公厅 2018 年颁发的《跨省域补充耕地国家统筹管理办法》《城乡建设用地增减挂钩节余指标跨省域调剂管理办法》明确指出，收取的跨省域补充耕地资金全部用于巩固脱贫攻坚成果和支持实施乡村振兴战略（韩璐，2018），这为解决乡村振兴的资金问题指明了道路，即通过挖掘乡村内部资源潜力，变闲置资源为流动资金，进而实现乡村振兴良性发展。宅基地所有权、资格权、使用权"三权分置"前

提下,农村宅基地有偿退出是盘活农村闲置土地资源的有效途径。宅基地有偿退出后农村集体经济组织对其进行综合整治,置换耕地占用指标,提高土地产出效益(栗滢超,2012;张勇,2015)。此外,还可通过农村集体建设用地入市交易,实现农村土地增值收益,增加农村集体经济组织经济收入以及农民财产性收入,为乡村振兴提供资金保障。

(二)乡村振兴还要解决"地从哪来"的问题

乡村要振兴,产业兴旺是关键。当前我国发展最大的不平衡、不充分在农村,产业兴旺是实现农民增收、农业发展和农村繁荣的基础,也是实现乡村振兴的重要抓手。在耕地红线不可逾越,建设用地总量控制背景下,农村宅基地有偿退出可以为农村产业发展提供充足的用地空间,较好地解决乡村产业落地问题,拓展乡村产业发展空间。通过宅基地有偿退出,实现土地集约节约利用的同时满足了村民对改善居住条件的追求,有助于乡风文明及乡村有效治理。

(三)乡村振兴必须解决"谁来振兴"的问题

实施乡村振兴需要发挥农民主体作用,即明确未来乡村振兴的主体。据新华网报道,2018年中国城镇化率约为58%,也就是目前尚有六七亿人还在农村。这一现状与发达国家相比存在巨大差距,未来解决我国经济社会发展中的突出矛盾、转变经济发展方式、推进现代化进程等都需要继续促进城镇化发展。而农村宅基地有偿退出可使已经融入城市的农村人口逐步实现市民身份的转换,相应可以确定由谁振兴乡村。

农村宅基地制度改革,不仅是撬动乡村振兴战略的支点(陈卫华,2017),而且为乡村振兴提供了实现的基础(见图1),这也是近几年国家推行农村宅基地有偿退出试点的主要原因。客观地讲,农民对有偿退出农村宅基地的响应状况直接关系着农村闲置土地能否有效利用,关系着乡村振兴战略的实施进度。

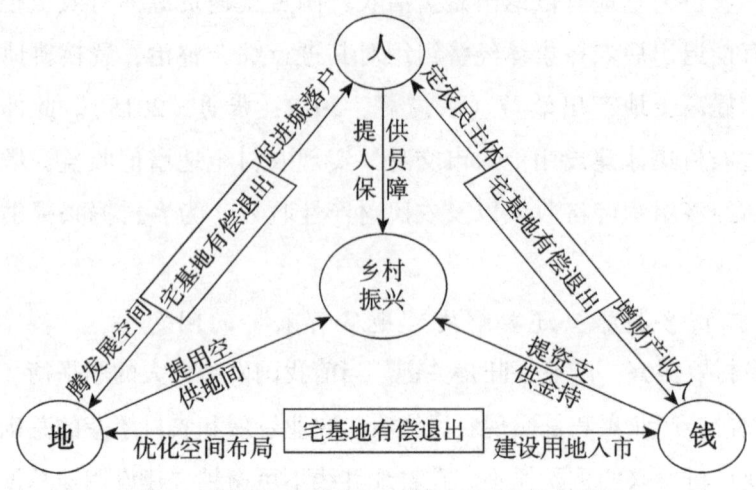

图1 宅基地有偿退出对乡村振兴作用机制

三、研究设计与数据来源

（一）理论假设与变量设定

农户是否愿意有偿退出农村宅基地与农户个人特征、家庭特征、宅基地特征及退出后的补偿期望等密切关联。区域经济发展水平可能会影响宅基地有偿退出意愿。据河南省统计年鉴（2018）报道，郑州市2017年国内生产总值为9193.77亿元，居全省之首，而其他地市多数在1500亿~2500亿元之间，其他地市间经济发展差异不显著。

（1）个人特征，主要包括年龄、受教育程度、务工年限、城市喜好。①年龄越年轻，农户非农就业的机会就越多，融入城市生活的机会也越多，对农村宅基地的依赖深度相应会越低，意味着有偿退出的意愿越强。②农户受教育程度越高，非农就业机会越多，对农业的依赖程度越低，有偿退出宅基地的意愿会越高（赵强军，2012）。③务工年限时间越长，对城市生活的适应程度越高，越有可能融入城市，有偿退出宅基地的意愿也会越高。④城市喜好。主要考虑农户对城市的喜好程度，城市良好的生活、医疗、教育条件以及特有的区位优势吸引农户向城市迁移，进而促进宅基地有偿退出。

（2）家庭特征，主要包括劳动力结构、人均年收入、农业收入占比、非农就业稳定性、宅基地宗数。①劳动力结构主要反映劳动力结构偏向非农化程度。家庭成员从事非农劳动人数越多，农户长期在农村生活的可能性就越低，对宅基地依赖程度越低，农户有偿退出宅基地意愿会越高。②人均年收入。农户人均年收入越高，其追求美好生活的愿望越可能得到满足，进入城镇生活的可能性越大，有偿退出宅基地意愿会越高。③农业收入占比。当农户家庭经济收入主要源于农业收入时，农户对宅基地依赖性越强，宅基地有偿退出的意愿就越低。④非农就业稳定性越高，农户返回农村生活的可能性会越低，对宅基地的依赖程度就越低，有偿退出宅基地意愿会越强。⑤宅基地宗数。农村部分农户存在一户多宅的情况，拥有宅基地宗数越多，宗数持有量减少后的风险越低，退出宅基地意愿会越强。

（3）宅基地特征，主要包括距离最近城镇的远近、面积、闲置率。①距最近城镇远近。宅基地距城镇中心区越近，区位条件越好，土地升值空间越大，同时农户进城就业成本降低，农户退出意愿会越低。②宅基地面积越大，超标现象越严重，农户有偿退出意愿可能会越低。③闲置率。闲置状态下的宅基地不能产生经济价值，而退出这类宅基地可以增加农户财产性收入，增加其在城镇生产生活的资本，闲置率越高农户有偿退出的意愿会越高。

（4）退出后补偿期望，主要包括补偿方式、计算方式。补偿方式及计算方式越合理，农户的利益越能得到保障，在对农户进行一定金钱补偿的基础上考虑农户安置问题，会促进农户有偿退出宅基地；宅基地退出复垦后根据其利用方式和利用类型的不同，土地价值也不同，对应的计算方式也有所不同，货币补偿时考虑土地增值有利于维护农户利益，农户有偿退出意愿会相应提高。

（5）农户宅基地退出意愿。

以上各自变量的具体赋值和相关含义解释如表1所示。

表1 变量说明

潜变量	观测变量	变量含义及赋值
个人特征 ζ_1	年龄（X1）	60岁以上=1，51~60岁=2，36~50岁=3，18~35岁=4，18岁以下=5
	受教育程度（X2）	小学及以下=1，初中=2，高中及中专=3，大专及本科=4，本科以上=5
	务工年限（X3）	1年以下=1，1年=2，2年=3，3年=4，3年以上=5
	对城市喜好程度（X4）	很不喜欢=1，不喜欢=2，一般=3，喜欢=4，很喜欢=5
家庭特征 ζ_2	劳动力结构（X5）	20%以下=1，20%~40%=2，40%~60%=3，60%~80%=4，80%以上=5
	人均年收入（X6）	300元以下=1，3001~5000元=2，5001~7000元=3，7000~9000元=4，大于9000元=5
	农业收入占比（X7）	70%以上=1，50%~70%=2，30%~50%=3，10%~30%=4，10%以下=5
	非农就业稳定性（X8）	很不稳定=1，不稳定=2，一般=3，稳定=4，很稳定=5
	家庭宅基地宗数（X9）	1宗=1，2宗=2，3宗=3，3宗以上=4
宅基地特征 ζ_3	距最近城镇远近（X10）	1~5千米=1，5~10千米=2，10~15千米=3，20~25千米=4，25千米以上=5
	面积（X11）	300平方米以上=1，200~300平方米=2，100~200平方米=3，100平方米以下=4
	闲置（X12）	没有闲置=1，部分闲置=2，闲置=3
退出后补偿期望 ζ_4	补偿方式（X13）	宅基地补偿=1，货币补偿=2，房屋补偿=3
	价格计算方式（X14）	村镇自定=1，农业生产价值=2，土地增值价值=3
农户宅基地退出意愿 η	宅基地退出意愿（y）	愿意=1，不愿意=0

注：劳动力结构指非农就业人口占总劳动力人口的比例。

（二）模型选择

结构方程模型简称 SEM，是一种建立、估计和检验因果关系的模型，它可以清晰分析单项指标对总体的作用和单项指标间的相互关系。同时结构方程模型允许变量之间误差的存在，通过对各变量之间以及各变量与误差之间关系进行独立处理，使分析结果更具可信度和高精度。结构方程模型包括测量模型和结构模型。该模型表达式如下：

测量方程：$X=\Lambda X\xi+\delta$, $Y=\Lambda y\eta+\varepsilon$ (1)

结构方程：$\eta=\gamma\xi+\beta\eta+\zeta$ (2)

式（1）中：X、ΛX、δ 分别表示解释变量对应的观察变量、载荷变量和误差项，ξ 为解释潜变量；Y、Λy、ε 分别为结果潜变量对应的观察变量、载荷变量和误差项，η 为结果潜变量。式（2）中：γ 表示解释潜变量对结果潜变量的影响，β 为结果潜变量间的关系，ζ 为残差项。

（三）数据来源及总体特征

本研究所用数据来源于 2018 年 4 月、10 月对河南省 18 个地市农户进行的随机抽样调查，调查区域覆盖城市郊区及传统村落，具有一定的普遍性和代表性。问卷涉及的内容包括受访者基本特征、家庭基本特征、宅基地特征，受访者对宅基地有偿退出方式认知等内容。调查共发出 567 份问卷，实际回收 542 份，其中有效问卷 519 份，有效回收率 95.76%。在 519 份有效问卷中，愿意有偿退出的有 157 份，占 30.25%；拒绝有偿退出的有 356 份，占 68.59%。全省 18 个地市中，郑州市愿意有偿退出率占 55.17%，居全省最高，这可能与郑州市的经济发展水平居全省之首相关。

总体看，受访者年龄多集中在 36～50 岁，初中文化水平的约占 49%，外出务工时间在 2～3 年的居多数。从被访者家庭特征看，农业收入占家庭总收入比重低于 10% 的较少，非农就业劳动力占家庭总劳动力比重超过 60% 的约占样本总数的 10%。从宅基地特征看，距离城镇 10 千米以内的占比重较大，宅基地占地面积多为 200~300 平方米。宅基地退出后选择房屋补偿的居多，而且选择货币补偿的农户更希望能依据土地的潜在增值价值计算补偿价格。

四、结果分析

（一）模型输出结果

在借鉴相关文献研究结果的基础上，对选取的 14 个指标进行数字赋值，并运用 Amos 软件进行数据处理，计算各拟合指数值（见表 2）。

表 2 结构方程模型拟合指数计算结果

拟合指数	卡方值 （P 值）	拟合优度指数	残差均方根	非常态拟合指数	比较拟合指数	渐增拟合指数
结果	91.419 (0.052)	0.954	0.043	0.923	0.962	0.927

由表 2 可以看出：卡方值>0.05，拟合优度指数>0.90，残差均方根<0.05，非常态拟合指数>0.90，比较拟合指数>0.90，渐增拟合指数>0.90，所有适配指标值均达到模型构建要求，说明模型拟合度较好。

（二）模型结果解读

依据设计的农村宅基地有偿退出意愿影响因素路径，最终确定结构方程模型（见图 2）。表 3 是图 2 所示的所有路径系数的估计值和显著性水平。

表 3 显示所有特征均在 5%水平下对农户宅基地有偿退出意愿有正向影响，4 个潜变量中对农户有偿退出宅基地影响最大的是农户家庭特征，其影响路径系数为 0.58；依次是宅基地特征（0.38）、个体特征（0.32）和补偿期望（0.11）。农户在有偿退出宅基地时往往会考虑个人家庭实际情况，家庭收入和成员就业情况；宅基地特征和个体特征的

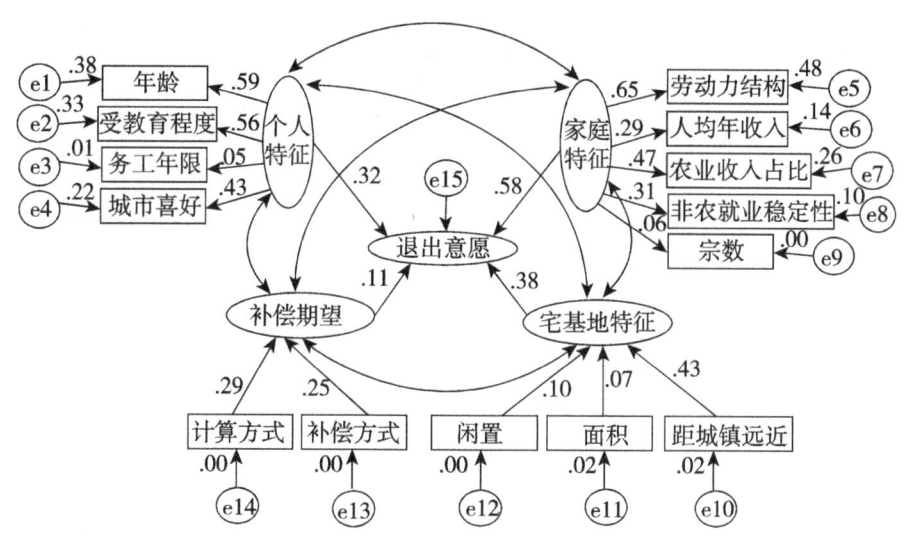

图 2 农村宅基地有偿退出意愿影响因素路径模型

影响力度基本相同,而补偿期望的影响程度最小,主要是因为传统的家庭群居观念使得农户将宅基地视为安身立命之所,而对补偿金额和补偿方式方面存在较大争议,因而其影响力度相对较小。

表 3 农村宅基地有偿退出模型各路径系数测算结果

	路径	影响方向	路径系数	检验结果		
结构模型	个人特征	+	0.32**	支持		
	家庭特征	+	0.58**	支持		
	宅基地特征	+	0.38**	支持		
	退出后补偿期望	+	0.11**	支持		
	分类	路径	未标准化路径	临界比值	标准化路径	P值	显著性
测量模型	个人特征	年龄→个人特征	1.00	—	0.59	—	显著
		受教育程度→个人特征	1.01	4.68	0.56***	0.01	显著
		务工年限→个人特征	0.12	2.63	0.05**	0.05	显著
		城市喜好→个人特征	1.00	4.16	0.43**	0.03	显著

续表

分类		路径	未标准化路径	临界比值	标准化路径	P值	显著性
测量模型	家庭特征	劳动力结构→家庭特征	1.00	—	0.65	—	显著
		人均年收入→家庭特征	0.64	3.08	0.29**	0.02	显著
		农业收入占比→家庭特征	0.97	3.85	0.47**	0.04	显著
		非农就业稳定性→家庭特征	0.68	2.62	0.31***	0.01	显著
		宅基地宗数→家庭特征	0.97	3.68	0.06*	0.08	显著
	宅基地特征	距最近城镇远近→宅基地特征	1.00	—	0.43	—	显著
		面积→宅基地特征	0.07	2.69	0.07*	0.07	显著
		闲置→宅基地特征	0.07	2.51	0.10**	0.04	显著
	退出后补偿期望	补偿方式→退出后补偿期望	1.00	—	0.25	—	显著
		计算方式→退出后补偿期望	1.05	4.68	-0.29**	0.03	显著

注：*、**、***分别表示在10%、5%和1%的水平下显著；带"—"的5条路径表示把它们作为SEM参数估计的基准来估计其他路径是否显著。

(1) 个人特征分析：农户个人特征中年龄对宅基地退出意愿影响最大，其影响力为0.59。调查数据显示，宅基地退出意愿较低的农户往往年龄也较大。受访者年龄在35岁以下、36~50岁、50~60岁及60岁以上，宅基地有偿退出意愿分别为42%、30%、27%和18%。其原因可能是随着年龄增大，农户能够参与的非农就业岗位越少，相应的宅基地保障功能就越凸显。受教育程度对宅基地退出意愿的影响力为0.56，受教育程度越高的农户，主动退出宅基地的意愿也越高。受教育程度在初中以上的农户愿意退出宅基地占比37%，高于受教育程度处于初中及以下的农户10个百分点，可能的原因是受教育程度越高对国家政策红利越了解，参与非农活动概率越高，有偿退出宅基地的意愿也越高。

对城市的喜爱程度正向影响宅基地有偿退出意愿,其影响力为0.43。在偏好农村、没有偏好和偏好城市选项中农户愿意退出宅基地占比分别为24%、30%和37%,由于城市拥有较好的区位优势和教育、医疗等资源吸引农户向城市迁移,从而促进宅基地有偿退出。务工年限在个人特征中对农户有偿退出意愿影响最小,其影响力仅为0.05,但仍有促进作用。调查结果显示外出务工年限2~3年的居多,其中务工年限1年以下、2~3年、3年以上的农户愿意退出宅基地的占比分别为16%、25%和28%,比例逐渐增加。城市的多元化就业方式让农户有更多自我实现的契机,同时为了给子女创造更优质的教育条件,外出务工时间越长,其有偿退出宅基地的意愿也越高。

(2)家庭特征分析:农户家庭劳动力结构是最能解释家庭特征的观测变量,对宅基地退出意愿有明显的促进作用,其影响力为0.65。在519份有效问卷中,非农就业人数占家庭劳动力总数大于60%的仅占样本的10%,整体来看劳动力结构相对较偏向中低等兼业。农户家庭从事农业劳动的人员越多,劳动力结构越偏向农业结构,宅基地的保障作用就越突出,农户对宅基地依赖程度也越高,宅基地有偿退出意愿就越低。农户农业收入在家庭总收入中的占比对农户有偿退出意愿影响较大,影响力为0.47。根据调查数据,农业收入占家庭总收入比例大于50%的农户只占总数的15%左右,农户对土地依赖程度不高。当农户家庭经济来源主要来自非农收入时,农户对宅基地的依赖程度越低,越愿意退出宅基地。非农就业的稳定性对农户收入有一定保障作用,农户非农收入越高,越愿意将宅基地有偿退出,而模型结果显示拥有宅基地宗数对宅基地退出意愿影响不大。

(3)宅基地特征分析:农户宅基地特征中宅基地距城镇远近对宅基地退出意愿影响最大,其影响力达0.43。宅基地距城镇越近,农户有偿退出宅基地意愿越低,其原因可能为宅基地距城镇越近,宅基地区位条件相对越好,受城乡统筹发展的辐射带动作用越大,宅基地潜在价值就会越高,农户越不愿意退出。而农村普遍存在宅基地面积超标现象，可能是导致面积因素对退出意愿影响不大的原因。宅基地闲置与否对退出意愿有正向影响，可能原因是由于闲置状态下宅基地不能产生任何经济价值，退出宅基地后农户可享受到金钱或房屋等方式补偿，货币可以作为农民在非农行业的经营资本增加其非农收入，房屋等可用作出租等增加额外收入，因而闲置宅基地农户退出意愿越高。

（4）补偿期望分析：补偿期望中补偿方式与计算方式影响力差别较小，仅为0.04，补偿越合理，农户退出意愿越高。调查数据显示，根据农村实际情况，由于宅基地对农民的特殊意义，考虑到农户退出后的住房等生活保障问题，农户对房屋的补偿方式选择较多。因而，保障农户住房安置前提下并进行一定金钱补偿和改善农村生活环境，会提高农户退出宅基地意愿。调查发现，按土地实际增值价值确定补偿金额更受农户欢迎，补偿方式及补偿计算方式越合理，农户有偿退出宅基地意愿越高。

五、结论与建议

（一）结论

通过上述分析得出以下结论：

（1）依据农村宅基地退出意愿结构方程路径系数，4个潜变量中，影响最大的是家庭特征，对农户意愿影响系数达到0.58；其次是宅基地特征、个人特征和补偿期望。

（2）观测变量中，家庭劳动力结构对宅基地有偿退出的影响力度最大，为0.65，其次是年龄（0.59）和受教育程度（0.56）。这说明家庭非农劳动力越多，农户年龄越小，受教育程度越高，人们对宅基地依赖性越低，对于宅基地有偿退出的接受能力和认可度相对来说就越高，更愿意在合理补偿的前提下放弃宅基地的使用权，从而显化宅基地的价值，为更好地实现农民的财产性权益和推进村庄转型、乡村振兴、城乡融合提供动力。

（3）家庭特征中人均年收入、非农就业稳定性对宅基地退出意愿有正向影响，农业收入占比有显著的负影响；个人特征中城市喜好、务工年限、受教育程度均对有偿退出意愿有正向影响；宅基地特征中距城镇远近对宅基地有偿退出意愿影响最大；补偿期望中补偿方式与计算方式影响力差别较小，补偿越合理，农户退出意愿越高。

（二）建议

（1）依据家庭特征因地制宜、分类推进宅基地有偿退出。首先，依据家庭劳动力结构，鼓励劳动力结构偏向非农兼业家庭即农户与宅基地黏度相对较低的家庭率先有偿退出宅基地；其次，随着新型城镇化的推进，受过一定教育的"80后""90后"农二代更易融入城市，探索市民身份转化与宅基地有偿退出的协同机制；最后，尊重乡村发展实际与规律。对距离城镇较近、受城镇辐射带动作用较大的乡村优先进行宅基地整治。

（2）依据家庭特征有针对性地分类开展农户技能培训。一方面，对家庭特征中农业收入占比较少的农户加强技能培训，进一步提高农户知识水平，为加快农村剩余劳动力转移创造条件，同时通过提升农户自身技能，进一步提高非农收入比重，降低农户对农村土地的依赖，为农户有偿退出宅基地提供支撑。另一方面，开展农业技能培训，着重以产业实用技术培训为主，为新型职业农民提供学习机会，在加强社会阶层流动的同时明确新型农业经营主体，为农业现代化建设和乡村振兴提供人才保障和智力支撑。

（3）探索分类型分时序多样化宅基地有偿退出路径。建议对区域经济发展水平较好，有偿退出意愿较高的地区优先安排宅基地有偿退出；对于在城镇中已有住房、有稳定非农工作的以购房补贴、货币补助为主；对于经济条件较好、宅基地区位优越的家庭建议以进城转化市民身份为主；对于城镇近郊农户整体退出意愿相对较低的建议以就业帮扶、辅助政策引导，同时细分补偿条件和补偿价格，保障农户有偿退出宅基地后基本居住及生活水平不降低，并对腾退宅基地进行土地收储及时置换土地复垦券以助力乡村振兴。

参考文献

[1] 陈卫华, 吕萍, 钟荣桂. 基于宅基地制度改革推进中国农村住宅制度建设 [J]. 中国土地科学, 2017, 31 (12): 69-76.

[2] 韩璐, 孟鹏, 蒋仁开, 等. 新时代耕地占补平衡的逻辑根源、模式探索与管理创新 [J]. 中国土地科学, 2018, 32 (6): 90-96.

[3] 黄贻芳. 农户参与宅基地退出的影响因素分析——以重庆市梁平县为例 [J]. 华中农业大学学报 (社会科学版), 2013, (3): 36-41.

[4] 栗滢超. 中原地区村庄整治探讨与实践——以河南省济源市梨林镇为例 [J]. 资源与产业, 2012 (3): 153-157.

[5] 梁发超. 闽南地区农村宅基地退出的影响因素 [J]. 西北农林科技大学学报 (社会科学版), 2017, 17 (1): 46-52.

[6] 刘锐. 乡村振兴战略框架下的宅基地制度改革 [J]. 理论与改革, 2018 (3): 72-80.

[7] 鲁建爵. 宅基地退出机制的影响因素分析——以嘉兴市姚庄镇和温州市丽岙街道为例 [D]. 杭州: 中共浙江省委党校, 2013.

[8] 邵子南, 吴群, 许恩, 等. 农户对农村居民点整理意愿及影响因素研究——基于 Logistic 和 SEM 模型的实证分析 [J]. 水土保持研究, 2014, 21 (6): 228-233.

[9] 石志恒, 孙鹏飞, 许克元. 农户宅基地退出意愿研究——基于甘肃省样本调查 [J]. 云南农业大学学报 (社会科学), 2017, 11 (2): 42-46.

[10] 王丹秋, 廖成泉, 胡银根, 等. 微观福利视角下农户宅基

地置换意愿及其驱动因素研究——基于湖北省4个典型村的实证分析[J]. 中国土地科学, 2015, 29 (11): 40-47.

[11] 吴云青, 王多多, 密长林, 等. 生计资产差异对农户宅基地退出意愿的影响研究——基于天津市403份调查问卷的实证分析[J]. 干旱区资源与环境, 2017, 31 (9): 26-31.

[12] 于伟, 刘本城, 宋金平. 城镇化进程中农户宅基地退出的决策行为及影响因素[J]. 地理研究, 2016, 35 (3): 551-560.

[13] 张梦姣, 张杰平, 杨丹. 成都浅丘地区宅基地确权中的问题与对策探讨[J]. 中国集体经济, 2016, 16 (6): 18-20.

[14] 张世全, 沈昊婧, 李汉敏, 等. 关于人地挂钩政策问题的探讨[J]. 国土与自然资源研究, 2013 (3): 13-16.

[15] 张婷, 张安录, 邓松林. 期望收益、风险预期及农户宅基地退出行为——基于上海市松江区、金山区农户的实证分析[J]. 资源科学, 2016, 38 (8): 1503-1514.

[16] 张勇, 汪应宏. 基于新型城镇化背景的农村居民点整治及宅基地退出探讨[J]. 农村经济, 2015 (8): 10-14.

[17] 张勇超. 基于农户生计资产及发展能力视角的宅基地退出意愿影响因素研究——以湖北省监利县和江西省安义县为例[D]. 南昌: 东华理工大学, 2016.

[18] 赵强军, 赵凯. 农户退出宅基地意愿影响因素分析——基于陕西杨凌、武功214家农户的调研[J]. 广东农业科学, 2012 (6): 193-196.

互联网资本与民营经济高质量发展
——以企业创新驱动路径为视角

重庆理工大学 王文涛

【摘要】中国民营经济的高质量发展任重道远，新的创新驱动路径亟须拓展。互联网与实体经济的深度融合使得互联网的"资本化"趋势益发凸显，而互联网资本对民营企业创新的作用机理研究尚是一个缺口。本文基于能力观视角界定互联网资本的理论内涵，从接入可及性和使用效用性两个维度构建互联网资本的评价体系，并采用世界银行中国企业调查数据实证检验本文的理论假设。研究发现，互联网资本具有促进民营企业创新的积极效应，且互联网使用效用性的创新效应更为明显。此外，完善的制度环境有助于提升民营企业的创新能力，而互联网资本的包容性创新效应能够在一定程度上弥补制度质量不足的缺陷。本研究丰富和拓展了互联网经济学的研究范畴，并为推动"互联网+"与《中国制造2025》的协同融合，以及民营经济高质量发展政策的有效落地提供了微观经验证据。

一、引言

创新是高质量发展的本质，民营经济是推动高质量发展的主体。因此，提升民营企业创新能力是建设现代化经济体系、促进经济高质量发展的关键动力与战略支撑。凭借招商引资、技术引进、吸收模仿等外源主导型的创新战略，中国经济经历了一个较长期的高速增长阶段，取得了举世瞩目的发展奇迹。诚然，这种"筑巢引凤"式的外生创新模式确实在短期内营造出了令人疯狂的"速度与激情"，也让后发国家品尝到了"特洛伊木马"的甜头。然而，潜伏的危机终将爆发，一些新的困难与矛盾也在与日俱增并日益凸显，突出表现为自主创新与核心技术的不足。更为重要的是，无法掌控核心与关键技术无疑是将一国产业高地的制高点与主动权拱手让人，最终将难以逃脱"受制于人"和"釜底抽薪"的梦魇。因此，中国民营企业的创新发展之路远未止歇，而是正处在爬坡过坎的关键时期，提升企业的内生创新能力是能否从这场硝烟弥漫的"反围剿"中成功突围的根本出路，特别是对核心技术的突破益发成为全球产业和技术竞争的关键。

与此同时，由互联网主导的新一代科技革命正在全球范围内上演一场精彩大戏，旨在推进制造业数字化、智能化发展的互联网战略遍地开花。特别是伴随云计算、大数据、人工智能、物联网、移动互联网等新一代信息技术的发展，互联网与实体经济的渗透与融合正在蓄势待发，实体企业的经营被深深刻上互联网的烙印，显著改变传统产业价值创造的商业逻辑和模式，越来越成为推动实体企业创新的源头活水。因此，实体企业能否乘互联网之春风扶摇直上，既事关国家核心竞争力的提升，也关乎实体经济能否沿着产业链的高端拾级而上。

毋庸置疑，互联网创新发展与新工业革命正处在历史的交汇期，未来各国在工业互联网方面的竞争将日趋激烈。但是，也应该看到，互联网对民营企业创新的作用机理仍是一个待解之谜，相关的微观基础依然十分薄弱，而这一研究对于识别企业创新机制、促进经济高质量发展具有重要的政策指导价值。与已有文献相比，本文的增量贡献主要表现为：①构建互联网资本的概念模型与评价体系，拓展了互联网经济学的研究范畴；②揭示互联网资本对民营企业创新的作用机制，发现了互联网资本促进民营企业创新的效应；③探索互联网资本与制度质量的交互影响，验证了互联网资本的包容性创新效应。

二、文献综述与研究假设

（一）互联网资本的形成机理

随着互联网与实体企业迈入深度融合的新阶段，互联网技术将向制造业和服务业全面嵌入，从而深刻改变传统产业的基本特质与属性，并引发资源要素的广泛重组与重新整合（江小涓，2018；郭美晨和杜传忠，2019）。但是，关于互联网与企业的融合机理在学术界依然是一个"黑箱"，相关的研究仍在不断探索之中，而这一问题构筑了互联网经济学理论大厦的根基。

归纳起来，现有文献主要采用"技术观"和"思维观"两种范式研究互联网影响企业微观主体行为的机理（李海舰等，2014；赵振，2015）。这些理论视角能够有力揭示企业营销效率的改善和商业模式的变迁，但是对于互联网与企业深度融合的内在机理难以做出令人信服的解答，特别是无法诠释企业如何将互联网这种"外生技术"转化为驱动企业决策的"内生力量"。本文提出的"互联网资本"概念范畴链接起了互联网从"外生"到"内生"的通道，有助于打开互联网与企业的融合机理这一理论"黑箱"。

一般来讲，互联网与企业的融合需要经过"接入"和"使用"两个过程。其中，企业对互联网的接入是发挥互联网创新效应的前提与基础，在本质上是接受互联网技术和思维改造的过程。特别是面对互联网技术快速推陈出新的冲击，企业管理者的经营理念、技能、模式等都在受到互联网潜移默化的影响，互联网深深地嵌入企业的决策函数当中。但是，仅仅让企业获取接入互联网的渠道是远远不够的，还必须有相应能力对互联网模式进行消化吸收。事实上，在给定互联网接入可及性的条件下，不同企业对互联网技术使用效用性的差异也会导致迥异的互联网转化能力。在互联网资本形成过程中加深对企业互联网使用状况的考察至关重要，因为只有实现了互联网的优势特征与企业自身的价值链核心环节充分结合，才能够真正分享到由互联网释放出的数字红利。因此，互联网与企业的深度融合将通过"接入可及性"和"使用效用性"两个过程促进企业互联网资本的形成与积累，任何单一的维度都无法完全诠释这一复杂问题。

互联网与企业的深度融合使得互联网的"资本化"倾向益发凸显，加速了外生的互联网技术向企业内生的互联网资本的转化。企业的互联网转型往往处在高度动荡的环境当中，需要寻求新的手段以应对面临的挑战。那么，在动态变动的环境中，企业如何有效保持核心竞争优势呢？企业转型的"能力观"将企业的"动态能力"视为获取持续竞争优势的根基，认为动态能力是克服组织惯性并适应新环境的有效方式。基于学术界已有的研究成果，本文认为，互联网资本在本质上体现的正是企业在互联网时代为应对环境变化而形成的动态能力：一是"资源获取能力"，即互联网技术不仅有助于激活企业现存的僵化资源，而且能够通过广泛搜寻和比较获得外部的战略性资源，从而实现企业资源种类和规模的外延式扩展（Baker et al.，2003）；二是"资源整合能力"，即企业通过互联网的无边界性特征动态地整合、开发、重组内外部资源的能力，进而刺激资源的优化配置和内涵式增长（Borch and Madsen，2007）；三是"网络学习能力"，即企业利用互联网平台的力量提升对环境变化的适应能力，或者通过互联网的网络化特征加强组织内或组织间的相互学习以应对不确定性所带来的挑战（Judge et al.，2015）；四是"战略调整能力"，即互联网为企业能够根据市场和环境变化而快速、持续地调整企业发展战略提供了作用空间（Vergne and Durand，2011）。

综上所述，本文将"互联网资本"概念界定为：

"互联网资本"在本质上是企业与互联网深度融合过程中通过对互联网技术的"接入可及性"和"使用效用性"两个过程而形成的动态能力，具体表现为资源获取能力、资源整合能力、网络学习能力和战略调整能力等四种形式。互联网资本链接了互联网从"外生技术"到"内生能力"的通道，是互联网与企业深度融合的新趋势和内在机理。

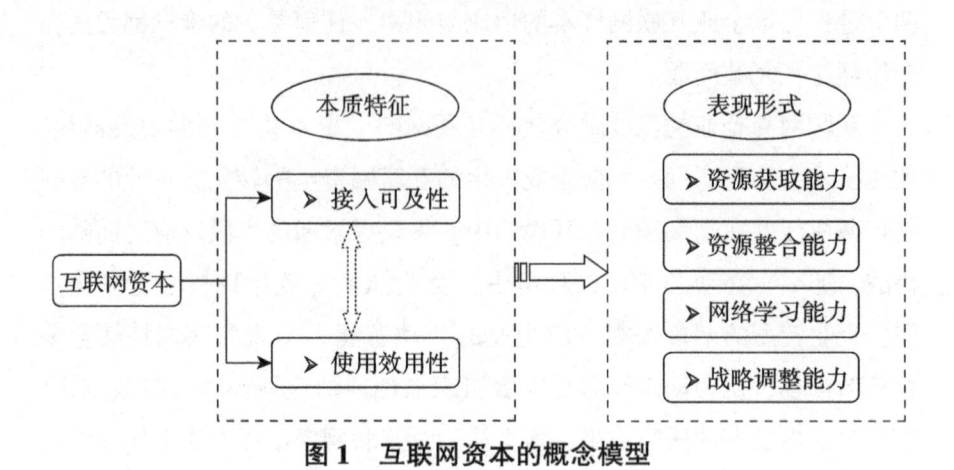

基于此,"互联网资本"的概念模型如图 1 所示。

图 1 互联网资本的概念模型

(二) 互联网资本对民营企业创新的作用机制

归纳起来,互联网资本所蕴含的"动态能力"能够显著改变企业的组织模式、信息结构、融资状况、创新模式等,并最终影响到民营企业的创新行为。具体而言有以下几点:

(1) 互联网资本有助于打破企业的组织惰性,激励民营企业的创新发展导向。随着经济社会发展步入互联网经济时代,市场的技术范式和需求变化日新月异,传统的以资源为导向的核心竞争优势理论受到极大挑战,固守企业的核心资源有可能会使得核心能力转化为核心刚性。因此,在互联网环境中,企业难以依靠单一的核心产品或技能实现长期的竞争优势,利用现有能力的好处不断被削弱,激励理性的企业逐渐增加探索性研发支出以培育新的竞争优势 (Mudambi and Swift, 2014)。互联网资本所蕴含的正是突破组织惰性的动态能力,通过释放出组织学习、信息技术等新范式来克服企业转型的阻力,最终实现企业的战略调整。

(2) 互联网资本能够释放丰富的创新信息,提供多样化的创意来源渠道。伴随网络社会的纵深发展,互联网已经成为企业获取创新信息的重要渠道。互联网资本的积累能够显著提升企业的信息搜寻、处理和沟通的能力，使得创新信息能够低成本、高效率地被深度挖掘，从而加快企业创新的步伐。此外，互联网的发展也深刻改变了企业与客户之间的交互范式，客户越来越成为企业"微创新"① 的重要实现机制（Erevelles et al.，2016）。这种客户参与的创新模式能够充分发挥用户的认知盈余，不仅有助于降低企业创新成本，而且为企业引入丰富的外部创意与资源，产生了"聚沙成塔"的效应。

（3）互联网资本弱化了企业的融资约束，为民营企业创新提供充足资金支持。民营企业创新的稳定发展需要拓宽企业的融资渠道，弱化企业的融资约束状况。一方面，互联网科技的创新发展为互联网融资新模式的出现与繁荣提供了肥沃土壤，不断满足企业创新活动的融资需求。尤其是为互联网金融的发展创造出了优越条件，进而拓展了企业的融资方式，纾解了企业创新融资难题（王馨，2015）。另一方面，互联网能够快速、准确地传递有关企业发展资质、产品质量、成长能力等有效信息，从而缓解信息不对称问题，为企业创新的融资扫除障碍。特别是互联网的无边界特征属性突破了信息流与资金流的地域限制，使得企业的跨境融资成为可能。

（4）互联网资本能够促进合作创新模式的发展，降低了民营企业创新的风险。一方面，互联网资本的积累为企业合作创新模式的开展提供了重要条件。首先，互联网搭建的网络化平台能够降低企业的交流成本，促进不同企业的优势互补，进而激发企业创新。其次，互联网资本的积累能够促进企业形成技术创新合作联盟，提升企业创新效率。再次，互联网的"网络外部性"特征有助于降低企业的学习成本，而同行企业通过模仿学习是实现技术创新的重要方式。另一方面，企业管理者在渴望创新产品的同时也会因创新的挑战性和风险性而对其带有明显的抵触情绪（Kannan-Narasimhan and Lawrence，2018）。企业合作创新模式能够充分利用现有的存量知识和资源、减少创新成本，并实现了创

---

① "微创新"是一种基于新的市场分析和技术范式，在关键技术上提供更加灵活、实际的产品和服务开发的思路（罗仲伟等，2014）。

新风险的分担与共享，从而能够弱化企业创新的风险并保证企业创新的顺利进行（Qiu and Wan, 2015）。

综上所述，随着民营企业互联网资本的积累，企业的组织模式、信息结构、融资状况、创新模式等都将发生重大变化。其中，组织惰性的弱化解决了企业创新激励问题；创新信息的丰富解决了企业创新来源问题；融资约束的改善解决了企业创新资金问题；合作创新的模式解决了企业创新风险问题。基于此，本文提出第一个研究假设。

假设1：互联网资本具有促进民营企业创新的积极效应

应该看到，企业互联网资本的两个组成部分（即接入可及性和使用效用性）的创新效应会随着环境的变化而发生明显的变迁过程。毋庸置疑，在互联网发展的初期阶段，互联网接入可及性是企业互联网资本的主要表现形态，此时互联网资本的多寡更多地体现为"是否接入"的区分。然而，伴随互联网的快速发展，由互联网接入可及性构筑的"赢家优势"正在受到互联网基础设施普及与移动互联网技术发展的双重蚕食。一方面，随着互联网的普及，企业在互联网接入可及性方面的差异将会越来越收窄，从而导致"赢家优势"的效力越来越有限；另一方面，与传统的互联网相比，移动互联网是生活和产业的互联网，此时仅靠接入无法填平巨大的数字鸿沟，对互联网使用的差异成为数字鸿沟新的发展形态（邱泽奇等，2016）。因此，在互联网经济新的发展阶段，单纯依靠互联网接入的普及性难以成为化解数字鸿沟的关键，而互联网使用效用性在其中发挥的重要作用不容忽视。

中国互联网经济运行的实践也能为互联网接入可及性和使用效用性功能的变迁提供现实依据。中国互联网的普及取得了领先于 GDP 增速的超常规发展成就，现已全面进入以互联网的快速普及为典型特征的网络化社会，实现了从互联网的"跟随者"和"参与者"到"追赶者"的华丽转身，并在某些方面已经成为世界的"领跑者"。中国 31 个省份的互联网普及率从 2008 年开始全面跨越低级阶段，到 2014 年已有近七成的省份处于高普及率区间（郭家堂和骆品亮，2016）。因此，可以预见的是，中国互联网接入可及性的创新效应将不断弱化，而互联网使用效用性的创新功能将日益凸显。

基于此，本文进一步提出第二个研究假设。

假设 2：与互联网接入可及性相比，互联网使用效用性的创新效应更为明显

基于以上分析，互联网资本对民营企业创新的作用机理可以绘制为如图 2 所示。

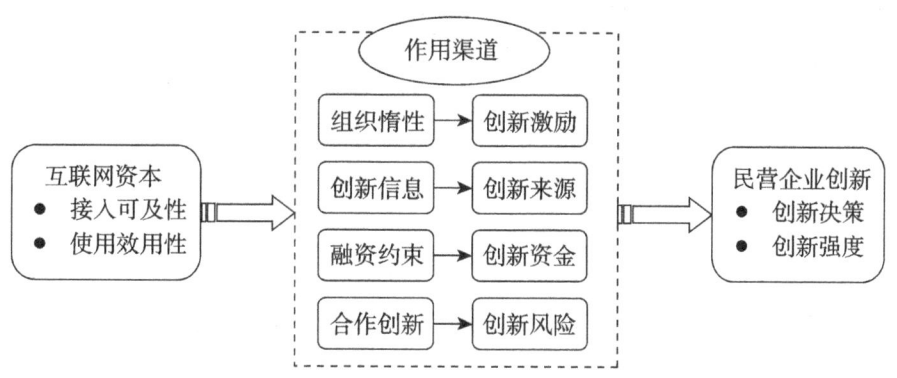

图 2　互联网资本对民营企业创新的作用机理

三、实证研究设计

（一）数据来源与样本筛选

本文实证数据来源于世界银行 2012 年针对中国企业所做的问卷调查。本次调查覆盖了中国 25 座主要城市的 2848 家企业，包括了企业基本信息、基础设施、竞争环境、科技创新、政企关系、融资环境等信息。剔除互联网资本、企业创新等变量存在缺失值的样本，经过筛选最终获得的有效样本量为 2734 家企业，其中，制造业企业 1659 家、零售业企业 157 家、其他服务业企业 918 家。样本中约 51% 的企业（1394 家）是个人独资企业，这与采用上市公司数据的研究视角存在明显差异。

(二) 变量选取与赋值方法①

企业创新（Innovation）。本文遵循Li等（2013）文献的做法，基于新产品产出视角构建企业创新指标：一是创新决策（Innovation1），采用"近三年内企业是否引入新产品或服务"进行度量，即引入了赋值为1，否则为0；二是创新强度（Innovation2），采用"近三年企业平均每年引入新产品或服务的销售额占销售总额的比例"进行赋值。

互联网资本（Net）。根据前文对互联网资本概念的界定，企业互联网资本的形成与积累需要经过两个过程，即对互联网的接入和使用。基于此，本文从互联网的"接入可及性"（Access）和"使用效用性"（Usage）两个维度构建企业互联网资本的评价指标体系，具体如表1所示。其中，接入可及性指的是企业对互联网络和网站的接入情况；使用效用性指的是互联网与企业具体价值链环节的融合程度，包括维护合作伙伴关系（供应商和承包商等）、维持生产和经营活动、支持产品营销和销售、维护客户关系等。此外，考虑到不同指标对整体互联网资本水平评价的影响可能存在差异，本文采用因子分析法和信息熵权法相结合的方法对各个二级指标的权重进行赋值，即：

$$W_i = \frac{FW_i \times EW_i}{\sum_{i=1}^{p}(FW_i \times EW_i)} \quad (1)$$

其中，FW_i为通过因子分析法得到的权重值；EW_i为通过信息熵权法得到的权重值；p为二级指标的个数（本文中为6）；W_i为经过修正之后最终得到的权重值。因此，互联网资本指标Net可以通过加权得到的总指数进行赋值，即：

$$Net = \sum_{i=1}^{l} W_i \left(\sum_{j=1}^{q} W_{ij} Z_{ij} \right) \quad (2)$$

其中，Net代表的是企业的互联网资本综合指数；l代表的是互联网

---

① 因篇幅所限，互联网资本评价方法和模型构建过程以附录1展示。

资本评价体系中一级指标的个数；W_i 代表的是第 i 个一级指标在互联网资本综合指数中的权重；q 代表的是第 i 个一级指标中的二级指标的个数；W_{ij} 代表的是第 j 个二级指标在第 i 个一级指标中的权重；Z_{ij} 代表的是无量纲化后的指标值。通过对上式的计算，就可以得到每个民营企业的互联网资本水平值。

在此基础上，可以进一步计算出互联网资本的两个分指数，即接入可及性指数（$Access$）和使用效用性指数（$Usage$）：

$$Access(Usage) = \sum_{j=1}^{q} W_{ij} Z_{ij} \tag{3}$$

表1 互联网资本评价指标体系

目标层	一级指标	二级指标	指标描述
互联网资本	接入可及性	网络接入	公司是否链接了互联网？
		网站接入	公司是否使用自己的网站？
	使用效用性	合作伙伴	互联网在多大程度上用于维护合作伙伴关系？
		生产经营	互联网在多大程度上用于支持生产和经营活动？
		产品销售	互联网在多大程度上用于产品的营销和销售？
		客户关系	互联网在多大程度上用于维护客户关系？

控制变量。借鉴已有文献的做法（张峰等，2016；周开国等，2017），本文在实证过程中控制了治理结构、企业年龄、高管经验、产品出口、融资约束、金融环境、企业规模、人力资本、员工培训等变量。相关控制变量的赋值方法如表2所示。

表2 本文主要控制变量的设定与赋值方法

变量	符号	描述	赋值
治理结构	$Share$	最大股东持股比例	具体数值
企业年龄	Age	2012—企业成立年份	具体数值

续表

变量	符号	描述	赋值
高管经验	Work	高管在本行业工作的年限	具体数值
产品出口	Out	直接和间接出口产品销售额占销售总额的比例	具体数值
融资约束	Fin_c	企业是否有任何透支额度和银行贷款	否=1,是=0
金融环境	Fin_e	企业是否有由外部审计师审核和认证的年度财务报表	是=1,否=0
企业规模	Scale	企业员工数量的对数值	具体数值
人力资本	Hum	完成中学学业的员工比例	具体数值
员工培训	Train	企业是否为全职员工提供了正式的培训项目	是=1,否=0

（三）描述性统计与相关性分析[①]

为消除极端值可能带来的影响，遵循已有文献的通常做法，本文对实证所使用的连续变量均进行上下1%的 Winsorize 处理。本文主要变量的描述性统计结果汇总为附录2表1。从中可以看出，平均而言，大约47.3%的民营企业在近三年中引入了新产品或服务，新产品或服务的销售额占销售总额的比例约为11.6%；互联网资本（Net）的平均值为0.5912，其中，超过七成的民营企业（比例约73%）已经接入了互联网络或网站，而相比之下，互联网与民营企业的融合程度相对较低，均值只有0.583。

附录2表2汇总的是各主要变量的相关性矩阵。结果显示，所有变量之间的 Pearson 相关系数和 Spearman 相关系数均小于共线性的门槛值0.5。因此，本文实证模型的主要变量之间不存在显著的相关性，实证模型不会引起严重的多重共线性问题。

为了更为直观地反映互联网资本与民营企业创新的相关关系，本文在正式实证估计之前，基于城市层面分别绘制了互联网资本及其两个分

[①] 描述性统计与相关性分析的图表以附录2展示。

指数（即接入可及性指数和使用效用性指数）与民营企业创新决策和强度的散点图，结果汇总为附录2图1。从图（A）的拟合曲线可以看出，互联网资本综合指数与民营企业创新决策和创新强度之间均呈现出正相关关系。对比图（B）和图（C）可以发现，互联网接入可及性与民营企业创新决策和创新强度之间呈现出微弱的负相关关系，而互联网使用效用性与企业创新决策和创新强度之间的正相关关系非常明显。当然，互联网资本是否促进民营企业创新发展还需要后文实证的深入研究。

四、实证结果与分析[①]

（一）互联网资本对民营企业创新的影响

为了弱化个体异质性可能带来的估计偏差，本文在实证过程中均采用了标准误差的稳健估计量。此外，考虑到模型中可能存在的内生性问题，本文借鉴 Fisman 和 Svensson（2007）构建工具变量的思路，采用互联网资本在行业层面的平均值作为企业互联网资本的工具变量。附录3表5汇总的是互联网资本对企业创新行为的 IV-Probit 模型和 IV-Tobit 模型估计结果。结果显示，互联网资本（Net）的估计系数在所有模型中均为正值，且均通过1%的显著性水平检验，说明企业通过对互联网的接入和使用而形成并积累的互联网资本能够显著促进企业的创新倾向和程度，即互联网资本发挥了促进民营企业创新的积极效应。因此，本文的研究假设1得到佐证。为了进一步明晰互联网资本促进民营企业创新的机制，本文参照张峰等（2016）的做法，将创新模式划分为独立创新、合作创新和模仿创新，[②] 分别考察互联网资本等变量对三种创新模式的影响。由于三种创新模式的指标均为 0-1 二元选择变量，因此，本文采用 IV-Probit 模型进行实证检验，相应的估计结果汇总如附录3表1所示。

[①] 实证结果与分析的图表以附录3展示。
[②] 遵循张峰等（2016）的做法，按照引进新产品或服务的方式对企业创新模式进行划分："在企业内部独立研发"刻画的是"独立创新"；"与供应商合作研发"或"与客户企业合作研发"刻画的是"合作创新"；"引入其他企业的产品并加以改进"刻画的是"模仿创新"。若企业采用了上述创新模式中的某种，则赋值为1，否则为0。

结果显示，互联网资本（Net）的估计系数在所有模型中均在1%的水平上显著为正，说明互联网资本能够显著提升民营企业开展独立创新、合作创新和模仿创新的概率，进而有助于提升企业的整体创新能力。

控制变量中，高管工作经验（$Work$）的估计系数显著为正，验证了高管工作经验的积累对于企业创新行为的积极作用。企业创新是一项高风险的复杂活动，且对环境敏感度较高，这就迫切需要有丰富工作经验的高管对创新项目的风险进行有效评估，进而推动企业创新活动的开展。融资约束（Fin_c）的估计系数均显著为负，表明企业遭受的融资约束是抑制企业创新的重要因素，这与现有文献的发现基本一致（Hall等，2016）。此外，本文的研究结果表明，企业人力资本的提升（Hum）也是提高企业创新能力的重要举措。

（二）互联网资本分指数对民营企业创新的影响

为了检验本文的研究假设2，即分析互联网资本两个分指数（接入可及性指数和使用效用性指数）对民营企业创新的差异化影响，本文将互联网资本综合指数分解为接入可及性指数（$Access$）和使用效用性指数（$Usage$），分别考察两个分指数对企业创新产出和创新模式的影响，相应的 IV-Probit 模型和 IV-Tobit 模型的估计结果如附录3表2所示。结果显示，接入可及性指数（$Access$）的估计系数为不显著的正值，但是，相比较而言，使用效用性指数（$Usage$）的估计系数不仅显著为正，且数值要远大于接入可及性的系数。这与本文研究假设2的理论预期是一致的，即随着互联网普及率的大幅提升，单纯的接入可及性的创新优势正在逐渐被削弱，而企业对互联网的使用效用性越来越成为推动企业创新的重要来源。

（三）互联网资本对民营企业创新的作用渠道

前面分析了互联网资本对民营企业创新的影响，发现互联网资本具有促进民营企业创新的积极效应。那么，一个重要的问题是，互联网资本影响民营企业创新的中介传导渠道是什么？本文在理论分析部分提出了互联网资本作用于民营企业创新的四种内在机制——组织惰性机制、创新信息机制、融资约束机制和合作创新机制,本节对此进行检验。

遵循温忠麟等(2005)的中介效应检验方法,本文建立如下模型:

$$Innovation = \alpha_0 + \alpha_1 Net + \varphi Control + \mu_j + \varepsilon \tag{4}$$

$$M_i = \beta_0 + \beta_1 Net + \varphi Control + \mu_j + \varepsilon \tag{5}$$

$$Innovation = \gamma_0 + \gamma_1 Net + \gamma_2 M_i + \varphi Control + \mu_j + \varepsilon \tag{6}$$

其中,M_i($i = 1, \cdots, 4$)分别代表的是四种中介变量,赋值方法如附录3表3所示。如果α_1、β_1、γ_1和γ_2均显著,那么M_i就是一个合理的中介变量。

附录3表4报告的是四种中介传导机制检验的估计结果。结果显示,互联网资本(Net)和四种中介变量(M)的估计系数均显著为正。根据中介效应的逐步检验程序(温忠麟等,2005),互联网资本通过四种中介变量影响民营企业创新,组织惰性机制、创新信息机制、融资约束机制和合作创新机制在互联网资本作用于民营企业创新过程中具有显著的中介效应。

(四)稳健性检验[①]

为了增强研究结论的稳健性,本文进行多种稳健性检验:

(1)本文分别采用Logit模型和最小二乘法代替前文的Probit模型和Tobit模型,分别研究互联网资本对民营企业创新决策和创新强度的影响。

(2)由于电子商务是企业市场营销信息化的重要体现,在扩展企业产品市场竞争能力与范围方面发挥重大作用(Marinê,2013)。因此,本文采用企业通过互联网的销售比例作为使用效用性(Usage)的替代指标,并通过相乘的做法重新构造互联网资本(Net)的度量指标,计算公式如下:

$$Net = Access \times Usage \tag{7}$$

[①] 该部分报告的是以创新强度为被解释变量的结果。以创新决策为被解释变量的结果基本一致,备索。

(3) 企业创新不仅表现为新产品或服务的推陈出新，也涵盖了对流程的改进与革新。基于此，本文遵循张峰等（2016）的建议，采用流程创新作为民营企业创新的替代指标：按照企业是否进行了流程创新来度量民营企业创新决策，用与新流程相关的产出比例作为民营企业创新强度的度量指标。

(4) 由于制造业是技术创新的土壤和载体（黄群慧，2017），因此，为了检验本文的研究结论对于样本数据选择的敏感性，本文借鉴张峰等（2016）、周开国等（2017）等文献的做法，从全样本中挑选出制造业企业样本进行回归。

(5) 对企业年龄（Age）、高管经验（$Work$）、企业规模（$Scale$）等连续变量进行标准化处理，计算公式如下：

$$Age\_new = (Age - \mu)/\sigma \tag{8}$$

上式中，Age_new 为标准化处理后得到的新变量；μ 为原变量的均值；σ 为原变量的标准差。高管经验（$Work$）、企业规模（$Scale$）等变量的标准化过程与此一致。经过上述标准化处理得到的新变量的均值为 0，方差为 1。

稳健性检验估计结果如附录 3 表 5、表 6 所示。估计结果与前文保持基本一致，即互联网资本（Net）的估计系数均显著为正，而且，使用效用性（$Usage$）的估计系数显著为正且比接入可及性（$Access$）的系数更大，从而验证了本文提出的两个研究假设是成立的。

此外，本文还从企业层面和地区层面分别构建互联网资本的工具变量，对前文的内生性问题处理进行稳健性检验。[①] 其一，在企业层面，本文借鉴周浩等（2014）的思路，引入描述网络基础设施质量的"通信在多大程度上阻碍了企业目前的运作"作为企业互联网资本的工具

---

① 由于无法准确识别出这两个工具变量分别对接入可及性和使用效用性各自的贡献，因此，这里仅探讨互联网资本综合指数对企业创新的影响，即检验本文研究假设 1 的稳健性。但是，由于前文中已经做了大量的相关稳健性检验，均证明研究假设 2 的成立，因此，这样的做法并不影响到对本文假设 2 的判断。

变量。其二，在地区层面，本文采用反映当地信息技术禀赋历史信息的"该城市2005年的IT指数"作为当地企业互联网资本的工具变量。①

前文中已经证明，本文的实证结果对于样本选择并不具有敏感性。但是，由于部分企业并没有披露新产品或服务的产出，导致创新产出指标中存在大量的缺失值或零值，可能会产生样本选择性偏差问题。因此，本文进一步采用Heckman两步法对样本选择性偏差进行修正：第一步，使用Probit模型对是否引入新产品或服务进行回归，得到逆米尔斯比率λ；第二步，代入前面得到的逆米尔斯比率λ，并采用选择样本进行回归。

结果显示，控制可能存在的内生性问题和样本选择性偏差问题后，互联网资本（Net）的估计系数仍然显著为正，即互联网资本具有促进民营企业创新的积极效应。互联网使用效用性（Usage）的估计系数不仅显著，而且数值要明显大于接入可及性的系数，进一步强化了本文的研究假设。

（五）进一步分析：互联网资本对民营企业创新的异质性影响

前文验证了互联网资本对民营企业创新的整体影响，但是，在具有不同发展特征的地区互联网资本对企业创新的影响是否也会存在差异仍是一个待解之谜。对这一问题的解读不仅可以加深对互联网资本影响企业创新的机制的理解，而且有助于推动各地区差异化发展政策的实施。基于此，本文从正式制度质量和非正式制度质量两个层面分析互联网资本对民营企业创新的异质性影响。其中，各地区的正式制度质量采用王小鲁等（2017）量化的"各地区市场化指数"进行赋值，即将市场化指数高于平均值的地区归为正式制度质量高的区域，赋值为1，否则为0；各地区的非正式制度质量采用张维迎和柯荣住（2002）量化的"各地区社会信任程度"进行赋值，即将社会信任程度高于平均值的地区

---

① 城市2005年的IT指数数据来源于World Bank（2006）。世界银行通过2005年实施的《投资环境调查》数据构建了反映中国120个城市技术禀赋的IT指数："接受正规IT培训的劳动力比例"和"经常性使用计算机的员工比例"，将这两个变量在城市层面取均值，再将两者相加得到该城市的IT指数。

归为非正式制度质量高的区域,赋值为 1,否则为 0。为了弱化内生性问题可能带来的统计推断干扰,本文在此均报告的是工具变量法的估计结果。

附录 3 表 7 的结果显示,互联网资本(Net)的估计系数显著为正,互联网资本的积极创新效应进一步得到佐证,这与前文得到的结果是一致的,即证明了本文的假设 1 是成立的。市场化指数的估计系数在所有模型中均为正,并通过 5% 的显著性水平检验,表明良好、高质的市场化环境是民营企业创新发展的必要条件。市场机制的完善不仅为企业提供更加优质的产权保护,从而激励民营企业积极参与研发创新活动,而且能够保证产品市场的有序竞争,加快企业创新成果的转化速度。特别需要注意的是,互联网资本与市场化程度交叉项的估计系数显著为负,这意味着互联网资本对民营企业创新的促进效应在正式制度质量较差的地区反而更为明显,即互联网资本一定程度上发挥了弥补正式制度环境不足的功能。该功能的发挥与互联网的"包容性创新"机制密不可分。① 互联网技术具有高度的外部性、便捷性和非排他性等特征,导致即使是在市场机制欠发达的地区,民营企业也能够通过对互联网的接入和使用而获得与市场发达地区几乎同等的网络资源与机会,从而弥补由市场不健全所带来的制度缺位和市场缺位的局面,推动实现"无差别创新"。此外,通过互联网有助于形成一个统一的大市场,不仅有助于缓解传统工业化时代的市场分割问题,而且也为市场机制不健全地区的民营企业释放丰富的信息服务和准入机制,为企业创新的表达和激发提供广阔的市场需求基础。互联网资本分指数的估计结果基本类似:使用效用性的估计系数显著大于接入可及性的系数,且使用效用性与市场化程度交叉项的估计系数显著为负,而接入可及性与市场化程度交叉项的估计系数为不显著的负值。表明使用效用性是促进互联网资本

---

① 所谓"包容性创新"指的是通过创新解决社会发展中弱势群体的权利贫困和社会排斥等问题,即通过创新促进经济发展的成果能够普惠大多数人(George et al., 2012)。

的边际创新效应和普惠创新效应发挥的主要内在机制。

同时,附录3表7的结果显示,采用社会信任程度量化的非正式制度的估计结果与引入正式制度的估计结果基本一致,即既验证了本文的两个研究假设,又发现了社会信任程度的提升有助于促进民营企业创新,且互联网资本的包容性创新机制在一定程度上弥补了非正式制度的不足。

五、研究结论与政策启示

互联网的创新发展与新工业革命的兴起正处在历史的交汇期,为中国经济发展动能的切换提供了难得的机遇。一方面,近期的中美经贸摩擦将中国企业核心技术不足的软肋暴露无遗,中国民营企业的创新发展之路远未结束,新的创新驱动路径依然任重而道远。另一方面,互联网经济经历了从消费互联网向产业互联网变迁的过程,互联网与传统产业从初步融合迈向深度融合成为历史发展的方向,导致互联网之于企业而言不再仅仅是一种外生的技术,而是越来越显示出"资本化"的新融合趋势。在此背景下,本文将动态能力理论引入互联网经济学范畴,基于能力观视角界定了互联网资本的理论内涵与概念模型,并从接入可及性和使用效用性两个维度构建了企业互联网资本的评价指标体系。在理论分析的基础上,本文进一步采用世界银行中国企业调查数据实证检验了本文提出的理论假设。本文得到的研究结论归纳如下:

(1)互联网资本具有促进民营企业创新的积极效应。本文界定的互联网资本指的是企业通过对互联网的接入可及性和使用效用性两个过程而形成的资源获取能力、资源整合能力、网络学习能力和战略调整能力等动态能力。互联网资本通过改变企业的组织模式、信息结构、融资状况、创新模式而影响民营企业创新。其中,组织惰性的弱化解决了民营企业创新激励问题;创新信息的丰富解决了民营企业创新来源问题;融资约束的改善解决了民营企业创新资金问题;合作创新的模式解决了民营企业创新风险问题。实证结果进一步揭示,互联网资本促进企业的独立创新、合作创新和模仿创新，进而推动民营企业的创新决策和强度。

（2）与互联网接入可及性相比，互联网使用效用性的创新效应更为明显。互联网接入可及性构筑的"赢家优势"正在受到互联网基础设施普及与移动互联网技术发展的双重蚕食，导致互联网接入可及性的创新效应不断弱化，而互联网使用效用性的创新功能日益强化。

（3）完善的制度环境有助于提升民营企业的创新能力。与已有文献更多强调正式制度的创新效应不同，本文从正式制度与非正式制度两个层面刻画民营企业所面临的外部制度环境，发现了正式制度质量（用市场化指数赋值）和非正式制度质量（用社会信任程度赋值）均具有促进民营企业创新的功能。

（4）互联网资本的包容性创新效应能够在一定程度上弥补制度质量不足的缺陷。互联网资本对民营企业创新的促进效应在制度质量较差的地区更为明显，即互联网资本通过包容性创新机制在一定程度上发挥了弥补制度环境缺陷的功能。这就意味着，互联网资本的数字红利与传统工业化的制度红利并未形成同构，制度落后地区的民营企业同样可以凭借构建的互联网资本分享互联网红利。

本文的研究结论对于提升民营企业创新能力、促进经济高质量发展具有丰富的政策导向价值。

（1）推进互联网基础设施的升级改造。本文的研究结论表明，单纯的接入互联网已难以满足企业创新发展的需要。因此，未来互联网基础设施的发展应该从单一的普及转向高质与普惠并重。其一，加快推进宽带网络的光纤化改造进度，提升互联网络的传输速度与服务质量，重点建设符合现代产业发展规律和技术需求的互联网技术改造工程。其二，继续督促推行互联网的"提速降费"行动，切实降低民营企业接入互联网的成本。其三，政府可以通过财政支持、税收优惠、信贷倾斜等多种配套政策，激发企业进行互联网升级改造的动力。

（2）深化互联网与民营企业的深度融合。新时代背景下单单接入互联网已经不能充分分享互联网经济的红利，只有实现互联网与企业价值链环节的深度融合才能真正发挥互联网的创新激励效应。这也是本文的核心发现之一。但是，也需要看到，现阶段中国传统产业对使用互联网的意识和能力仍是十分滞后的，互联网与传统产业的融合发展依然面临体制机制障碍，需要采用多种方式进行清障：①聚焦重大核心技术突破，加速数字制造、网络制造、智能制造等先进制造技术与应用的扩散，逐渐形成新型的全社会创新网络；②以"互联网+"行动计划为契机，鼓励互联网企业做大做强上市，并完善制造业企业与互联网企业的相互持股、注资等深度合作机制，促进产业的跨界融合；③设立专门的企业互联网设备升级改造专项基金，并鼓励多渠道、多来源资金注入，切实降低互联网软件、硬件和人力的成本。

（3）坚定不移地加大制度建设力度。本文的研究结果表明，良好的制度环境是民营企业创新的重要前提。因此，继续深化市场化改革、促进制度建设，以体制机制改革激发企业创新活力，逐步形成适宜创新型国家建设的制度环境仍是十分必要的。此外，在国家制度建设的顶层设计上，非正式制度特别是社会信任机制的完善也需要引起高度重视。一要按照市场化规律构建互联网驱动企业创新的支撑模式，重点形成政府引导、企业主导、市场参与的技术创新战略发展体系。二要完善市场环境，打破互联网基础建设的市场准入壁垒，探索网络设施建设的"负面清单"模式，鼓励民营资金注入。三要将重塑社会信任机制纳入社会建设的战略系统，鼓励司法体系与社会组织监督，并合理引导传统媒体与新媒体的宣传、曝光作用，逐步消弭"信任危机"现象。

（4）支持制度落后地区的互联网建设。在工业化时代，制度与市场往往在空间上是同构的，即制度发展滞后往往意味着市场资源的匮乏。但是，互联网经济有望打破传统工业化的这一逻辑，实现互联网红利对制度失灵与市场失灵的替补。本文的研究发现，互联网资本成为制度质量不足地区的民营企业实现创新赶超的重要内在机制。因此，实施区域间的错位发展战略以实现区域一体化是未来政策导向的关键。一要继续加大财政支持力度,加速制度落后地区互联网特别是移动互联网的普及,推进互联网与当地企业融合的广度和深度,缩小地区间的"数字鸿沟"。二要紧抓互联网资本对企业创新的普惠效应特征,结合本地区的资源特色与优势,寻找产业分工的合理平衡点。三要支持制度落后地区优先发展互联网等数字经济以实现"换道超车",逐渐形成中国不同区域间"数字高地"与"市场高地"双引擎的局面。

参考文献

[1] 郭家堂,骆品亮. 互联网对中国全要素生产率有促进作用吗?[J]. 管理世界,2016(10):34-49.

[2] 郭美晨,杜传忠. ICT提升中国经济增长质量的机理与效应分析[J]. 统计研究,2019(3):3-16.

[3] 黄群慧. 论新时期中国实体经济的发展[J]. 中国工业经济,2017(9):5-24.

[4] 江小涓. 网络空间服务业:效率、约束及发展前景——以体育和文化产业为例[J]. 经济研究,2018(4):4-17.

[5] 李海舰,田跃新,李文杰. 互联网思维与传统企业再造[J]. 中国工业经济,2014(10):135-146.

[6] 罗仲伟,任国良,焦豪,等. 动态能力、技术范式转变与创新战略[J]. 管理世界,2014(8):152-168.

[7] 邱泽奇,张樹沁,刘世定,等. 从数字鸿沟到红利差异——互联网资本的视角[J]. 中国社会科学,2016(10):93-115.

[8] 王小鲁,樊纲,余静文. 中国分省份市场化指数报告(2016)[M]. 北京:社会科学文献出版社,2017.

[9] 王馨. 互联网金融助解"长尾"小微企业融资难问题研究[J]. 金融研究,2015(9):128-139.

[10] 温忠麟，侯杰泰，张雷. 调节效应与中介效应的比较和应用 [J]. 心理学报，2005（2）：268-274.

[11] 张峰，黄玖立，王睿. 政府管制、非正规部门与企业创新：来自制造业的实证依据 [J]. 管理世界，2016（2）：95-111.

[12] 张维迎，柯荣住. 信任及其解释：来自中国的跨省调查分析 [J]. 经济研究，2002（10）：59-70.

[13] 赵振. "互联网+" 跨界经营：创造性破坏视角 [J]. 中国工业经济，2015（10）：146-160.

[14] 周浩，余金利，郑越. 网络销售对中国工业企业出口参与的影响 [J]. 财经研究，2014（10）：46-58.

[15] 周开国，卢允之，杨海生. 融资约束、创新能力与企业协同创新 [J]. 经济研究，2017（7）：94-108.

[16] BakerT, Miner A S, Eesley D T. Improvising Firms: Bricolage, Account Giving and Improvisational Competencies in the Founding Process [J]. Research Policy, 2003, 32（2）：255-276.

[17] Borch O J, Madsen E L. Dynamic Capabilities Facilitating Innovative Strategies in SMEs [J]. International Journal of Technoentrepreneurship, 2007, 1（1）：109-125.

[18] Erevelles S, Fukawa N, Swayne L. Big Data Consumer Analytics and the Transformation of Marketing [J]. Journal of Business Research, 2016, 69（2）：897-904.

[19] Fisman R, Svensson J. Are Corruption and Taxation Really Harmful to Growth? Firm Level Evidence [J]. Journal of Development Economics, 2007, 83（1）：63-75.

[20] George G, McGahan A M, Prabhu J. Innovation for Inclusive Growth: Towards a Theoretical Framework and a Research Agen-

da [J]. Journal of Management Studies, 2012, 49 (4): 661-683.

[21] Hall B H, Moncada-Paternò-Castello P, Montresor S, et al. Financing Constraints, R&D Investments and Innovative Performances [J]. Economics of Innovation and New Technology, 2016, 25 (3): 183-196.

[22] Judge W Q, Hu H W, Gabrielsson J. Configurations of Capacity for Change in Entrepreneurial Threshold Firms: Imprinting and Strategic Choice Perspectives [J]. Journal of Management Studies, 2015, 52 (4): 506-530.

[23] Kannan-Narasimhan R, Lawrence B S. How Innovators Reframe Resources in the Strategy-Making Process to Gain Innovation Adoption [J]. Strategic Management Journal, 2018, 39 (3): 720-758.

[24] Li Q, Maggitti P G, Smith K G, et al. Top Management Attention to Innovation: The Role of Search Selection and Intensity in New Product Introductions [J]. Academy of Management Journal, 2013, 56 (3): 893-916.

[25] Marinč M. Banks and Information Technology: Marketability vs. Relationships [J]. Electronic Commerce Research, 2013, 13 (1): 71-101.

[26] Mudambi R, Swift T. Knowing When to Leap: Transitioning Between Exploitative and Explorative R&D [J]. Strategic Management Journal, 2014, 35 (1): 126-145.

[27] Qiu J, Wan C. Technology Spillovers and Corporate Cash Holdings [J]. Journal of Financial Economics, 2015, 115 (3): 558-573.

[28] Vergne J P, Durand R. The Path of Most Persistence: An Evolutionary Perspective on Path Dependence and Dynamic Capabilities [J]. Organization Studies, 2011, 32 (3): 365-382.

附录1

（一）互联网资本评价方法

互联网资本是一个多维概念，单一维度难以全面诠释这一复杂问题。因此，需要对互联网资本进行综合评价。此外，考虑到不同指标对整体互联网资本水平评价的影响可能存在差异，本文采用因子分析法和信息熵权法相结合的方法对各个指标的权重进行赋值。

具体操作过程如下：

（1）对指标进行无量纲化处理。为了消除原始指标量纲对互联网资本综合指数评价结果的影响，本文遵循"联合国人类发展指数"（HDI）的处理方法，即采用每个指标的上、下阈值对各个指标进行无量纲化处理，其计算公式如下：

$$Z_i = \frac{X_i - X_{\min}^i}{X_{\max}^i - X_{\min}^i} \qquad (1)$$

上式中，X_i代表的是第i个指标值；$X_{\max}^i$代表的是第i个指标的最大阈值；$X_{\min}^i$代表的是第i个指标的最小阈值。

（2）对指标权重进行确定。在互联网资本的评价体系中，由于不同的指标之间的重要程度存在差异，因此，在实证过程中需要将各个指标对互联网资本综合指数的权重进行合理赋值。归纳起来，目前学术界较为常用的指标赋权方法主要包括"主观赋权法"（Subjective Weighting Approach）与"客观赋权法"（Objective Weighting Approach）。其中，"主观赋权法"可能受到专业知识的制约，导致通过"主观赋权法"得到的结果可能存在主观性偏差的问题。基于此，学术界更为通用的做法是采用"客观赋权法"对权重进行确定。在"客观赋权法"中，因子分析法由于能够根据指标数据的性质进行赋权，从而在一定程度上避免了主观因素可能对权重结果产生的干扰，因而成为学术界较为常用的赋权方法之一。

因子分析的主体思想在于通过变换技术将原有的变量 X_i 标准化之后进行重新的线性组合，从而转换成另一组不相关的变量 Y_i，即：

$$\begin{cases} F_1 = \mu_{11}X_1 + \mu_{12}X_2 + \cdots + \mu_{1p}X_p \\ F_2 = \mu_{21}X_1 + \mu_{22}X_2 + \cdots + \mu_{2p}X_p \\ \vdots \\ F_p = \mu_{p1}X_1 + \mu_{p2}X_2 + \cdots + \mu_{pp}X_p \end{cases} \quad (2)$$

上式中，$\mu_{i1}^2 + \mu_{i2}^2 + \cdots + \mu_{ip}^2 = 1$，$i = 1, 2, \cdots, p$。

求解式（2），可以得到原变量的主成分 F_i。

具体的操作步骤如下：对原变量 X_i 进行标准化处理，得到 Z_i；计算出变量 Z_i 的简单相关系数矩阵 R；求解相关矩阵 R 的特征值 $\lambda_1 \geq \lambda_2 \geq \cdots \geq \lambda_p \geq 0$，以及相应的单位特征向量 $\mu_1, \mu_2, \cdots, \mu_p$；将特征向量 $\mu_1, \mu_2, \cdots, \mu_p$ 代入式（3），可以得到各个主成分。

根据式（2）可以得到因子载荷矩阵 A，如下式所示：

$$A = \begin{Bmatrix} a_{11} & a_{12} & \cdots & a_{1p} \\ a_{21} & a_{22} & \cdots & a_{2p} \\ \vdots & & & \\ a_{p1} & a_{p2} & \cdots & a_{pp} \end{Bmatrix} = \begin{Bmatrix} u_{11}\sqrt{\lambda_1} & u_{21}\sqrt{\lambda_2} & \cdots & u_{p1}\sqrt{\lambda_p} \\ u_{12}\sqrt{\lambda_1} & u_{22}\sqrt{\lambda_2} & \cdots & u_{p2}\sqrt{\lambda_p} \\ \vdots & & & \\ u_{1p}\sqrt{\lambda_1} & u_{2p}\sqrt{\lambda_p} & \cdots & u_{pp}\sqrt{\lambda_p} \end{Bmatrix} \quad (3)$$

因子载荷 a_{ij} 代表的是变量 X_i 与主成分 F_j 之间的相关系数，反映出的是主成分 F_j 对变量 X_i 的重要程度。由式（3）可以进一步得到主成分 F_j 的方差贡献，计算公式如下：

$$S_j^2 = \sum_{i=1}^{p} a_{ij}^2 \quad (4)$$

由上式可以进一步得到主成分 F_j 的方差贡献率，计算公式如下：

$$\Phi_j^2 = \frac{S_j^2}{\sum_{j=1}^{p} S_j^2} \tag{5}$$

主成分 F_j 的方差贡献率代表的是主成分 F_j 对原有变量总方差的解释能力，用以反映主成分 F_j 的重要程度。

通过式（5）可以进一步计算出前 k 个主成分的累计方差贡献率，计算公式如下：

$$V_k = \sum_{j=1}^{k} \Phi_j^2 \tag{6}$$

上式通常用来确定实际使用的主成分的个数。按照文献中通常的做法，本文将使得累计方差贡献率 V_k 大于85%时的特征值个数确定为实证中使用的主成分的个数 k。

为了增强不同主成分之间的区分程度，还需要在上述操作的基础上进行"因子旋转"过程。"因子旋转"实质上就是将载荷矩阵 A 右乘一个正交矩阵 τ，从而得到新的矩阵 B。通过"因子旋转"操作之后，各个主成分的方差贡献率得到了重新的分配，增强了各个主成分之间的差异性。下面以一种简单的情况为例介绍这一过程，即假设存在两个主成分，将载荷矩阵 A 右乘一个正交矩阵 τ 后得到的新矩阵 B 记为下式：

$$B = \begin{Bmatrix} b_{11} & b_{12} \\ b_{21} & b_{22} \\ \vdots & \vdots \\ b_{p1} & b_{p2} \end{Bmatrix} \tag{7}$$

为达到"因子旋转"的最终目标，即使得两个主成分之间的差异最大，也就是使得 $(b_{11}^2, b_{21}^2, \cdots, b_{p1}^2)$ 与 $(b_{12}^2, b_{22}^2, \cdots, b_{p2}^2)$ 两组数据的方差尽可能的大。这实际上等价于使得如下式子达到最大值：

$$G = \frac{1}{p^2}\left[p\sum_{i=1}^{p}(\frac{b_{i1}^2}{h_i^2})^2 - (\sum_{i=1}^{p}\frac{b_{i1}^2}{h_i^2})^2\right] + \frac{1}{p^2}\left[p\sum_{i=1}^{p}(\frac{b_{i2}^2}{h_i^2})^2 - (\sum_{i=1}^{p}\frac{b_{i2}^2}{h_i^2})^2\right] \quad (8)$$

其中，h_i^2 为变量 X_i 的共同度，其计算公式如下：

$$h_i^2 = \sum_{j=1}^{p} a_{ij}^2 \quad (9)$$

上述讨论的是只有两个主成分时的情况。实际上，当主成分个数大于两个时，首先需要逐次对两两主成分实施"因子旋转"操作，直到最终的 G 值基本维持不变或者达到了指定的迭代次数为止。

得到"因子旋转"的结果之后，可以进一步计算主成分的因子得分，计算公式为：

$$F_j = \omega_{j1}X_1 + \omega_{j2}X_2 + \cdots + \omega_{jp}X_p, \quad j = 1, 2, \cdots, k \quad (10)$$

其中，系数 ω 代表的是各个变量对主成分的重要度。

通过式（5）与式（10）可以进一步得到变量 X_i 的权系数，计算公式如下：

$$\beta_i = |\omega_{1i}|\Phi_1 + |\omega_{2i}|\Phi_2 + \cdots + |\omega_{ki}|\Phi_k, \quad i = 1, 2, \cdots, p \quad (11)$$

其中，k 代表的是由式（6）所确定的主成分的个数，p 代表的是原有变量的个数。根据式（11）可以计算出变量 X_i 的权重，即：

$$FW_i = \frac{\beta_i}{\sum_{i=1}^{p}\beta_i} \quad (12)$$

虽然因子分析法有效规避了由主观偏差可能带来的扰动，但是，因子分析方法本身也存在一定的缺陷。例如，因子分析赋权法过分依赖数据的性质而忽视了各个指标对总体目标的结构性评价。为了弱化因子分析法所带来的指标权重赋值失真的问题，本文进一步引入信息论的"熵权法"，运用信息熵所反映出的实际样本的效用值对由因子分析法所得到的权重进行修正，从而得到更为精确的权重数据。

定义第 i 个指标的信息熵为：

$$E_i = -\frac{1}{\ln n} \sum_{m=1}^{n} (x_{im} \times \ln x_{im}) \qquad (13)$$

其中，n 代表的是指标的样本量，$x_{im} = Z_{im} / \sum Z_{im}$，$Z_{im}$ 代表的是通过式（1）而得到的无量纲化后的指标值。

此外，假如 $x_{im} = 0$，定义 $x_{im} \times \ln x_{im} = 0$，那么，可以得到第 i 个指标的差异性系数的计算公式如下：

$$g_i = 1 - E_i \qquad (14)$$

差异性系数差 g_i 反映的是指标的重要程度。也就是说，差异性系数 g_i 的值越大，说明该指标的重要程度越高。

在式（14）的基础上可以进一步得到第 i 个指标的熵权，即：

$$EW_i = \frac{g_i}{\sum_{i=1}^{p} g_i} \qquad (15)$$

熵权 EW_i 反映的是第 i 个指标在整体中的相对有效信息量，同时也是信息熵权法得到的权重值。

接下来，采用熵权 EW_i 对通过因子分析法得到的权重 FW_i 进行修正，即可以得到：

$$W_i = \frac{FW_i \times EW_i}{\sum_{i=1}^{p} (FW_i \times EW_i)} \qquad (16)$$

上式中，W_i 代表的是经过信息熵权法修正之后得到的权重值，同时也是本文在计算互联网资本综合指数时所采用的权重。

最后，对互联网资本综合指数进行计算。互联网资本综合指数的计算采用加权平均的方法得到。具体的计算公式为：

$$Net = \sum_{i=1}^{l} W_i \Big(\sum_{j=1}^{q} W_{ij} Z_{ij} \Big) \qquad (17)$$

其中，Net 代表的是企业的互联网资本综合指数；l 代表的是互联网资本评价体系中一级指标的个数；W_i 代表的是第 i 个一级指标在互联网资本综合指数中的权重；q 代表的是第 i 个一级指标中的二级指标的个数；W_{ij} 代表的是第 j 个二级指标在第 i 个一级指标中的权重；Z_{ij} 代表的是通过式（1）而得到的无量纲化后的指标值。通过对上式的计算，就可以得到每个民营企业的互联网资本水平值。

（二）模型构建

当被解释变量为创新决策（$Innovation1$）时，由于创新决策指标为 0-1 二元选择变量，因此，本文采用 Probit 模型进行回归，即构建的模型形式如下所示：

$$\Pr\{Innovation1 = 1 | X\} = \alpha_0 + \alpha_1 Net + \varphi Control + \mu_j + \varepsilon \quad (18)$$

其中，$Innovation1$ 为创新决策；Net 为互联网资本；$Control$ 为相关的控制变量；μ_j 为省份固定效应。

当被解释变量为创新强度（$Innovation2$）时，由于创新强度指标为截取变量（Censored Variable），因此，本文采用了 Tobit 模型进行回归，即假设真实的企业创新强度 $Innovation2^*$ 满足：

$$Innovation2^* = \beta_0 + \beta_1 Net + \gamma Control + \mu_j + \varepsilon \quad (19)$$

而我们可以观测到的是，若 $Innovation2^* > 0$，那么 $Innovation2 = Innovation2^*$；若 $Innovation2^* < 0$，那么 $Innovation2 = 0$。

将式（18）和式（19）中的互联网资本（Net）分解为接入可及性（$Access$）和使用效用性（$Usage$）两个指标，则可以考察接入可及性和使用效用性影响企业创新的差异，也就是检验本文的假设 2，即模型形式为：

$$\Pr\{Innovation1 = 1 | X\}$$
$$= \alpha_0 + \alpha_1 Access(Usage) + \varphi Control + \mu_j + \varepsilon \quad (20)$$

$$Innovation2^* = \beta_0 + \beta_1 Access(Usage) + \gamma Control + \mu_j + \varepsilon \quad (21)$$

如果本文的假设 1 成立，即互联网资本有助于促进企业创新，那么，预期式（18）和式（19）中互联网资本（Net）的估计系数 α_1 和 β_1 将显著为正；如果本文的假设 2 成立，即使用效用性的创新效应相较于接入可及性更为明显，那么，预期使用效用性（Usage）的估计系数将会显著大于接入可及性（Access）的估计系数。

附录 2

表 1 本文主要变量的描述性统计分析

变量	样本量	平均值	标准差	最小值	最大值
Innovation1	2734	0.4726	0.4993	0.0000	1.0000
Innovation2	2660	0.1160	0.1835	0.0000	1.0000
Net	2734	0.5912	0.2952	0.0000	1.0000
Access	2734	0.7289	0.4422	0.0000	1.0000
Usage	2734	0.5830	0.3064	0.0000	1.0000
Share	2550	0.2724	0.3214	0.0000	1.0000
Age	2654	13.1240	8.9222	0.0000	133.0000
Work	2677	16.4647	7.6012	1.0000	55.0000
Out	2732	0.1069	0.2444	0.0000	1.0000
Fin_c	2710	0.5251	0.4995	0.0000	1.0000
Fin_e	2706	0.7162	0.4509	0.0000	1.0000
Scale	2733	4.1771	1.3977	1.3863	10.8198
Hum	2699	0.6017	0.3003	0.0000	1.0000
Train	2731	0.8598	0.3473	0.0000	1.0000

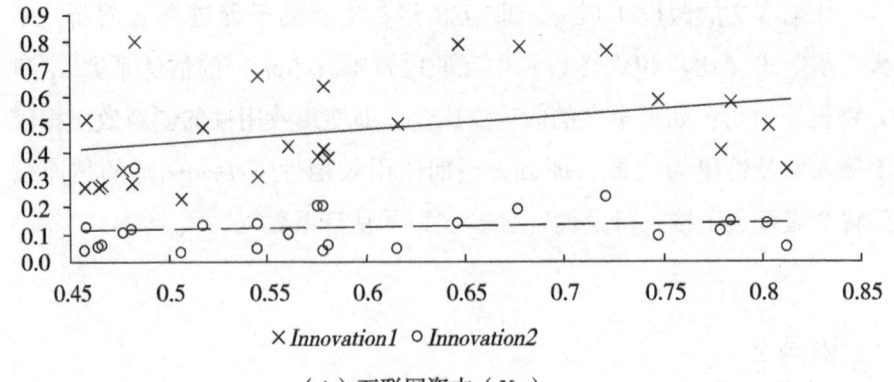

（A）互联网资本（Net）

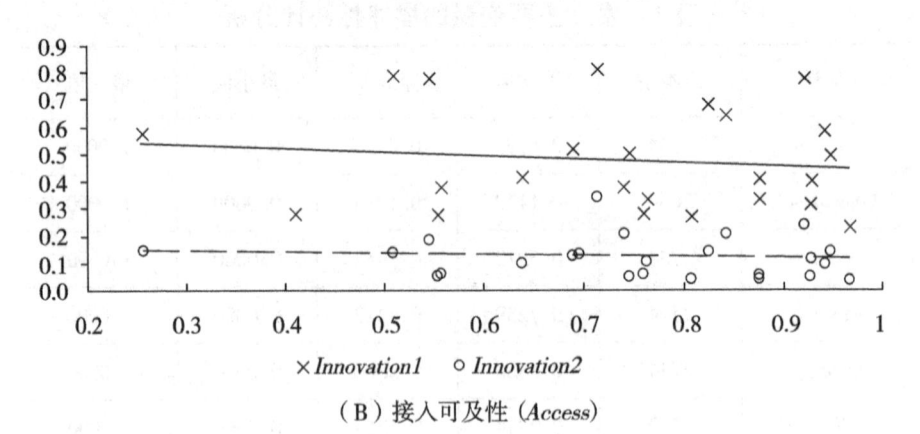

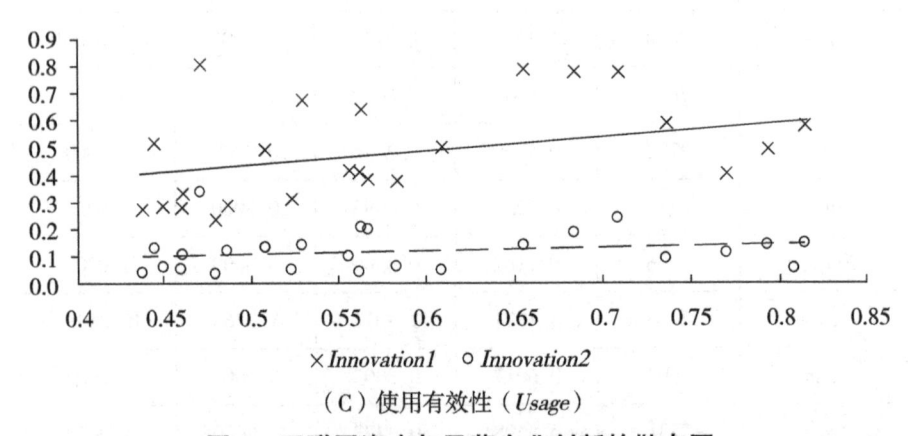

（B）接入可及性（Access）

（C）使用有效性（Usage）

图1　互联网资本与民营企业创新的散点图

注：图中的实线代表的是创新决策对互联网资本的线性拟合曲线；虚线代表的是创新强度对互联网资本的线性拟合曲线。

表 2 本文主要变量的相关性矩阵

变量	Net	Share	Age	Work	Out	Fin_c	Fin_e	Scale	Hum	Train
Net	1.0000	0.0753***	0.0499**	0.0436**	0.1515***	−0.1664***	0.0925***	0.1788***	0.1569***	0.1543***
Share	0.0707***	1.0000	0.0373*	0.0714***	0.0455**	−0.1503***	−0.0089	0.1421***	−0.0059	0.0215
Age	0.0177	0.0303	1.0000	0.4292***	0.0388*	−0.0849***	0.0144	0.2142***	−0.0150	0.0124
Work	0.0455**	0.0630***	0.3683***	1.0000	0.0814***	−0.1509***	−0.0625***	0.2435***	−0.0621***	−0.0435**
Out	0.1229***	0.0174	−0.0092	0.0627***	1.0000	−0.1365***	−0.0637***	0.2277***	−0.0788***	0.0605***
Fin_c	−0.1748***	−0.1449***	−0.0620***	−0.1376***	−0.0830***	1.0000	−0.1637***	−0.2711***	−0.0061	−0.0508**
Fin_e	0.0889***	−0.0039	0.0454**	−0.0294	0.0461**	−0.1637***	1.0000	0.1813***	0.0711***	0.1741***
Scale	0.1836***	0.1306***	0.2634***	0.2446***	0.1469***	−0.2614***	0.1860***	1.0000	−0.1119***	0.2131***
Hum	0.1509***	−0.0072	0.0094	−0.0428**	−0.0515**	−0.0082	0.0713***	−0.0907***	1.0000	0.0549***
Train	0.1552***	0.0214	0.0179	−0.0350*	0.0390*	−0.0508**	0.1741***	0.2088***	0.0529***	1.0000

注：*、**、*** 分别代表的是在 10%、5%、1% 的水平上显著；下三角为 Pearson 相关矩阵，上三角为 Spearman 相关矩阵。

附录3

表1 互联网资本影响民营企业创新行为的估计结果

变量	被解释变量：企业创新产出		被解释变量：企业创新模式		
	创新决策	创新强度	独立创新	合作创新	模仿创新
	模型（1）	模型（2）	模型（3）	模型（4）	模型（5）
Net	2.9373*** (4.76)	0.6503*** (4.30)	0.9782*** (7.42)	0.2283*** (7.46)	0.1867*** (6.20)
$Share$	−0.0905 (−0.91)	−0.0187 (−0.76)	0.2056* (1.87)	0.0221 (0.86)	−0.0451* (−1.71)
Age	−0.0041 (−0.98)	−0.0011 (−1.07)	−0.0047 (−1.03)	−0.0026** (−2.46)	−0.0012 (−1.16)
$Work$	0.0099** (2.22)	0.0014 (1.29)	0.0122** (2.49)	0.0034*** (3.11)	0.0034*** (3.01)
Out	−0.1954 (−1.35)	−0.0442 (−1.24)	0.1891 (1.42)	0.0313 (1.03)	0.0511* (1.67)
Fin_c	−0.4399*** (−6.37)	−0.1236*** (−7.21)	−0.5745*** (−7.61)	−0.0716*** (−3.84)	0.0027 (0.15)
Fin_e	−0.0912 (−1.21)	−0.0496*** (−2.66)	0.1110 (1.32)	−0.0230 (−1.22)	0.0190 (1.06)
$Scale$	0.0173 (0.58)	−0.0008 (−0.11)	0.2012*** (7.03)	0.0337*** (5.35)	0.0304*** (4.85)
Hum	0.2914** (1.97)	0.1148*** (3.16)	−0.1577 (−1.28)	−0.0886*** (−3.19)	−0.0511* (−1.90)
$Train$	0.0213 (0.20)	0.0236 (0.89)	0.4453*** (3.57)	0.0455** (2.11)	0.0271 (1.19)
$Cons$	−2.4243*** (−8.78)	−0.4969*** (−7.23)	−2.8444*** (−11.82)	−2.7343*** (−10.64)	−2.6494*** (−10.69)
省份效应	控制	控制	控制	控制	控制
χ^2 统计量	396.83***	448.51***	409.30***	364.07***	236.90***
样本量	2383	2344	1925	1918	1916

注：*、**、***分别代表的是在10%、5%、1%的水平上显著；小括号内是相应变量的z统计量。

表2　互联网资本分指数影响民营企业创新行为的估计结果

变量	被解释变量：企业创新产出		被解释变量：企业创新模式		
	创新决策	创新强度	独立创新	合作创新	模仿创新
	模型（6）	模型（7）	模型（8）	模型（9）	模型（10）
$Access$	0.3326 (0.56)	0.0609 (0.42)	0.3394 (0.67)	0.2659 (0.80)	0.2272 (0.40)
$Usage$	2.6313*** (3.68)	0.5929*** (3.39)	0.8277*** (6.45)	0.9868*** (6.76)	0.7559*** (5.43)
控制变量	控制	控制	控制	控制	控制
省份效应	控制	控制	控制	控制	控制
χ^2 统计量	400.53***	450.72***	412.36***	375.44***	243.70***
样本量	2383	2344	1925	1918	1916

注：*、**、***分别代表的是在10%、5%、1%的水平上显著；小括号内是相应变量的z统计量。

表3　中介变量的设定与赋值方法

变量	符号	描述	赋值
组织惰性机制	M_1	企业开展探索式创新的程度	近三年企业致力于哪些创新活动：（1）引入新的技术和设备；（2）引入新的质量控制程序；（3）引入新的管理和行政流程；（4）引入新的产品或服务。是=1，否=0，并通过主成分分析法得到探索式创新综合指数
创新信息机制	M_2	创意是否来自企业外部（顾问、大学、研究机构等）	是=1，否=0
融资约束机制	M_3	金融可得性影响企业运营的程度	严重=1，…，没有=5
合作创新机制	M_4	近三年内企业是否有与其他企业合作研发的支出	是=1，否=0

表4 互联网资本对民营企业创新的作用渠道的估计结果

变量	第一步 模型(11)	第二步 模型(12) M_1	第二步 模型(13) M_2	第二步 模型(14) M_3	第二步 模型(15) M_4	第三步 模型(16) M_1	第三步 模型(17) M_2	第三步 模型(18) M_3	第三步 模型(19) M_4
Net	0.6503*** (4.30)	3.3929** (2.19)	0.4424*** (7.92)	0.4962*** (5.49)	0.1926*** (6.40)	0.2159*** (3.11)	0.4293*** (6.56)	0.4009*** (9.67)	0.5130*** (8.42)
M						0.1889*** (15.50)	0.1554*** (4.23)	0.0747*** (5.09)	0.2526*** (5.23)
控制变量	控制	控制	控制	控制	控制	控制	控制	控制	控制
省份效应	控制	控制	控制	控制	控制	控制	控制	控制	控制
χ^2统计量	448.51***	26.49***	226.50***	415.37***	170.25***	556.94***	343.30***	456.50***	366.06***
样本量	2344	1447	1288	2367	1453	1447	1288	2367	1453

注:*、**、***分别代表的是在10%、5%、1%的水平上显著;小括号内是相应变量的z统计量。

表 5 稳健性检验结果：更换估计方法、度量指标、样本数据和变量标准化处理

变量	更换估计方法 模型（20）	更换估计方法 模型（21）	替换互联网资本指标 模型（22）	替换互联网资本指标 模型（23）	替换企业创新指标 模型（24）	替换企业创新指标 模型（25）	更换样本数据 模型（26）	更换样本数据 模型（27）	变量标准化处理 模型（28）	变量标准化处理 模型（29）
Net	0.2728*** (3.60)		1.6348*** (3.68)		0.1198*** (5.03)		1.1174** (2.41)		0.6503*** (4.30)	
Access		0.0356 (0.50)		0.0750 (0.42)		0.0051 (0.36)		0.2217 (0.87)		0.0609 (0.42)
Usage		0.2400*** (2.76)		1.2490*** (2.75)		0.1135*** (4.98)		1.6307** (2.15)		0.5929*** (3.39)
控制变量	控制	控制	控制	控制	控制	控制	控制	控制	控制	控制
省份效应	控制	控制	控制	控制	控制	控制	控制	控制	控制	控制
χ^2（F）统计量	19.64***	18.97***	295.79***	330.76***	315.02***	315.03***	284.08***	190.42***	448.51***	450.72***
样本量	2344	2344	2203	2203	1059	1059	1439	1439	2344	2344

注：*、**、***分别代表的是在10%、5%、1%的水平上显著；小括号内是相应变量的z统计量。

表6 稳健性检验结果：替换工具变量和处理样本选择性偏差

变量	IV：通讯质量	IV：IT指数	Heckman两步法	
	模型（30）	模型（31）	模型（32）	模型（33）
Net	1.1455**	0.9583***	0.1618***	
	(2.05)	(2.59)	(3.96)	
Access				0.0404**
				(2.15)
Usage				0.1411***
				(3.67)
λ			0.2699***	0.2701***
			(4.58)	(4.56)
控制变量	控制	控制	控制	控制
省份效应	控制	控制	控制	控制
χ^2 统计量	375.76***	424.63***	486.86***	490.25***
样本量	2342	2344	2383	2383

注：*、**、***分别代表的是在10%、5%、1%的水平上显著；小括号内是相应变量的z统计量。

表 7 引入制度差异的互联网资本对民营企业创新的异质性影响

变量	制度质量：正式制度					制度质量：非正式制度			
	创新决策		创新强度		创新决策		创新强度	
	模型 (34)	模型 (35)	模型 (36)	模型 (37)	模型 (38)	模型 (39)	模型 (40)	模型 (41)
Net	7.2692*** (3.14)		1.5361*** (2.85)		3.8542*** (4.12)		0.8512*** (3.74)	
$Institution$	2.8659** (2.10)	3.0594** (1.97)	0.6944** (2.21)	0.7028** (1.97)	2.7246*** (4.02)	2.6700*** (3.68)	0.5424*** (3.30)	0.5151*** (2.94)
$Net \times Institution$	−6.0460*** (−2.68)		−1.2433** (−2.36)		−2.6368*** (−2.94)		−0.5778*** (−2.65)	
$Access$		2.0824 (1.27)		0.3849 (1.01)		0.4682 (0.62)		0.0885 (0.48)
$Usage$		5.3712*** (2.89)		1.1534*** (2.64)		3.3889*** (3.43)		0.7576*** (3.14)
$Access \times Institution$		−1.7485 (−1.09)		−0.2986 (−0.80)		−0.1890 (−0.25)		−0.0115 (−0.06)
$Usage \times Institution$		−4.4396** (−2.37)		−0.9109** (−2.12)		−2.3463** (−2.40)		−0.5322** (−2.23)
控制变量	控制	控制	控制	控制	控制	控制	控制	控制
省份效应	控制	控制	控制	控制	控制	控制	控制	控制
χ^2 统计量	334.32***	350.80***	389.83***	409.43***	391.38***	398.87***	445.36***	453.38***
样本量	2383	2383	2344	2344	2383	2383	2344	2344

注：*、**、*** 分别代表的是在 10%、5%、1% 的水平上显著；小括号内是相应变量的 z 统计量。

绿色发展为理念的河南省经济与环境协调发展的"制衡"机制研究

河南财经政法大学　王杰

改革开放40余年来，我国经济社会发展取得了巨大成就，对世界经济增长贡献率超过30%。同时，我国资源约束日益趋紧，环境承载能力接近上限，依靠要素低成本的粗放型、低效率增长模式已经难以持续。《中华人民共和国国民经济和社会发展第十三个五年规划纲要》明确指出："生态优先，绿色发展。"党的十九大报告指出："我们要建设的现代化是人与自然和谐共生的现代化。"2018年6月全国生态环境保护大会上，习近平总书记指出："切实打好污染防治攻坚战""要全面推动绿色发展""绿色发展是构建高质量现代化经济体系的必然要求，是解决污染问题的根本之策""要自觉把经济社会发展同生态文明建设统筹起来。"这充分显示了我国对绿色发展的高度重视和决心。"绿水青山就是金山银山"理念深入人心，"绿色发展"成为"十三五"时期我国发展理念之一。

但现阶段的环境保护又不可避免会对经济发展产生一定的负面影响，而"没有经济增长的环境保护也谈不上绿色发展"（涂正革，2012）。经济增长与环境保护都是人类社会活动中不可或缺的目标，这就需要找到二者之间的制衡机制，在保护环境的同时，促进经济发展。

河南是一个经济大省，正处于工业化的中后期阶段，重化工工业占比高，节能减排的压力巨大，绿色发展任务繁重。改革开放以来，河南经济社会发展取得巨大成就，但粗放型发展积累下来的生态环境问题没有得到根本性改善。环保部数据显示，2017年全国空气质量排行榜中城市空气质量相对较差的后10位城市中，河南多个城市榜上有名，说明河南环境污染问题仍然十分严峻。《河南省国民经济和社会发展第十三个五年规划纲要》明确提出要"实施蓝天、碧水工程""强化碳排放总量控制，推进低碳发展"。

因此，在当前经济发展过程中，研究绿色发展理念下河南经济增长与环境保护协调发展的"制衡机制"，探讨既能促进河南经济发展，又可以解决环境污染问题的现实路径，无论对当前节能减排工作的切实推进，还是未来实现河南产业转型升级，促进河南经济整体实现高质量发展，均具有重要的理论和现实意义。

一、环境规制对经济增长影响的主要理论观点

现有研究中，关于环境规制对经济增长的影响主要有以下三种观点：

（一）制约论

新古典环境经济学的传统主义者沿袭了庇古理论和科斯理论，该假说认为环境规制的目的是解决环境外部性，将环境负外部性内部化于企业的生产成本之中，因此，环境规制必然会提高企业的成本。在企业资金总量一定的条件下，额外增加的环境成本必然会降低企业在其他方面的投资，环境投资就对传统投资产生了"挤出效应"，而且环境规制相当于给企业的生产决策施加了一个新的约束条件，这种约束将缩小企业生产的决策集，导致管理、生产和销售等环节难度的加大，从而产生"约束效应"，在这两种效应的共同作用下，企业竞争力就会下降（Gray and Shadbegian，1993），从而制约整个经济的增长。

（二）双赢论

与传统假说不同，波特等人（Porter，1991；Porter and Vander Linde，1995）指出传统假说对于企业处于静态的假设与现实不符，并基于动态的角度认为竞争优势来源于变动约束条件下的企业技术创新。环境规制会刺激企业进行技术创新，选择和采用更有效率的生产技术和设备，通过"创新补偿效应"和"学习效应"提高企业竞争优势，既

能保护环境，又有利于整个经济的增长。波特假说的主要内容包括：严格的环境规制不仅会对社会产生"好"的外部性，而且能够对企业产生积极的正外部影响；合理的环境规制可以刺激企业改善生产工艺和流程，降低资源消耗和提高生产效率，而且环境规制会成为企业技术创新的动力，通过"创新补偿效应"部分或者全部抵消企业"遵循成本"的损失，从而达到环境保护和企业发展的双赢。由于波特本人对此并未给出严格的理论推导，许多学者尝试从理论上给予证明，其中 Xepapadeas and Zeeuw（1999）、Mohr（2002）等学者的理论模型完全或者部分支持波特假说。在 Xepapadeas and Zeeuw（1999）提出的 X-Z 模型中，假设新机器比旧机器更环保，而且生产率更高，严格的环境规制不仅会降低污染排放水平，同时也会导致企业利润下降。但如果环境规制能够刺激或者诱导企业购买新的且具有更高生产率的机器，那么，相比于其他情形，不仅环境规制的污染减排效应会提高，而且也会降低对利润下降的不利影响。Mohr（2002）在假设新的生产资本比旧的生产资本污染更低的基础上，还将规模经济外部性引入模型，认为由于新技术或者新机器初始使用者将承受短期的费用，这会导致单个的企业个体会反对环境规制，但由于规模经济的外部性，后使用者将获得某种追随者优势（类似于搭便车现象），有利于整个产业的发展，环境规制给产业带来的利益将弥补短期成本的上升。这时，环境规制就可以达到同时改进环境质量和最终提高企业竞争力的目的。另外，许多学者（Murty and Kumar, 2003；Greenstone et al., 2012；Ambec et al., 2013）也从实证的角度给波特假说提供了支持证据。

（三）折中论

Walley and Whitehead（1994）认为环境规制的成本在长期也是明显的，而且由于企业竞争力由许多因素共同决定，环境规制对经济增长的促进作用很小或者并不容易被观察到，因此，环境规制只是促进经济增长的一种潜在机会，并不能直接说明环境规制促进或者抑制了经济增长。Jaffe et al.（1995）指出，正如只有较少的证据支持波特假说一样，同样只有很少证据能够反对环境规制会促进技术创新、提高企业竞争力，而更多的观点则是介于二者之间。Palmer et al. （1995）认为波特假说及其支持者根据案例分析得出的结论具有较高的主观推测性和较大的偶然性，对于波特假说结论的可靠性还需要更加系统和全面的分析。Simpson and Bradford （1996）等学者指出，企业以利润最大化为目标，根据波特假说，企业通过技术创新既能减少污染排放，又能实现利润最大化，那么企业就会主动地进行技术创新，并不一定要在承担环境规制风险的情况下才采取措施。

二、河南省环境保护和经济增长的典型事实

（一）河南省经济发展状况

1. 河南省产业结构情况

从表1可以看出，近年来，河南省 GDP 不断增长，从 2005 年的 10621.56 亿元上升到 2016 年的 40471.79 亿元，2016 年全国 GDP 排名第五。从三次产业占比来看，河南省第一产业比重一直处于不断下降趋势，从 2005 年的 17.3% 下降到 2016 年的 10.6%；第二产业占比则经历了先上升后下降的发展阶段，2008 年第二产业比重达到 56%，之后不断下降，2016 年占比下降到 47.6%；第三产业比重由 1997 年的 29% 上升至 2016 年的 41.8%。2016 年河南省三次产业结构为 10.6∶47.6∶41.8。三次产业结构变化说明第三产业对经济增长的贡献越来越大，但与发达地区相比，河南工业所占比重仍然较高。

表1　河南省生产总值及三次产业情况

单位：亿元,%

年份	河南省生产总值	三次产业占比		
		一次产业	二次产业	三次产业
2005	10621.56	17.3	51.9	30.8
2006	12412.86	15.1	53.9	31.0

续表

年份	河南省生产总值	三次产业占比		
		一次产业	二次产业	三次产业
2007	15076.21	14.4	54.4	31.2
2008	18097.05	14.4	56.0	29.6
2009	19590.35	13.8	55.2	31.0
2010	23222.91	13.7	55.7	30.6
2011	27098.62	12.7	55.3	32.0
2012	29797.13	12.4	53.9	33.7
2013	32423.55	12.2	52.3	35.5
2014	35198.65	11.8	51.3	36.9
2015	37278.20	11.3	48.7	40.0
2016	40471.79	10.6	47.6	41.8

数据来源：河南省统计年鉴（2017）。

2. 河南省轻重工业占比分析

不同工业行业对能源的依赖和对环境的影响具有很大差异。当工业结构中重工业比重较大时，意味着对能源依赖性大的高碳行业较多，且在技术水平低、能源利用率不高的情况下，会产生较高的碳排放，对环境影响严重；工业结构中轻工业比重较大时，对能源依赖度大的高碳型的行业比重小，且在该行业分类中高成长性、高技术产业比重较高。轻工业比重大的工业行业结构能够进行更合理的不同行业间生产要素组合，更符合低碳经济发展的要求。优化的工业结构会推动资源配置向更符合人类发展要求的方向进行，资源利用率提升，促进经济低碳发展。从表2可以看出，河南省工业中重工业的发展呈现不断下降的趋势：从2005年的0.71下降到2016年的0.647，轻工业比重则从2005年的0.29不断上升到2016年的0.353，但重工业占比仍然高达60%以上。

表2　河南轻重工业占比情况

单位：亿元，%

年份	工业总增加值	所占比重 轻工业	所占比重 重工业
2005	3200.23	0.29	0.71
2006	4150.60	0.29	0.71
2007	5438.06	0.30	0.70
2008	7305.90	0.31	0.69
2009	7764.45	0.32	0.68
2010	9901.52	0.31	0.69
2011	11882.55	0.31	0.69
2012	12654.83	0.32	0.68
2013	13986.51	0.33	0.67
2014	15809.09	0.34	0.66
2015	16062.97	0.35	0.65
2016	17042.72	0.35	0.66

数据来源：河南省统计年鉴（2017）。

（二）河南省环境保护情况分析

1. 能源生产结构

能源生产结构指各类能源在能源总生产量中所占的比例。从表3河南省能源生产总量及构成可以看出，河南省能源生产结构中主要以煤炭生产为主，但随着新能源的不断发展，原煤生产总量占比逐年呈下降的趋势，已经由2005年的91.3%下降到2016年的88.9%，而一次电力及其他能源的生产占比已经由2005年的1.9%上升到2016年的6%。

表3 河南省能源生产总量及构成

年份	能源生产总量（万吨标准煤）	占能源生产总量的比重（%）			
		原煤	原油	天然气	一次电力及其他能源
2005	14522	91.3	5.0	1.8	1.9
2006	15002	91.7	4.7	1.7	2.0
2007	14604	91.8	4.8	1.4	2.0
2008	15487	92.6	4.4	1.2	1.8
2009	17002	93.4	4	0.8	1.8
2010	17438	92.4	4.1	0.5	3.0
2011	15786	91.3	4.4	0.4	3.9
2012	12224	90.2	5.6	0.5	3.7
2013	13133	90.6	5.2	0.5	3.7
2014	11796	89.8	5.7	0.6	3.9
2015	11231	89.3	5.2	0.5	5.0
2016	9705	88.9	4.6	0.5	6.0

数据来源：河南省统计年鉴（2017）。

2. 能源消费结构

从表4能源消费总量及构成中可以看出，在能源总消耗量方面，河南省能源消耗总量从2005年的14625万吨标准煤上升至2016年的23117万吨标煤。从各种能源占比来看，近年来，原煤的消费总量占比逐年下降，从2005年的87.2%下降到2016年的75.1%，原油消费总量、天然气消费总量以及一次电力及其他能源消费总量占比则逐年上升，分别从2005年的8.7%、2.2%、1.9%上升到2016年的13.5%、5.2%、6.2%。

表 4　河南省能源消费总量及构成

年份	能源生产总量（万吨标准煤）	原煤	原油	天然气	一次电力及其他能源
2005	14625	87.2	8.7	2.2	1.9
2006	16234	87.4	8.0	2.5	2.1
2007	17838	87.7	7.9	2.5	1.9
2008	18976	87.2	8.0	2.6	2.2
2009	19751	87.0	7.9	2.8	2.3
2010	18594	82.8	9.3	3.4	4.5
2011	20462	81.6	10.4	3.6	4.4
2012	20920	80.0	11.5	4.7	3.8
2013	21909	77.2	12.9	4.8	5.2
2014	22890	77.7	12.6	4.5	5.3
2015	23161	76.5	13.1	4.5	5.9
2016	23117	75.1	13.5	5.2	6.2

数据来源：河南省统计年鉴（2017）。

3. 河南省碳排放情况

本文按照联合国政府间气候变化专门委员会IPCC的二氧化碳排放量的计算方法，计算河南省二氧化碳碳排放量，计算公式为：

$$C = \sum A_j \times \vartheta_j \ (j=1, 2, 3) \quad (1)$$

其中，C 表示碳排放总量；A_j 表示第 j 种能源的消费总量；ϑ_j 表示第 j 种能源的二氧化碳排放系数。

本文选取2005—2016年河南省原煤、焦炭、柴油三种能源，计算了河南省二氧化碳排放量。由图1可以看出，2011年之前河南省二氧化碳排放量呈现逐年增加的趋势，2011年之后河南省二氧化碳排放量呈现下降趋势，一定程度上说明了河南省环境质量得到提高。

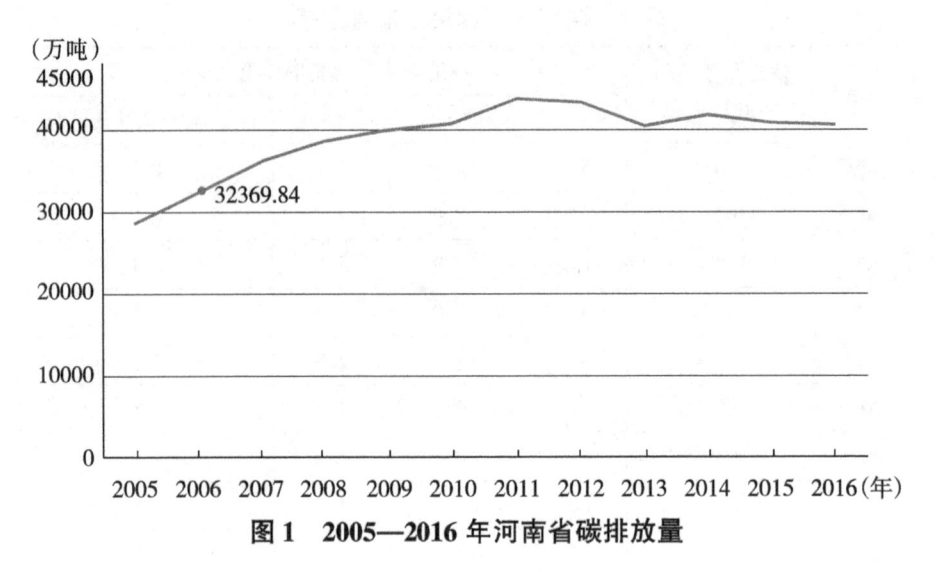

图 1 2005—2016 年河南省碳排放量

数据来源：作者根据河南省统计年鉴数据计算所得。

三、河南省环境规制和经济增长关系的实证分析

（一）变量选取与数据来源

1. 经济增长指标

本文选取河南省人均 GDP 增长率这一统计数据作为经济增长的指标。

2. 环境规制指标

目前，有关环境规制的度量尚存争议，国内外学者主要从以下几个角度衡量环境规制：①用不同的污染物排放密度表示环境规制（Cole and Eilliott，2003）；②用某种污染物的排放作为环境规制的代理变量（Levinson，1996）；③用环境规制政策的多少代表环境规制（Low and Yeats，1992）；④用人均收入水平作为其代理变量（Mani and Wheeler，2003）；⑤用治理污染的总投资与工业产值的比值度量环境规制（张成等，2011）。考虑到河南省相关数据的可得性，本文将工业废水排放量占河南省废水排放量总量的比值求倒数作为环境规制程度的衡量指标。

(二) 河南省环境规制对经济增长的回归分析

本研究重点考察了环境规制对经济增长的影响，进一步将环境规制取平方项检验环境规制与经济增长之间的非线性关系，回归结果如表5所示。

表5 回归结果

变量	系数	标准误	t统计量	P值
C	−3.0580	0.5756	−5.3131	0.0003
lnER	4.2152	1.6493	2.5556	0.0286
lnER²	−2.5783	0.9048	−2.8495	0.0173
R-squared			0.5541	

数据来源：作者根据统计年鉴进行回归检验所得。

由回归结果可得关于 $\ln g$ 和 $\ln ER$、$\ln ER^2$ 之间的回归方程为：

$$\ln(g_{HNGDP}) = 4.2152 \times \ln ER - 2.5783 \times \ln(ER)^2 - 3.058 \quad (2)$$

由回归结果可以看出，经济增长与环境规制之间为倒"U"型关系，随着环境规制强度的增加，环境规制会抑制经济增长，但当环境规制增加到一定程度，由于技术创新效应的存在，环境规制就会促进经济增长。

因此，环境规制与经济增长并非简单的抑制或者促进关系，而是应该发挥二者的协调作用，实现双赢。

四、河南省经济增长与环境保护协调发展的"制衡"机制研究

现阶段，经济增长和环境保护是同一主体下的不同目标，也就是说"经济—环境"之间需要目标主体根据利益做出权衡，而这种"权衡关系"不可避免地存在偏向经济的取向和结果，无法促进经济与环境的协调发展，即使是短期内以环境为目的，也存在"一刀切"，不仅给企业造成了负担，也会导致短期规定解除后给环境造成更大的损害。本文

根据钟茂初（2017）有关环境规制与经济增长之间关系设计的思路，认为河南省将"经济—环境权衡关系"转向为"经济—环境制衡关系"，形成不同目标主体之间相应的制衡机制和力量，才能实现经济增长与环境保护的协调发展。

（一）经济发展部门与环境保护部门之间的制衡关系

现阶段，河南省在经济增长和环境保护方面都需要有进一步的提升，但各级地方政府既承担着经济增长的目标，同时也兼有环境保护目标，在经济增长目标和环境保护目标执行的过程中，不免就会出现目标间的权衡，要么导致环境保护偏离既定的目标，要么导致经济增长目标无法实现，而这两种偏离主要原因都在于两种目标的实施主体为同一主体，各级政府部门下级的商务、财税、工信、科技等部门都是推动经济增长的主体，国土资源部门、环保部门虽然是环境保护的主管部门，但由于这两个部门同样隶属于政府，虽然环境保护目标也同样至关重要，但由于时间约束、资金约束、部门权力约束等现实条件，目标间就会出现利弊的权衡关系，而非相互制约的关系，最终实现总体利益的最大化，通常情况下，环境保护目标就会成为被忽视的一方。

如果将河南的经济增长目标和生态环境保护目标的实施主体由上下级变为两个同级主管部门之间的制衡关系，这样由于两个主管部门之间分别承担着具有相同重要性的目标，而当这个目标存在冲突的时候，就不仅仅只根据利弊大小采取不同的措施。也就是说，根据河南省经济增长目标、生态环境保护目标，设立两个具有同样权力的部门主体，分别承担着相应的目标，这样一来，经济—环境的权衡关系就转化为两个目标主体之间的制衡关系。

在制衡机制的设计过程中，最重要的一点就是将环境保护部门的属地管理变为上级部门的垂直管理。主要原因在于：如果环境保护部门仍然隶属于地方政府部门，那么其目标就必须服从于地方政府的管理以及地方政府总体目标的设定，环境规制的标准不可能有力地执行。另外，环境保护需要地方资金的支持，而地方资金来源于地方经济的增长，因此，也会导致地方税收与环保支出之间存在权衡关系，地方政府的决策必然会导致环境规制的标准降低，无法达到环境保护的目标。当环境保护部门改为上级部门垂直管理后，环境保护部门就不会与地方政府部门之间形成利益权衡关系，能够保障环境规制标准最大限度地往环境保护的目标执行，在资金预算方面，环境保护所需要的资金由上级政府统筹安排，不会因为地方政府的税收水平受到影响，从而降低环境规制标准要求。

（二）企业与政府之间的制衡关系

企业是经济发展的微观经济主体，也是造成环境污染的重要源头。那么，企业既与经济增长部门有着密切关系，也是环境保护部门重点监督的对象。因此，企业与政府之间的关系就异常"微妙"，当经济增长的压力较大时，企业是政府部门保护的对象，当环境污染的压力较大时，企业又是政府部门惩罚的对象。这种关系不仅不利于经济发展，也不利于环境保护，对企业的可持续发展也存在不利影响。因此，企业与政府部门也需要建立制衡机制。

企业与政府部门之间的制衡主要体现在技术水平的进步上。企业的目标就利润最大化，环境保护无法成为企业发展过程中的推动力，而政府部门既希望企业快速发展，又希望企业能够保护环境。当经济部门和环保部门的制衡机制形成之后，环保部门对企业进行环境监督，经济发展部门对企业进行技术进步的推动，那么，企业的发展依靠技术进步，企业的环境保护责任也得益于技术的进步。鉴于环境规制对企业的压力或者动力所在，现阶段应当推行环境规制对企业的约束优先，才能通过环境规制的遵循成本迫使企业进行技术创新，从而获得技术创新的补偿效应，技术进步的提升进一步促进企业的发展。这对于经济发展部门和环境保护部门都有着重要的现实意义。

五、河南省经济增长与环境保护协调发展的保障政策

经济增长与环境保护都是现阶段河南省高质量发展的重要目标。环

境保护与经济增长制衡机制的建立是一种可供探讨的保护环境和促进经济发展的途径，但这种制度的建立并不是一蹴而就的。

（1）建立环境保护优先的约束机制，逐渐促进经济发展和环境保护制衡关系的形成。无论是长期规划、短期规划还是年度规划，都应该将环境承载能力作为顶层约束，然后在此基础上确定经济发展的各项目标，并将这种优先明确在法律中，使之具有强制性，才能逐步形成有效的制衡机制（钟茂初，2017）。

（2）形成经济增长与环境保护的制衡关系思维。长期以来，环境保护已经成为社会公认的重要事项，却没有很好的效果，主要原因在于，环境保护与经济增长的权衡关系已经深植于经济的发展过程中，而这种权衡关系最先忽略的就是环境保护的有效性。因此，经济增长部门和环境保护部门制衡关系思维的形成是环境保护的重要前提。

（3）现阶段的环境保护仍然需要进一步完善相关法律法规，强化环保执法监督机制，增强全民环境保护的参与意识。环境保护的一个重要问题是环境规制政策落实不到位，一些地方或者一些企业环境规制的执行受到政府官员环境保护理念和企业经营效益的影响。因此，需要进一步提高执法强度，对于技术落后且对环境造成严重污染的企业责令其限期整改，整改不到位者坚决给予取缔；对于那些环保型企业要给予补贴，形成规制与激励并存的环保机制，从而进一步促进环境保护与经济发展的和谐。

参考文献

[1] 张成，陆旸，郭路，等. 环境规制强度和生产技术进步［J］. 经济研究，2011（2）：113-124.

[2] 钟茂初. 经济增长——环境规制从"权衡"转向"制衡"的制度机理［J］. 中国地质大学学报（社会科学版），2017（5）：64-73.

[3] Ambec S, Cohen M A, Elgie S, et al. The Porter hypothesis at 20: can environmental regulation enhance innovation and competitiveness? [J]. Review of Environmental Economics and Policy, 2013, 7: 2-22.

[4] Cole M A, Elliott R J R. Determining the trade – environment composition effect: the role of capital, labor and environmental regulations [J]. Journal of Environmental Economics and Management, 2003, 46 (3): 363-383.

[5] Gray W B, Shadbegian R J. Environmental regulation and manufacturing productivity at the plant level [R]. National Bureau of Economic Research, NO. 4321, 1993.

[6] Jaffe A B, Peterson S R, Portney P R, et al. Environmental regulation and the competitiveness of US manufacturing: What does the evidence tell us? [J]. Journal of Economic literature, 1995, 33 (1): 132-163.

[7] Levinson A. Environmental regulations and manufacturers' location choices: Evidence from the Census of Manufactures [J]. Journal of Public Economics, 1996, 62 (1): 5-29.

[8] Low P, Yeats A. Do 'dirty' industries migrate [J]. International Trade and the Environment, 1992, 159: 89-103.

[9] Mani M, Wheeler D. In Search of Pollution Havens? Dirty Industry in the World Economy, 1960 to 1995 [J]. Journal of Environment and Development, 1998, 7 (3): 215-247.

[10] Mohr R D. Technical change, external economies, and the Porter hypothesis [J]. Journal of Environmental economics and management, 2002, 43 (1): 158-168.

[11] Murty M N, Kumar S. Win – win opportunities and environ-

mental regulation: Testing of porter hypothesis for Indian manufacturing industries [J]. Journal of Environmental Management, 2003, 67 (2): 139-144.

[12] Palmer K, Oates W, Portney P. Tightening environmental standards: The benefit-cost or the no-cost paradigm? [J]. Journal of Economic Perspectives, 1995, 9 (4): 119-132.

[13] Porter M E, van der Linde C. Toward a new conception of the environment-competitiveness relationship [J]. Journal of Economic Perspectives, 1995, 9 (4): 97-118.

[14] Porter M. E. America's green strategy [J]. Scientific American, 1991, 264 (4): 168.

[15] Simpson R D, Bradford III R L. Taxing variable cost: Environmental regulation as industrial policy [J]. Journal of Environmental Economics and Management, 1996, 30 (3): 282-300.

[16] Walley N, Whitehead B. It's not easy being green [J]. Harvard Business Revies, 1994, May-June: 46-52.

[17] Xepapadeas A, de Zeeuw A. Environmental policy and competitiveness: The Porter hypothesis and the composition of capital [J]. Journal of Environmental Economics and Management, 1999, 37 (2): 165-182.

农村土地流转差序格局形成及政策调整方向

——基于合约特征和属性的联合考察[①]

河南农业大学 刘瑞峰 梁飞 王文超 马恒运

【摘要】加速农村土地流转，实现规模化经营，提高农业国际竞争力，一直是中央政府关心的问题。为此，学术界进行了广泛的调查研究，提出了很多重要的政策建议，然而至今没有开出更好的政策良药。基于小麦生产大省的大规模实地调研，经过数据整理，建立经济计量模型，分析了当前河南省农户土地流转行为。结果显示：①农地流转仍然处在初级阶段，主要特点是流转规模小、流转期限短，并以口头协议为主；②土地细碎化是农户土地流转原因之一；③农地流转呈现"差序格局"状态，流转对象以近缘社会关系为主；④种粮补贴推高土地流转费用，土地确权明显降低转出规模，大规模农地流转更加艰难。据此，为搞好农村土地流转，本文提出：①尊重农户土地流转的自主权，防止任何过激行为；②提高转出农户收入和社保水平，降低转出土地的机会成本；③农业政策重点应放在土地利用效率、生态环境保护、降低

---

① 项目来源：国家社会科学基金项目"新时期农地流转农业补贴与主产区小麦生产行为及农业政策改革研究"（编号：14BGL093），国家自然科学基金项目"基于原产地形象的特色农产品购买行为研究"（编号：71403082），教育部人文社会科学研究项目"农户行为目标偏好对地理标志农产品种植决策的影响研究——以河南省为例"（编号：14YJC790080），河南省高校科技创新人才支持计划"消费者可追溯食品购买行为研究"（编号：2017-cxrc-002），河南省高等学校青年骨干教师资助计划项目"基于修正Fishbein合理行为模型的消费者特色农产品购买行为研究"（编号：2015GGJS-085），河南省哲学社会科学规划项目"基于消费者偏好的可追溯食品购买行为与消费政策实验研究"（2017BJJ033）。马恒运为本文通讯作者。

土地流转费用；④提高农业机械使用效率，降低农业机械使用成本，弥补人工成本上升的负面效应；⑤加强农村土地流转市场管理，推进土地流转市场规范化发展。

一、引言

改革开放以来，国家为解决农村土地经营细碎化，相继出台一系列政策法规，以促进农地经营权流转，鼓励适度规模经营，提高土地利用效率（刘俊杰等，2015；钱忠好等，2016；陈杰等，2017）。早在1982年，《中华人民共和国宪法》明确规定："任何组织和个人不得侵占、买卖、出租或者以其他形式非法转让土地。"然而，1993年11月，中共中央、国务院在《关于当前农业和农村经济发展的若干政策措施》文件中指出："在坚持土地集体所有和不改变土地用途的前提下，经发包方同意，允许土地的使用权依法有偿转让。"2002年，在《中华人民共和国农村土地承包法》中，又解释说"通过家庭承包取得的土地承包经营权可以依法采取转包、出租、互换、转让或者其他方式流转"。2014年，中共中央办公厅、国务院办公厅印发了《关于引导农村土地经营权有序流转发展农业适度规模经营的意见》，明确提出"鼓励承包农户依法采取转包、出租、互换、转让及入股等方式流转承包地"。2016年，中共中央办公厅、国务院办公厅又印发《关于完善农村土地所有权承包权经营权分置办法的意见》，对坚持土地集体所有权根本地位、严格保护农户承包权、加快放活土地经营权、完善"三权"关系做出具体规定。

尽管目前农村土地政策加快了土地流转步伐，但是我国农村土地市场发育水平仍然很低。到2016年6月底，全国承包耕地流转面积达4.6亿亩，占耕地总面积的1/3以上，其中，东部沿海地区流转比例超过1/2；全国2.3亿农户中，流转土地农户超过7000万，占30%以上，东部沿海发达省份超过50%。① 然而，现阶段中国农村土地流转市场发育不完善（付江涛等，2016），其基本特征表现为农地流转非正式性，多数农户采用无偿流转方式将农地流转给亲友或同村农户（Loren et al.，2004；王亚楠等，2015；黄增付，2016），而且在选择合约时普遍存在"重口头、轻书面"现象（俞海等，2003；邹宝玲等，2016）。因此，中国农地流转市场化和规范化进程仍然缓慢（尹世久等，2017），仅有57.5%农地是有偿流转，40%多农地流转没有说明期限（何欣等，2016）。本文调查也发现，同村农户占土地转出户的47.4%，占土地转入户的92.7%；高达56.3%农户选择口头协议。土地流转基本上在本村范围内进行，土地流转法律效率较低、稳定性较差。

那么，为什么在土地流转过程中，农民不愿意选择规范的、正式的土地流转合约呢？运用制度经济学研究方法，Cheung（1969）指出交易成本与风险规避影响农户土地流转契约选择。基于不完备契约理论，Grossman et al.（1986）解释了非正式合约的存在价值，指出有限理性的存在，法律制度不可能完美无瑕，契约设计无法考虑所有问题，因此，契约具有"不完备性"，诸多契约的执行需要依赖法律之外的"抵押、触发策略、声誉"等保护机制。更多国外学者沿着制度经济学脉络，认为激励与风险（Stiglitz，1974）、交易本身属性（Williamson，1979）、交易双方关系（Hayami et al.，1993）、声誉（Klein，1996）、道德风险（Ghatak et al.，2000）、产权制度（Li，1996）等，均会影响农户土地流转契约选择。

跟踪调查中国17个省农村土地流转市场状况，叶剑平等（2006；2010；2013）发现：2005年仅有14%的转出户签订书面合同；2008年有17.4%的转出户签订书面合同，18.2%的转入户签订书面合同；2011年有32.76%的土地流转户签订书面合同。基于2008年全国31个省市2万个农村固定观察点数据，廖洪乐等（2003）发现在转入和转出耕地

---

① 中华人民共和国国务院新闻办公室.《农村土地"三权分置"意见》政策解读［OL］. 国新网，2016-11-03.

农户中，签订书面合同的比例分别仅有22.1%和32.7%。究其原因，孟召将（2012）认为交易费用决定农地流转契约选择，然而，洪名勇等（2013）认为信任是农户选择契约考虑的重要因素。实际上，农户会视对方的具体情况，选择不同的流转契约。为此，通过构建机会成本、交易成本与地权稳定性制度关系，刘文勇等（2013）研究了农户土地流转契约选择行为及其影响因素；在产权风险情况下，王亚楠等（2015）调查了农地附加价值与转包方式选择行为；付江涛等（2016）分析了产权保护对交易合约选择的影响。

尽管有许多土地流转合约选择研究文献，但主要集中在现状描述、定性研究与实证分析，而对农户合约选择行为决策给出理论分析，并进行系统实证检验的较少，同时，目前的研究尚未回答影响农村土地流转的核心问题。鉴于此，本文基于差序格局理论，在中国特定的传统文化背景下，从微观层面分析不同流转对象社会关系的差序格局对合约形式选择、流转期限、流转租金与流转规模的差序分布影响及决定机制，利用河南省24个县（市）农户调查数据，构建联立方程模型进行实证检验。

本研究在以下三方面有别于现有文献：①从差序格局社会关系视角，联合考察合约特征和属性对农户合约选择影响；②构建理论分析框架，阐释差序格局选择行为的分布特征及决定机制；③指出流转费用和土地预期过高是影响土地流转的核心问题。

二、理论分析与研究假说

由于特有的传统文化特征，中国的社会结构和西方不同，为此，1947年在研究中国乡村结构时，费孝通先生提出"差序格局"概念，旨在描述亲疏远近的人际格局（费孝通，1948）。在这个差序格局中，血缘或亲情成为最为亲密稳固的社会关系，个体依亲疏不同由内而外建立自己的社会关系网络。Huang（1987）将这些社会关系网络分为不同的连带关系。在差序格局下，个体依不同关系会采用不同的互动法则

（高名姿等，2015）。农户土地流转行为也是如此。事实上，土地流转是掺杂地缘、亲缘和人情关系的特殊市场，集中表现为"关系型人情市场"（罗必良等，2013）。人们利用"差序格局"构建自身的社会网络，形成由"亲"而"信"的人际关系模式，不同的社会关系导致信任强度存在差异，亦即，差序格局关系最终形成"差序信任格局"（钱龙等，2015）。基于实际调查出现的流转对象，在进行分析归类汇总后，最终形成本研究的"差序格局关系"，亦即，亲戚、本村农户、外地农户、合作社/公司和村集体/国家。

土地流转合约安排主要是关于合约形式、流转期限、流转规模、流转费用等，决定长期的土地投资和其他要素投入、流转双方土地的收益分配等（罗必良等，2013）。根据本文研究目的及研究思路，我们精简土地流转合约的特征属性，着重关注合约形式、流转期限、流转费用与流转规模等四个方面，并据此提出土地流转研究假设。

研究假设 I：合约形式的"差序格局"选择行为。这里把土地流转合约形式分为书面合同和口头协议（付江涛等，2016）。在差序格局下，不同的流转对象对应不同的"差序治理"格局。亦即，血缘关系较浓和信任度较高的，依赖非正式制度的作用，以口头协议为主（Heide，1994）。血缘关系较远和信任度较低的，依靠正式规制防范契约实施风险，需要签订书面合同（郭继，2009）。事实上，当缔约对象与农户社会关系亲近时，社会关系本身就是一种保障机制；而当缔约对象与农户陌生时，签订书面合同实现契约正式化则是更合理的选择（罗必良等，2013）。

研究假设 II：流转利益的"差序格局"选择行为。农户土地流转行为是理性的，根据"亲疏远近"配置资源（钱龙等，2015）。通常情况下，土地流转规模较大、流转费用较高，涉及的土地流转利益较大。在这种情况下，农户倾向于把土地转给血缘关系较远的流转对象，以选择法律效率更强的书面合同（钱龙等，2015），以降低契约风险（安海燕等，2015）。相反，土地流转规模小、流转费用低，涉及经济利益小

（邹宝玲等，2016），农户倾向于选择口头协议，把土地转给血缘关系较近的流转对象。很显然，如果土地流转期限较长，为避免长期租赁的违约成本（Cheung，1969），规避风险和不确定性（郭继，2009），也可能存在类似的行为选择问题。亦即，流转期限长，选择书面合同，把土地转给血缘关系较远的流转对象；反之亦然，农户倾向于选择短期合约（邹宝玲等，2016），以在失业或征地时收回农地（王亚楠等，2015），减少土地流转造成的经济损失。

研究假设III：流转费用影响土地转出和转入规模。土地流转是农户的经济行为，或者说，是农户之间的一种利益博弈。很显然，为了获得更大的收益，转出户期望提高转出收入（张永强等，2016），相反，转入户期望降低转入成本。在这个利益博弈过程中，最终形成一个市场均衡价格。然而，现阶段，农村土地流转市场尚未形成，加之现阶段国家农村土地政策变化，农村收入水平较低，社会化保障水平不高，导致农民对土地预期收益较高，结果难以达成一个均衡土地流转市场价格。因此，在土地流转过程中，如果土地流转费用过高，将挫伤土地转入的积极性和流转规模。实际上，当前农业生产收入不稳定的情况下，土地流转费用直接关系到转入农户的净利润（江淑斌等，2013）。

综上所述，土地流转过程中，农户对不同流转对象选择的差异，导致了"差序信任格局"不同，这是决定合约形式、流转期限、流转费用和流转规模等选择行为呈现"差序格局"的根本原因。然而，由于土地流转方向不同，土地转出户和转入户流转对象选择呈现不同的差序格局分布特征，这是本文有待验证的推论。

三、数据来源和样本描述

本文所采用的数据来自2014年8月组织的"河南省农户土地流转现状"的实地调查，由河南农业大学教师和研究生负责完成，调查采用当面访谈并填写问卷方式进行。调查内容主要包括：样本地区的农地制度、农地流转状况、农户基本特征等。调查之前，进行调查人员培训，内容包括调研目的、调研方法和调查问卷内容。培训后进行预调查，根据预调查反馈信息，修改调查问卷内容及提问方式。调查问卷采用分层抽样与随机抽样结合方式选取样本，具体样本抽选步骤是：第一阶段，考虑河南省各省辖市经济发展水平，结合各省辖市的地理位置分布，从18个省辖市中选取12个，再从抽中的每个省辖市中随机抽取2个县（县级市）；第二阶段，从抽中的每个县中随机抽取3个乡镇；第三阶段，从每个抽中的乡镇中随机抽出3个村；第四阶段，在抽中的村中随机抽取10户农户。总样本包括12个市，24个县，72个乡镇，216个村，2160个农户。

在2160个样本农户中，对参与土地流转农户（转出户和转入户）进行"差序格局"土地流转行为分析。具体来说，在总样本农户中，有878户参与土地流转；按流转方向分为475个转入户、369个转出户和17个同时转出和转入户；按流转对象分，5户是亲友，639户是同村农户，103户是外地农户，82户是合作社或公司，49户是村集体或国家。豫东235；豫西248；豫南146；豫北232。共计861。

(一) 不同流转对象的合约形式选择

表1报告了农户合约形式选择"差序格局"行为。观察表1可以发现：

(1) 总体上讲，在386个转出农户中，有116户选择口头协议，占30.1%；270户选择书面合同，占69.9%。在492个转入农户中，有378户选择口头协议，占76.8%；114户选择书面合同，占23.2%。

(2) 从流转对象视角看，土地转出户选择口头协议的"差序格局"依次为100%、42.1%、23.5%、19.7%和14.4%，呈现明显的下降趋势；相反，选择书面合同的"差序格局"依次为0%、57.9%、85.6%、80.3%和76.5%。可以看出，农户选择合约形式的"差序格局"特征比较明显。

(3) 从流转对象视角看，土地转入户选择口头协议的"差序格局"依次为100%、80.5%、46.2%、16.7%和13.3%，呈现明显下降趋势；相反，选择书面合同的"差序格局"依次为0%、19.5%、53.8%、

83.3%和86.7%，呈现明显上升趋势。最后，就所有土地流转户来讲，不论选择口头协议，还是书面合同，其"差序格局"分布特征都比较明显。前者农户分布比例随着"血缘关系"的疏远明显减少，后者农户分布比例随着"血缘关系"的疏远明显增加。

表1 流转对象与不同合约形式的农户分布

流转方向 流转对象	口头协议 户数（户）	口头协议 比例（%）	书面合同 户数（户）	书面合同 比例（%）
农地转出				
亲友	3	100	0	0
同村农户	77	42.1	106	57.9
外地农户	13	14.4	77	85.6
合作社/公司	15	19.7	61	80.3
村集体/政府	8	23.5	26	76.5
小计	116	30.1	270	69.9
农地转入				
亲友	2	100	0	0
同村农户	367	80.5	89	19.5
外地农户	6	46.2	7	53.8
合作社/公司	1	16.7	5	83.3
村集体/政府	2	13.3	13	86.7
小计	378	76.8	114	23.2
流转合计				
亲友	5	100	0	0
同村农户	444	69.5	195	30.5
外地农户	19	18.4	84	81.6
合作社/公司	16	19.5	66	80.5
村集体/政府	10	20.4	39	79.6
合计	494	56.3	384	43.7

(二) 不同流转对象的流转期限选择

表2描述了不同流转对象视角下，农户选择流转期限的"差序格局"行为。

表2　流转对象与不同流转期限的农户分布

单位：户，%

流转对象 \ 流转方向	≤10年 户数	≤10年 比例	11~20年 户数	11~20年 比例	≥20年 户数	≥20年 比例
农地转出						
亲友	3	100	0	0	0	0
同村农户	144	78.7	29	15.8	10	5.5
外地农户	39	43.3	33	36.7	18	20.0
合作社/公司	28	36.8	29	38.2	19	25.0
村集体/政府	23	67.6	5	14.7	6	17.7
小计	237	61.4	96	24.9	53	13.7
农地转入						
亲友	2	100	0	0	0	0
同村农户	422	92.5	27	5.9	7	1.6
外地农户	11	84.6	0	0	2	15.4
合作社/公司	5	83.3	1	16.7	0	0
村集体/政府	7	46.7	7	46.7	1	6.6
小计	447	90.9	35	7.1	10	2.0
流转合计						
亲友	5	100	0	0	0	0
同村农户	566	88.6	56	8.8	17	2.6
外地农户	50	48.5	33	32.0	20	19.5
合作社/公司	33	40.2	30	36.6	19	23.2
村集体/政府	30	61.2	12	24.5	7	14.3
合计	684	77.9	131	14.9	63	7.2

(1) 总体上讲，在386个转出农户中，有237户选择10年及以下流转期限，占61.4%；96户选择11~20年流转期限，占24.9%；53户选择20年及以上流转期限，占13.7%。在492个转入农户中，有447户选择10年及以下流转期限，占90.9%；35户选择11~20年流转期限，占7.1%；10户选择20年及以上流转期限，仅占2.0%。

(2) 从流转对象视角看，土地转出户选择10年及以下年流转期限"差序格局"依次为100%、78.7%、43.3%、36.8%和67.6%，大致呈现下降趋势；选择11~20年流转期限的"差序格局"依次为0%、15.8%、36.7%、38.2%和14.7%，大致呈递增趋势；选择20年及以上流转期限的"差序格局"依次为0%、5.5%、20.0%、25.0%和17.7%，同样表现出递增趋势。

(3) 从流转对象视角看，土地转入户选择10年及以下年流转期限"差序格局"依次为100%、92.5%、84.6%、83.3%和46.7%，呈现明显下降趋势；选择11~20年流转期限的"差序格局"依次为0%、5.9%、0%、16.7%和46.7%，基本上呈递增趋势；选择20年及以上流转期限的"差序格局"依次为0%、1.6%、15.4%、0%和6.6%，尽管变动趋势不太明显，但就本村农户和外地农户来讲，同样存在明显的增加趋势。最后，对所有土地流转农户来说，选择10年及以下流转期限的"差序格局"呈现明显下降趋势；选择11~20年流转期限的"差序格局"呈现明显的上升趋势；选择20年及以上流转期限的"差序格局"同样呈现明显的上升趋势。

(三) 不同流转对象的流转费用选择

表3描述了农户选择流转费用的"差序格局"行为。

(1) 在386个转出农户中，有74户选择500元及以下，占19.2%；235户选择每亩500~1000元，占60.9%；77户选择1000~1500元，占19.9%。在492个转入农户中，有337户选择500元及以下，占68.5%；139户选择500~1000元，占28.3%；16户选择1000~1500元，仅占3.2%。总体来讲，60%多的转出户取得了中等水平转出费用，相反，近70%转入户取得最低水平流转费用。可见,转出费用和转入费用差距较大。

表3 流转对象与不同流转费用的农户分布

流转对象 \ 流转方向	≤500元/亩 户数(户)	比例(%)	500~1000元/亩 户数(户)	比例(%)	1000~1500元/亩 户数(户)	比例(%)
农地转出						
亲友	3	100	0	0	0	0
同村农户	53	28.9	110	60.1	20	11.0
外地农户	10	11.1	58	64.5	22	24.4
合作社/公司	6	7.9	50	65.8	20	26.3
村集体/政府	2	5.9	17	50.0	15	44.1
小计	74	19.2	235	60.9	77	19.9
农地转入						
亲友	2	100	0	0	0	0
同村农户	316	69.3	127	27.9	13	2.8
外地农户	6	46.2	7	53.8	0	0
合作社/公司	2	33.3	4	66.7	0	0
村集体/政府	11	73.3	1	6.7	3	20.0
小计	337	68.5	139	28.3	16	3.2
流转合计						
亲友	5	100	0	0	0	0
同村农户	369	57.7	237	37.1	33	5.2
外地农户	16	15.5	65	63.1	22	21.4
合作社/公司	8	9.7	54	65.9	20	24.4
村集体/政府	13	26.6	18	36.7	18	36.7
合计	411	46.8	374	42.6	93	10.6

（2）在流转对象视角下，土地转出户选择500元及以下的"差序格局"，依次为100%、28.9%、11.1%、7.9%和5.9%，呈现明显的下降趋势；选择500~1000元"差序格局"，依次为0%、60.1%、64.5%、65.8%和50.0%，总体呈现增加趋势（除村集体/政府外）；选择1000~1500元"差序格局"，依次为0%、11.0%、24.4%、26.3%和44.1%，呈现明显上升趋势。

（3）在流转对象视角下，土地转入户选择500元及以下"差序格局"，依次为100%、69.3%、46.2%、33.3%和73.3%，基本上呈下降趋势（除村集体/政府外）；选择每亩500~1000元"差序格局"依次为0%、27.9%、53.8%、66.7%和6.7%，基本上呈上升趋势（除村集体/政府外）；选择1000~1500元"差序格局"，依次为0%、2.8%、0%、0%和20.0%，尽管趋势不明显，但是，村集体/政府比同村农户多得多，显然呈上升趋势。最后，所有流转户选择500元及以下"差序格局"，大致呈现下降趋势；选择500~1000元的"差序格局"，大致呈现上升趋势；选择1000~1500元"差序格局"，呈现明显上升趋势。

（四）不同流转对象的流转规模选择

表4给出了农户流转规模"差序格局"行为差异。

（1）总的来讲，在386个转出农户中，有265户选择5亩及以下，占68.7%；88户选择6~10亩，占22.8%；20户选择11~15亩，占5.2%；13户选择16亩及以上，仅占3.3%。在492个转入农户中，有177户选择5亩及以下，占36.0%；91户选择6~10亩，占18.5%；39户选择11~15亩，占7.9%；185户选择16亩及以上，占37.6%。可见，近70%的农户土地转出规模较小，在5亩以下，相反，大部分农户转入的土地来自小规模转出户（5亩以下，占36.0%）和大规模转出农户（16亩以上，占37.6%）。

（2）在流转对象视角下，土地转出户选择5亩及以下"差序格局"，依次为100%、73.2%、75.6%、56.6%和50.0%，呈现明显下降趋势；选择6~10亩的"差序格局"，依次为0%、21.9%、18.9%、

28.9%和26.5%，基本上呈上升趋势；选择11~15亩"差序格局"，依次为0%、3.3%、4.4%、4.0%和20.6%，呈现明显上升趋势；选择16亩及以上"差序格局"，依次为0%、1.6%、1.1%、10.5%和2.9%，也有上升趋势，至少前三个流转对象比例，明显小于后两个流转对象比例。

（3）在流转对象视角下，土地转入户选择5亩及以下的"差序格局"，依次为100%、35.7%、15.4%、33.3%和53.3%，基本上呈下降趋势（除村集体/政府外）；选择6~10亩的"差序格局"，依次为0%、19.3%、7.7%、16.7%和6.7%，基本上呈下降趋势（除外地农户外）；选择11~15亩的"差序格局"，依次为0%、7.7%、23.1%、0%和6.7%，趋势不太明显；选择16亩及以上的"差序格局"，依次为0%、37.3%、53.8%、50.0%和33.3%，呈右偏分布特征或差异不太明显（除亲友外）。

（4）所有流转户选择5亩及以下的"差序格局"，大致呈现下降趋势；选择6~10亩"差序格局"，大致呈现上升趋势；选择11~15亩"差序格局"，大致呈现上升趋势；选择16亩及以上的"差序格局"，大致呈现下降趋势。

表4 流转对象与不同流转规模的农户分布

流转方向 流转对象	≤5亩 户数（户）	比例（%）	6~10亩 户数（户）	比例（%）	11~15亩 户数（户）	比例（%）	≥16亩 户数（户）	比例（%）
农地转出								
亲友	3	100	0	0	0	0	0	0
同村农户	134	73.2	40	21.9	6	3.3	3	1.6
外地农户	68	75.6	17	18.9	4	4.4	1	1.1
合作社/公司	43	56.6	22	28.9	3	4.0	8	10.5
村集体/政府	17	50.0	9	26.5	7	20.6	1	2.9
小计	265	68.7	88	22.8	20	5.2	13	3.3

续表

流转对象＼流转方向	≤5亩 户数（户）	≤5亩 比例（%）	6~10亩 户数（户）	6~10亩 比例（%）	11~15亩 户数（户）	11~15亩 比例（%）	≥16亩 户数（户）	≥16亩 比例（%）
农地转入								
亲友	2	100	0	0	0	0	0	0
同村农户	163	35.7	88	19.3	35	7.7	170	37.3
外地农户	2	15.4	1	7.7	3	23.1	7	53.8
合作社/公司	2	33.3	1	16.7	0	0	3	50.0
村集体/政府	8	53.3	1	6.7	1	6.7	5	33.3
小计	177	36.0	91	18.5	39	7.9	185	37.6
流转合计								
亲友	5	100	0	0	0	0	0	0
同村农户	297	46.5	128	20.0	41	6.4	173	27.1
外地农户	70	67.9	18	17.5	7	6.8	8	7.8
合作社/公司	45	54.9	23	28.0	3	3.7	11	13.4
村集体/政府	25	51.0	10	20.4	8	16.3	6	12.3
合计	442	50.3	179	20.4	59	6.7	198	22.6

从以上分析得出，农户土地流转合约形式和合约内容的选择行为，表现出"差序格局"分布特征。对土地转入农户来讲，这种"差序格局"更加明显，因为土地转入农户，不仅要考虑合约形式，还要考虑土地投资计划，特别是土地的长期投资收益，因此，他们对缔约农户的信任度要求更高。可以看出，土地转入农户比土地转出农户更有理性，或者说，转入农户的"差序格局"特征更加明显。

四、模型、数据和检验

（一）模型构建

结合我国农村社会关系形成特点，本文构建经济计量模型，验证农户合约形式、流转期限、流转费用与流转规模选择的差序格局及影响因素。结合前面理论分析，本文着重研究合约形式和内容的差序格局形成，所以用不同流转对象为关键解释变量，同时考察合约形式、流转期限、流转费用与流转规模之间的交互效应影响。假设农户合约形式和内容选择相互影响，都表现差序格局特征，可构建如下联立方程组，同时估计四个方程：

$$\begin{cases} C_i = \beta_{C0} + \beta_{C1}X_i + \beta_{C2}I_i + \sum_{i=1}\beta_{Cki}Z_{ki} + \varepsilon_{Ci} \\ P_i = \beta_{P0} + \beta_{P1}X_i + \beta_{P2}I_i + \sum_{i=1}\beta_{Pki}Z_{ki} + \varepsilon_{Pi} \\ R_i = \beta_{R0} + \beta_{R1}X_i + \beta_{R2}I_i + \sum_{i=1}\beta_{Rki}Z_{ki} + \varepsilon_{Ri} \\ S_i = \beta_{S0} + \beta_{S1}X_i + \beta_{S2}I_i + \sum_{i=1}\beta_{Ski}Z_{ki} + \varepsilon_{Si} \end{cases} \quad (1)$$

式中，C_i、P_i、R_i 和 S_i 是被解释变量，C_i 表示农户合约形式选择的二分变量（即书面合同或口头协议），P_i 表示流转农户约定的流转期限，R_i 表示流转农户确定的流转费用，S_i 表示流转农户土地的流转规模。X_i 是模型中的关键自变量，表示不同流转对象，即亲友、同村农户、外地农户、合作社/公司以及村集体/政府。I_i 表示一组交互效果变量。Z_{ki} 表示一组控制变量，包括：土地资源特征变量，如土地细碎化、土地确权情况、土地补贴金额等三个自变量；农户个人特征，如户主年龄、户主教育程度、是否经过技术培训、农业劳动时间等；农户家庭特征，如种植业收入比重、家庭劳动力数量；地区虚拟变量，根据经济发展水平和土地特征，划分为豫东、豫西、豫南和豫北地区。① ε_{Ci}，ε_{Pi}，ε_{Ri}，ε_{Si} 随机扰动项。表5给出模型中变量定义和统计特征值。

---

① 豫东包括：周口市（郸城县与项城市）、商丘市（永城市与柘城县）、许昌市（许昌县与长葛市）。豫西包括：三门峡市（灵宝市与卢氏县）、洛阳市（洛宁县与宜阳县）、平顶山市（舞钢市与宝丰县）。豫南包括：驻马店市（正阳县与确山县）、南阳市（邓州市与西峡县）、信阳市（新县与固始县）。豫北包括：焦作市（温县与孟州市）、新乡市（原阳县与卫辉市）、安阳市（滑县与内黄县）。

表5 变量定义及统计特征

变量名称	定义及说明	转入农户 均值	转入农户 标准差	转出农户 均值	转出农户 标准差
被解释变量					
合约形式	书面合同为1，口头协议为0	0.23	0.42	0.70	0.46
流转期限	土地流转期限（年）	4.09	5.74	10.88	9.28
流转费用（对数）	土地流转租金（元/亩）	5.34	1.98	6.41	1.29
流转规模	土地流转面积（亩）	32.46	58.44	5.22	4.69
流转对象					
亲友	亲友为1，其他为0	0.004	0.06	0.01	0.09
同村农户	同村农户为1，其他为0	0.93	0.25	0.48	0.50
外地农户	外地农户为1，其他为0	0.03	0.16	0.23	0.42
合作社/公司	合作社/公司为1，其他为0	0.01	0.11	0.20	0.40
村集体/政府	村集体/政府为1，其他为0	0.03	0.17	0.09	0.28
控制变量					
（1）土地资源特征					
土地细碎化	土地地块数（块）	2.84	2.25	2.76	1.68
是否确权	确权为1，否则为0	0.31	0.46	0.30	0.46
享受补贴（对数）	土地补贴金额（元/亩）	4.52	0.91	4.63	0.59
（2）农户个人特征					
户主年龄	户主年龄（岁）	49.58	8.13	49.16	9.36
户主教育	受教育年限（年）	8.24	2.90	7.94	2.98
是否参加技术培训	参加技术培训为1，否则为0	0.57	0.50	0.44	0.50
农业劳动时间	每年农业劳动天数（天）	76.41	69.60	41.08	73.18
（3）农户家庭特征					
种植业收入比例	占总收入比例（%）	87.63	28.83	56.40	48.46
劳动力数量	劳动力人数（人）	3.52	1.43	3.30	1.50
（4）地区虚变量	—	略	略	略	略

数据来源：根据实地调查数据整理所得。

（二）交互效应设置

从前文的描述统计看出，合同形式、流转期限、流转费用和流转规模之间实际上是相互影响的。实际上，农户选择书面合同可能意味着流转期限较长、流转规模较大、涉及的经济利益较大。因此，考虑到它们之间相互影响，模型中增加了相应的交互效应变量。基于实际样本分布特点，即，短期、小规模、低流转费用的口头协议流转农户相对较多。因此，本文把流转期限最长、流转费用最高和流转规模最大的农户组作为对照。具体交互效应设置如下：

（1）流转期限×流转规模交互虚变量。将流转期限分为短期（≤10年）、中期（11～20年）和长期（≥20年），流转规模分为小规模（≤5亩）、中等规模（6～10亩）和大规模（≥11亩），分别生成：短流转期限×小流转规模交互虚变量、中流转期限×中流转规模交互虚变量。

（2）流转费用×流转规模交互变量。流转费用与流转规模均非虚拟变量，可以直接交叉相乘。将流转费用分为低流转费用（≤500元/亩）、中等流转费用（500～1000元/亩）和高流转费用（1000～1500元/亩），流转规模分为小规模（≤5亩）、中规模（6～10亩）和大规模（≥11亩），生成低流转费用×小规模交互变量、中流转费用×中规模交互变量。

（3）合同形式×流转规模交互虚变量。合同形式分为书面合同与口头协议二分变量。以书面合同×大规模作为对照组，生成书面合同×小规模交互虚变量、书面合同×中规模交互虚变量。

类似的，本文生成其他组交互变量：短期×低流转费用、中期×中流转费用，书面合同×短期、书面合同×中期，书面合同×低流转费用、书面合同×中流转费用等交互虚变量。

五、估计结果及分析

（一）土地转入农户行为分析

表6给出土地转入农户差序格局行为影响因素的3SLS模型估计结

果,从整体上看,模型拟合程度较好。

表 6　土地转入户的差序格局行为 3SLS 估计结果

变量名称	合约形式	流转期限	流转费用	流转规模
关键自变量				
流转对象 (参照组:亲友)				
同村农户	0.112 (0.246)	1.989 (3.621)	1.411 (1.289)	18.928 (33.814)
外地农户	0.318 (0.265)	2.315 (3.900)	0.604 (1.388)	21.509 (36.376)
合作社/公司	0.566** (0.286)	2.577 (4.233)	−0.436 (1.499)	−50.590 (39.376)
村集体/政府	0.642** (0.263)	5.310 (3.912)	0.843 (1.395)	0.089 (36.597)
控制变量				
(1) 土地资源特征				
土地细碎化	−0.000 (0.007)	0.171 (0.108)	−0.056 (0.038)	0.801 (1.010)
是否确权	−0.001 (0.035)	0.654 (0.511)	0.267 (0.181)	7.368 (4.742)
种粮补贴	−0.004 (0.018)	0.060 (0.265)	0.064 (0.094)	2.267 (2.476)
(2) 农户个人特征				
户主年龄	0.000 (0.002)	0.047 (0.031)	−0.020* (0.011)	−0.943*** (0.292)
户主受教育程度	0.004 (0.006)	0.134 (0.085)	0.047 (0.030)	1.775** (0.798)
是否技术培训	0.088*** (0.033)	0.521 (0.496)	0.158 (0.175)	5.382 (4.590)
农业劳动时间	0.001 (0.000)	0.006* (0.003)	−0.000 (0.001)	0.074** (0.033)

续表

变量名称	合约形式	流转期限	流转费用	流转规模
（3）农户家庭特征				
种植业收入	0.000 (0.001)	-0.015* (0.008)	0.002 (0.003)	0.001 (0.075)
劳动力数量	-0.027** (0.012)	-0.232 (0.179)	-0.047 (0.063)	1.515 (1.662)
（4）交互效应	略	略	略	略
（5）地区虚变量	略	略	略	略
常数项	0.377 (0.300)	-2.417 (4.381)	4.702*** (1.562)	0.071 (40.988)
R^2	0.342	0.225	0.183	0.348
观测值	492	492	492	492

注：***、**和*分别表示1%、5%和10%的显著性水平；括号内为估计标准误差；交互效应分析见表7。

1. 缔约对象社会关系影响合约形式选择

结果显示，土地流转对象不同，转入户合约形式选择呈现明显的"差序格局"。换句话说，在土地转入过程中，当缔约对象为较疏远的社会关系，如合作社/公司、村集体/政府时，土地转入户会选择签订书面合同。同时可以看出，随着缔约对象社会关系的疏远，土地转入户选择书面合同的可能性明显增加。流转对象顺次为同村农户、外地农户、合作社/公司、村集体/政府时，社会关系依次疏远，它们的估计系数逐渐增大，分别为0.112、0.318、0.566和0.642，而且显著性越来越强。这一结果说明，缔约对象的社会关系越近，选择书面合同的可能性越小；相反，缔约对象的社会关系越远，选择书面合同的可能性越大。这一估计结果证实了缔约对象选择的"差序格局"研究假说（钱龙等，2015；邹宝玲等，2016）。另外，似乎流转期限、流转费用和流转规模与缔约对象选择没有显著的关系，因为各种缔约对象估计的系数没有显著的差别。

2. 其他控制变量对合约形式、流转期限、流转费用和流转规模的影响差异较大

①如果户主参加技术培训，农户会显著增加选择书面合同的可能性（0.088）。②农户的个人特征显著影响土地流转规模的选择，例如，户主年龄增大，农户将显著减少土地转入规模（-0.943）；相反，户主教育年限增加，农户将增加土地转入规模（1.775）。③户主农业劳动时间增加，农户也将显著增加土地转入规模，但实际影响效果不大（0.074）。④户主农业劳动时间和家庭农业收入增加，农户将分别延长和缩短土地转入期限，但实际影响效果不大（0.006和-0.015）。最后，户主年龄增加，农户将显著减少土地转入费用，但实际影响效果不大（-0.020）。

3. 地区之间存在显著差异

可以看出，地区虚变量显著的较多。相比之下，豫东、豫西和豫南地区，农户选择书面合同的可能性较小、土地转入期限较短；相反，豫东地区农户土地转入规模显著较大。鉴于篇幅，本文未做报告。

4. 交互效应影响

表7给出了土地转入户的差序格局行为的交互效应估计结果，观察表7的估计系数，有如下研究发现：

（1）流转期限、流转费用和流转规模交互影响合约形式。估计结果显示，短期流转期限和低流转费用交互项的估计系数是-0.309，短流转期限和小流转规模交互项的估计系数是-0.121，而且均达到显著水平，说明在流转期限短、费用低与规模小的情况下，农户更倾向于选择口头协议。这一结果反映了现阶段我国农户家庭经营的特点，因此，口头协议是目前农户的理性选择。换句话说，如果流转期限较长、流转费用较高与流转规模较大，农户很可能倾向于选择书面合同。可以预见，目前土地流转以小规模和口头协议为主，然而，随着我国农村劳动力转移，城镇化和土地流转市场发展，农民从业类型分化，土地流转涉及利益越来越大，农户选择书面合同的可能性会显著提高。

(2) 合约形式、流转费用和流转规模交互影响流转期限。估计结果显示，交互效果显著影响农户流转期限选择行为，特别是与合约形式的交互项，它们的估计系数全部达到显著水平，而且系数较大均为正值，分别为4.543、2.987、4.952和5.606，其中，尤以合同和规模的交互项系数最大。这一结果说明，如果缔约双方签订书面合同，土地流转的期限会相应地增加3~5年，而且流转规模的交互效果对流转期限影响更大，说明流转规模越大，转入户期望签订更长的流转期限。相反，流转费用和流转规模的交互效果均不显著，而且估计系数很小。这一结果说明，如果缔约双方未签订书面合同，不论流转费用和流转规模大小，它们的交互效果均对土地流转期限没有影响。同时，这一结果预示着，口头协议的流转期限、流转费用和流转规模处在不稳定状态。

(3) 合约形式、流转期限和流转规模交互影响流转费用。估计结果显示，有四个交互效果达到显著性水平，而且它们的数值和符号差异很大，估计系数分别为1.257、0.841、-1.055和-0.807。前两个系数说明，如果签订书面合同，短期和中期流转期限的流转费用均将显著增加；后两个系数说明，如果签订书面合同，中等流转规模的流转费用将显著减少（-1.055）；如果是短期的小规模流转，流转费用也将显著减少。进一步观察书面合同和流转规模的交互效果，发现小规模的系数很小且不显著（0.081），反而中规模系数呈显著负相关（-1.055），说明随着土地流转规模扩大，土地的流转费用会显著减少。同样，观察书面合同和流转期限的交互效果，发现短期的系数为1.257，中期的系数为0.841，说明随着流转期限延长，流转费用会减少。因此，降低流转费用，需要扩大流转规模、延长流转期限。

(4) 合约形式、流转期限和流转费用交互影响流转规模。估计结果显示，有三个交互项达到显著性水平，说明流转规模受合约形式、流转期限和流转费用的交互效果影响。具体情况是：书面合同和短期流转期限交互项的估计系数为25.335，说明如果签订短期的书面合同，农户会显著增加25亩的转入规模；书面合同和中等流转费用交互项的估计系数为68.709，说明如果签订中等流转费用的书面合同，农户会显著增加近69亩的转入规模；中等流转期限和中等流转费用交互项的估计系数为-37.556，说明流转期限较长、流转费用较高，农户会显著减少近38亩的转入规模。进一步分析这些估计结果可以发现，是否签订书面合同对土地转入规模影响很大，亦即，签订书面合同会增加土地转入规模；相反，如果不签订书面合同，特别是在流转期限较长、流转费用较高的情况下，农户会减少土地转入规模。

表7 土地转入户的差序格局行为3SLS交互效应估计结果

交互项	估计系数	交互项	估计系数
合约形式		**流转期限**	
短期限×低费用	-0.309*** (0.039)	书面×低费用	4.543*** (0.956)
中期限×中费用	0.038 (0.106)	书面×中费用	2.987*** (0.821)
短期限×小规模	-0.121*** (0.041)	书面×小规模	4.952*** (1.165)
中期限×中规模	-0.126 (0.176)	书面×中规模	5.606*** (1.501)
低费用×小规模	0.000 (0.000)	低费用×小规模	-0.000 (0.001)
中费用×中规模	-0.000 (0.000)	中费用×中规模	-0.000 (0.000)
流转费用		**流转规模**	
书面×短期限	1.257*** (0.263)	书面×短期限	25.335** (12.700)
书面×中期限	0.841* (0.479)	书面×中期限	27.054 (16.492)
书面×小规模	0.081 (0.428)	书面×低费用	6.611 (12.891)
书面×中规模	-1.055** (0.521)	书面×中费用	68.709*** (14.067)
短期限×小规模	-0.807*** (0.192)	短期限×低费用	-3.878 (5.334)
中期限×中规模	0.013 (0.923)	中期限×中费用	-37.556** (15.880)

注：***、**和*分别表示1%、5%和10%的显著性水平；括号内为估计标准误差。

（二）土地转出农户行为分析

表8给出土地转出农户差序格局行为影响因素的3SLS模型估计结果，从整体上看，模型拟合程度较好。

表8 土地转出户的差序格局行为 3SLS 估计结果

变量名称	合约形式	流转期限	流转费用	流转规模
关键自变量				
流转对象 （参照组：亲友）				
同村农户	-0.024 (0.219)	8.414* (4.840)	5.560*** (0.579)	2.201 (2.217)
外地农户	0.105 (0.223)	11.382** (4.866)	5.926*** (0.587)	2.344 (2.257)
合作社/公司	-0.013 (0.225)	13.340*** (4.869)	5.972*** (0.590)	4.360* (2.278)
村集体/政府	0.005 (0.230)	10.951** (5.010)	5.946*** (0.605)	4.036* (2.330)
控制变量				
（1）土地资源特征				
土地细碎化	0.003 (0.012)	-0.103 (0.263)	-0.003 (0.033)	0.286** (0.120)
是否确权	0.024 (0.042)	-0.688 (0.960)	0.080 (0.115)	-1.108** (0.433)
种粮补贴	0.041 (0.032)	0.762 (0.725)	0.553*** (0.086)	0.830** (0.328)
（2）农户个人特征				
户主年龄	0.002 (0.002)	-0.066 (0.046)	0.006 (0.006)	-0.004 (0.021)
户主受教育程度	-0.005 (0.007)	0.109 (0.149)	0.035* (0.018)	0.110 (0.067)
是否技术培训	0.118*** (0.039)	-0.371 (0.901)	-0.083 (0.108)	1.187*** (0.406)
农业劳动时间	0.000 (0.000)	0.005 (0.006)	-0.000 (0.000)	0.020*** (0.003)
（3）农户家庭特征				
种植业收入	0.000 (0.000)	0.006 (0.009)	0.001 (0.001)	-0.017*** (0.004)
劳动力数量	0.028** (0.013)	-0.347 (0.293)	0.040 (0.036)	0.189 (0.134)

续表

变量名称	合约形式	流转期限	流转费用	流转规模
(4) 交互效应	略	略	略	略
(5) 地区虚变量	略	略	略	略
常数项	0.408 (0.298)	−3.817 (6.344)	−2.806*** (0.783)	−3.508 (2.969)
R^2	0.393	0.226	0.429	0.392
观测值	386	386	386	386

注：***、**和*分别表示1%、5%和10%的显著性水平；括号内为估计标准误差；交互效应分析见表9。

1. 转出对象影响流转期限、流转费用和流转规模

估计结果显示，转出对象不同显著影响土地流转期限、流转费用和流转规模，但不影响合约形式选择。表8中，各种流转对象的估计系数大小，看起来没有什么显著差异，特别是在流转期限和流转费用方程中。然而，在流转规模方面表现的比较明显，例如，同村农户和外村农户的估计系数不显著，相反，合作社/公司和村集体/政府的估计系数达到10%以上的显著性水平。那么，按照前面的社会关系"差序格局"假设，说明转出对象的社会关系越疏远，对流转规模的影响越大。事实上，本文很难判断合作社/公司和村集体/政府的社会关系远近，现在假设转出户对村集体或政府的信任度较高，对合作社或公司的信任度较低，那么，在流转期限、流转费用和流转规模方程中，随着转出对象社会关系的疏远，它们的估计系数表现出逐渐增大趋势，换句话说，呈现明显的"差序格局"特征。

2. 其他控制变量对合约形式、流转期限、流转费用和流转规模的影响差异较大

①如果户主参加技术培训，转出农户选择书面合同的可能性增加(0.118)，同样，家庭劳动力越多，转出农户更可能选择书面合同(0.028)。②随着农业补贴增加，转出户会显著提高流转费用

(0.553)；户主教育显著影响流转费用，但实际效果不大（0.035）。③影响流转规模的控制变量较多，具体来说，土地细碎化程度大，农户会增加转出规模（0.286）；同样，如果参加技术培训，农户也会增加转出规模（1.187）；相反，如果土地确权了，农户将显著减少转出规模（-1.108），可能因为确权后土地预期收益增大（罗必良等，2013）；农业劳动时间和种植业收入影响转出规模，但影响效果不明显。

3. 地区之间合约形式、流转期限、流转费用和流转规模也有明显差异

结果显示，豫西地区选择书面合同的可能性较低，流转费用较低，但土地流转期限较长；豫南地区流转费用也较低；豫北地区的转出规模显著高于其他地区。鉴于篇幅，本文未做报告。

4. 交互效应影响

表9给出了土地转出农户的差序格局行为的交互效应估计结果。

表9 土地转出户的差序格局行为 3SLS 交互效应估计结果

交互项	估计系数	交互项	估计系数
合约形式		流转期限：	
短期限×低费用	-0.516*** (0.072)	书面×低费用	5.118** (2.556)
中期限×中费用	0.175*** (0.058)	书面×中费用	-0.160 (1.436)
短期限×小规模	-0.137*** (0.048)	书面×小规模	4.492*** (1.488)
中期限×中规模	-0.010 (0.090)	书面×中规模	3.585** (1.666)
低费用×小规模	-0.010 (0.090)	低费用×小规模	-0.001 (0.001)
中费用×中规模	8.03e-06 (0.000)	中费用×中规模	-0.000 (0.000)
流转费用		流转规模：	
书面×短期限	0.513 (0.179)	书面×短期限	1.272** (0.577)
书面×中期限	0.423 (0.195)	书面×中期限	3.860*** (1.007)
书面×小规模	0.431 (0.162)	书面×低费用	-0.695 (1.106)
书面×中规模	0.268 (0.228)	书面×中费用	-1.432** (0.573)

续表

交互项	估计系数	交互项	估计系数
短期限×小规模	-0.154 (0.150)	短期限×低费用	1.371* (0.701)
中期限×中规模	-0.129 (0.283)	中期限×中费用	-0.563 (1.116)

注：＊＊＊、＊＊和＊分别表示1%、5%和10%的显著性水平；括号内为估计标准误差。

(1) 流转期限长、流转费用高的土地转出户倾向于签订书面合同。估计结果显示，中期流转期限和中等流转费用交互项的估计系数为0.175，达到显著性水平，说明转出户签订书面合同的可能性显著提高；相反，短期的低费用和小规模交叉项的估计系数分别为-0.516和-0.137，达到显著水平，说明在这种情况下转出户签订书面合同的可能性降低。很明显，流转期限长、流转费用高所牵涉的经济利益大；相反，流转期限短、流转费用低牵涉的经济利益小。因此，不难看出，土地流转牵涉的利益大小，是决定农户是否签订书面合同的关键因素。

(2) 签订书面合同显著增加土地转出期限。估计结果显示，几乎所有与书面合同的交叉项均达到显著性水平，而且估计系数较大。具体是，书面合同与低费用交叉项的系数为5.118、书面合同与小规模和中规模交叉项的系数分别为4.492和3.585。这一结果说明，只要签订书面合同，不论流转费用高低、流转规模大小，都会显著增加土地转出期限。可以看出，是否签订书面合同是决定流转期限长短的关键因素。同时发现，书面合同与低流转费用和小流转规模的交互影响效果更大（系数分别是5.118和4.492），反而与中等流转费用和中等流转规模的交互影响效果更小（系数分别是-0.160和3.585）。这一观察结果似乎与前面的假设相悖，但是，中等流转费用和中等流转规模交互项的估计系数为负（尽管不显著），意味着土地流转牵涉的总费用高，转入户的经济承受能力可能不及，反而不得不缩短流转期限。因此，目前大规模的土地流转，如果不降低流转费用，将显著影响土地流转期限，亦即，影响土地规模经营的稳定性。

（3）签订书面合同和总体流转费用影响转出规模。估计结果显示，签订书面合同与流转期限和流转费用交叉项几乎都达到显著性水平，说明是否签订合同显著影响转出规模。具体来说，在签订书面合同情况下，流转期限越长，其对流转规模的交互效果越大，例如，短期估计系数为1.272，中期估计系数为3.860，后者明显大于前者。相反，发现在签订书面合同情况下，流转费用越高，反而显著降低了转出规模。实际上，短期低流转费用更可能显著增加土地流转规模，其估计系数为1.371。这一发现说明转出费用影响转出规模。

（三）模型稳健性检验

为确保实证结果的稳健性，本文还进行了模型估计结果对变量选择的稳健性检验，以确定一个符合理论预期的基准模型用于分析。具体包括：

1. 增加或替换相关控制变量

例如，增加"粮食总产量""是否为低保户""农户对农业政策了解程度"等变量，对模型进行回归分析；或将"地块数"替换为"承包亩数"或"种植面积"。增加或替换变量后的回归结果与之相似。

2. 根据不同的标准调整分类

例如，调整农户文化程度变量，由原来"受教育年限"转化为虚拟变量"小学及以下为1，初中为2，高中为3，大学及以上为4"；调整流转对象变量，将"农地补贴费用"变量调整为"农地是否享有补贴费用"，即，"享有补贴费用为1，否则为0"。将变化后的变量纳入模型进行回归分析，新模型回归结果与前文相似。

3. 利用不同方法进行回归

本文分别对比了单一方程OLS估计结果、单一方程2SLS估计结果与迭代式3SLS估计结果，2SLS、3SLS与迭代式3SLS估计结果几乎相同。本文也比照了未加入交叉变量的主效应回归结果，以及在控制地区变量后，以关键自变量为基础，逐类、逐批加入其他控制变量，以检验模型结果的稳健性，各参数估计值及预期方向并未发生显著改变。鉴于篇幅，本文未做报告。

六、基本结论与政策建议

本文从农村社会关系差序格局视角出发，提出理论分析框架与研究假设，基于河南省大规模农户土地流转问卷调研资料，通过建立联立方程模型，同时考虑到交互影响，验证分析了土地流转社会关系"差序格局"存在，以及合约形式、流转期限、流转费用和流转规模的行为选择假设。根据调研资料和模型估计结果，有如下研究结论：①目前我国农地流转仍然处在初级阶段，主要表现在签订书面合同的流转协议较少，具有很强的非正式性，主要特点是流转规模小、流转期限短；②农地的细碎化显著影响转出规模，大部分转出户仍以土地调整为主；③农地流转呈现明显的"差序格局"状态，流转对象尤以较近的社会关系为主，导致口头协议的流转户较多；④土地流转费用较高阻碍了农地流转，种粮补贴推高了流转成本，降低了流转期限和流转规模；⑤交互效果估计显示，大规模长期的土地流转牵涉的流转费用较多，农户倾向签订书面协议，以更好地保护双方的合法权益；⑥种粮补贴刺激转出规模（同时也推高转入成本），土地确权明显降低转出规模。总之，土地流转行为反映了目前农户家庭经营的特点，规模小、收入不稳定，导致农户对土地收入的预期较大。

基于以上研究结论，提出如下政策建议：①尊重农户土地流转的自主选择权，防止任何土地流转的过激行为发生；②鼓励农户土地流转，关键是提高转出农户收入和社保水平，降低转出土地的机会成本；③调整现行农业补贴政策，重点放在提高土地利用效率、加强农业生态环境保护、降低农地流转成本；④加强农业机械制造业科技投入，提高农业机械使用效率，降低农业机械使用成本，弥补劳动力价格上升的负面效应，提高农业生产的国际竞争力；⑤加强农地流转市场管理，推进农地流转市场规范化发展。

参考文献

[1] Cheung SNS. Transaction costs, risk aversion, and the choice of contractual arrangements [J]. Journal of Law and Economics, 1969, 12 (1): 23-42.

[2] Ghatak M, Pandey P. Contract choice in agriculture with joint moral hazard in effort and risk [J]. Journal of Development Economics, 2000, 63 (2): 303-326.

[3] Grossman S J, Hart O D. The costs and benefits of ownership: A theory of vertical and lateral integration [J]. Journal of Political Economy, 1986, 94 (4): 691-719.

[4] Hayami Y, Otsuka K. The economics of contract choice: An agrarian perspective [M]. Oxford: Clarendon Press, 1993.

[5] Heide J B. Inter-organizational governance in marketing channels [J]. Journal of Marketing, 1994, 58 (1): 71-85.

[6] Huang G. Face and favor: The Chinese power game [J]. American Journal of Sociology, 1987, 92 (4): 944-974.

[7] Klein B. Why hold-ups occur: The self-enforcing rang of contractual relationships [J]. Economic Inquiry, 1996, 34 (3): 444-463.

[8] Li D D. A theory of ambiguous property rights in transition economies: The case of the Chinese non-state sector [J]. Journal of Comparative Economics, 1996, 23 (1): 1-19.

[9] Williamson O E. Transaction-cost economics: The governance of contractual relations [J]. Journal of Law and Economics, 1979, 22 (2): 233-261.

[10] Stiglitz J E. Incentives and risk sharing in sharecropping [J]. The Review of Economic Studies, 1974, 41 (2): 219-255.

[11] Loren B, 李果, 黄季焜, 等. 中国的土地使用权和转移权: 现状评价 [J]. 经济学 (季刊), 2004 (4): 951-982.

[12] 安海燕, 洪名勇. 农户农地流转契约选择及其影响因素分析——基于545份问卷调查数据 [J]. 湖南农业大学学报 (社会科学版), 2015 (5): 12-17.

[13] 陈杰, 苏群. 土地流转、土地生产率与规模经营 [J]. 农业技术经济, 2017 (1): 28-36.

[14] 费孝通. 乡土中国 [M]. 北京: 三联书店, 1948.

[15] 付江涛, 纪月清, 胡浩. 产权保护与农户土地流转合约选择——兼论新一轮承包地确权颁证对农地流转的影响 [J]. 江海学刊, 2016 (3): 74-80.

[16] 高名姿, 张雷, 陈东平. 差序治理、熟人社会与农地确权矛盾化解——基于江苏省695份调查问卷和典型案例的分析 [J]. 中国农村观察, 2015 (6): 60-69.

[17] 郭继. 农地流转合同形式制度的运行与构建——以法律社会学为视角 [J]. 中国农业大学学报 (社会科学版), 2009 (4): 37-44.

[18] 何欣, 蒋涛, 郭良燕, 等. 中国农地流转市场的发展与农户流转农地行为研究——基于2013—2015年29省的农户调查数据 [J]. 管理世界, 2016 (6): 79-89.

[19] 洪名勇, 尚名扬. 信任与农户农地流转契约选择 [J]. 农村经济, 2013 (4): 23-27.

[20] 黄增付. 农民土地转出中的道义理性选择及现实困境——以核心产粮区典型村庄为例 [J]. 农业经济问题, 2016 (7): 81-89.

[21] 江淑斌，苏群．农地流转"租金分层"现象及其根源［J］．农业经济问题，2013（4）：42-48．

[22] 廖洪乐，习银生，张照新．中国农村土地承包制度研究［M］．北京：中国财政经济出版社，2003．

[23] 刘俊杰，张龙耀，王梦珺，等．农村土地产权制度改革对农民收入的影响——来自山东枣庄的初步证据［J］．农业经济问题，2015（6）：51-58．

[24] 刘文勇，孟庆国，张悦．农地流转租约形式影响因素的实证研究［J］．农业经济问题，2013（8）：43-48．

[25] 罗必良，刘茜．农地流转纠纷：基于合约视角的分析——来自广东省的农户问卷［J］．广东社会科学，2013（1）：35-44．

[26] 孟召将．交易费用决定了农地流转契约选择——区域比较研究［J］．江西财经大学学报，2012（4）：13-20．

[27] 钱龙，洪名勇，龚丽娟，等．差序格局、利益取向与农户土地流转契约选择［J］．中国人口·资源与环境，2015（12）：95-104．

[28] 钱忠好，冀县卿．中国农村土地流转现状及其政策改进——基于江苏、广西、湖北、黑龙江四省（区）调查数据的分析［J］．管理世界，2016（2）：71-81．

[29] 王亚楠，纪月清，徐志刚，等．有偿VS无偿：产权风险下农地附加价值与农户转包方式选择［J］．管理世界，2015（11）：87-94．

[30] 叶剑平，丰雷，罗伊·普罗斯特曼，等．2008年中国农村土地使用权调查研究——17省份调查结果及政策建议［J］．管理世界，2010（1）：64-73．

[31] 叶剑平，蒋妍，丰雷．中国农村土地流转市场的调查研究——

基于2005年17省调查的分析［J］．中国农村观察，2006（4）：48-55．

［32］叶剑平，田晨光．中国农村土地权利状况：合约结构、制度变迁与政策优化——基于中国17省1965位农民的调查数据分析［J］．华中师范大学学报（人文社会科学版），2013（1）：38-46．

［33］尹世久，高杨，吴林海．构建中国特色的食品安全社会共治体系［M］．北京：人民出版社，2017．

［34］俞海，黄季焜，Scott R，等．地权稳定性、土地流转与农地资源持续利用［J］．经济研究，2003（9）：82-91，95．

［35］张永强，高延雷，王刚毅，等．黑龙江土地转出行为分析——基于13个地市47个村的调研数据［J］．农业技术经济，2016（3）：68-74．

［36］邹宝玲，罗必良．农地流转的差序格局及其决定——基于农地转出契约特征的考察［J］．财经问题研究，2016（11）：97-105．

河南省制造业发展质量和创新路径研究

河南省发展改革委员会产业研究所　张中

【摘要】实体经济是现代产业体系的主体，制造业是实体经济发展的关键和着力点，制造业发展质量决定着一个国家或地区的经济发展水平和发展潜力。习近平总书记高度重视实体经济的发展，多次在地方和企业调研中提及实体经济和制造业发展。2019年9月，总书记在郑州调研时又一次指出："中国必须搞实体经济，制造业是实体经济的重要基础。"2019年12月，河南省委经济工作会议提出："要把制造业高质量发展作为主攻方向。"

河南省工业门类齐全，制造业具备良好发展基础，但仍然存在发展质量和效益不高、创新能力不强的问题。中部地区崛起、黄河流域生态保护和高质量发展这两大国家战略，为河南省转型升级、跨越发展提供了重大历史机遇。因此，河南省迫切需要推动制造业高质量发展，加快构建河南省现代产业体系，在中部崛起中奋勇争先。

一、研究背景与意义

（一）研究背景

从国际上看，21世纪以来，随着经济全球化的加速发展，发达国家都把制造业作为经济发展的主导部门和战略要地，围绕重振制造业的发展方向，在推动自主研发、高新技术产业等方面制定出台相关政策和规划，引导制造业转型升级，以确保该国制造业在世界工业体系中的主导地位。如美国通过制造业发展重塑全球竞争优势，制定出台《美国先进制造业领导战略》《先进制造业国家战略计划》《重振美国制造业框架》等多项政策文件明确制造业发展重点；日本出台《日本创新战略2025》《第五期科学技术基本计划（2016—2020）》《日本再兴战略2016》《机器人新战略》等政策，明确将机器人技术、传感器技术等作为未来产业发展的重点；德国提出实施"工业4.0"战略和《国家工业战略2030》，积极发展智能制造，提升德国工业竞争实力，保持其在制造业的强势地位；英国建设"先进制造研究中心"，着力打造人工智能（AI）的全球中心；法国提出"新工业法国战略"，重点发展智能电网、物联网、环保汽车等未来工业。

从国内看，改革开放以来尤其是十九大后，我国不断加大创新创业支持力度，围绕产业链部署创新链，围绕创新链配置资源链，全力推动新一代信息技术与制造业深度融合，产业规模不断壮大，制造业门类齐全，产业集聚度高，拥有良好的产业生态，早在2010年我国制造业增加值超过美国成为第一制造业大国，是名副其实的"世界工厂"。目前以及未来数十年，中国将一直成为世界产业价值链的中心。但是制造业"大而不强"是制约中国经济水平持续快速提升的短板，对中国经济高质量发展产生较为深远的影响。为了进一步加快"中国制造"向"中国智造"转变，推动由"世界工厂"向"世界创新中心"转变，2015年5月国务院发布实施《中国制造2025》战略计划，明确提出建设"制造业强国"，发展技术含量高的重大装备等先进制造，推动制造业由大变强。该计划指明了今后我国制造业改革、转型和升级的方向及路径，对提升中国制造业在全球的地位和竞争力具有重要战略意义。

从全省看，河南省是全国重要的能源原材料基地、制造业基地，早在中华人民共和国成立初期，国家就选定河南省作为重点投资建设的工业基地，在"一五"至"三线"建设时期，国家在河南省投资建设了一大批项目，形成了郑州、洛阳、平顶山、南阳、新乡、焦作、安阳和开封等8座城市老工业基地，制造业发展基础较好，为全国工业发展做出了重要贡献。2018年，河南省GDP总值达到48055.86亿元，工业增加值达到 19781 亿元，其规模分别稳居全国第 5 位和第 4 位。尽管河南省制造业发展迅速，但其长期以来主要依靠能源原材料和劳动力红利优势发展，其内部结构不合理，产业同质性较强，高能耗高污染的产业较多，产品附加值低，精深加工能力较弱，战略新兴产业和高新技术产业基数小、科技含量不高等，使其经营发展模式与生态环保、绿色可持续发展的要求极不相匹配，亟须推动转型升级高质量发展。制造业的发展缓慢严重制约了全省经济的可持续发展，河南省 GDP 的增长速度已经连续 7 年下滑，尽管与其处于"经济新常态"阶段有关，但也与制造业发展质量不高、发展速度较慢息息相关。随着"制造革命"的到来，互联网、大数据、物联网、人工智能等新一代信息技术的普遍应用，河南省制造业将加速向高端化、智能化、特色化、绿色化方向发展，积极发展智能制造、工业互联网，实现以发展优势产业推动产业结构优化升级，以构建自主创新体系推动创新驱动发展，全力建设"制造强省""经济强省"。

（二）研究意义

进入新世纪，随着新一轮科技革命和产业革命不断深化，制造业尤其是高端制造业越来成为各地争抢未来竞争战略制高点的焦点。十九大以来，习近平总书记在多个省份调研时都提到制造业的重要性，河南省在中部地区乃至全国拥有较大的制造业规模，但亟须创新发展路径实现高质量发展。因此，研究河南省制造业创新发展路径对全面落实创新驱动战略、培育厚植经济新优势、推动经济转型升级、构建现代产业体系、实现经济高质量发展具有重要的现实意义和战略意义。

本文按照制造业高质量发展的要求，紧密对接《中国制造 2025》和"工业 4.0"等发展战略，搜集分析全省制造业历年数据，通过对全省自身及与发达省份的横向和纵向比较，明确传统制造业亟须破解的瓶颈与存在困难，积极探索河南省制造业发展的路径，提出创新驱动发展的路径和政策体系，对河南省推动制造业转型升级、高端发展具有一定的借鉴意义。

二、制造业发展特征及模式

（一）制造业概念及分类

制造业指将物料、能源、设备、工具、资金、技术、信息和人力等制造资源，按照市场要求，通过制造过程转化为可供人们使用和利用的大型工具、工业品与生活消费产品的行业。简而言之就是把物品变成另外一种新产品，在变换过程中这些物品经历了物理变化或者是化学变化。制造既包括手工劳动也包括机械劳动，还包括建筑设计中的半成品、产成品的制造，以及建设安装等活动。根据我国《国民经济行业分类标准》（GB/T 4754-2017），我国国民经济行业分为农、林、牧、渔业，采矿业，制造业，电力、热力、燃气及水的生产和供给、建筑业、批发零售业等20个大类，制造业属于国民经济行业分类的C门类，包括农副食品加工业，食品制造业，酒、饮料和精制茶制造业等31个大类（见表1）。

表1 我国制造业31大类代码及名称

代码	名　　称	代码	名　　称
13	农副食品加工业	22	造纸和纸制品业
14	食品制造业	23	印刷和记录媒介复制业
15	酒、饮料和精制茶制造业	24	文教、工美、体育和娱乐用品制造业
16	烟草制品业	25	石油煤炭及其他燃料加工业
17	纺织业	26	化学原料和化学制品制造业
18	纺织服装、服饰业	27	医药制造业
19	皮革、毛皮、羽毛及其制品和制鞋业	28	化学纤维制造业
20	木材加工和木、竹、藤、棕、草、制品业	29	橡胶和塑料制品业
21	家具制造业	30	非金属矿物制品业

续表

代码	名　称	代码	名　称
31	黑色金属冶炼和压延加工业	38	电气机械及器材制造业
32	有色金属冶炼和压延加工业	39	计算机、通信和其他电子设备制造业
33	金属制品业	40	仪器仪表制造业
34	通用设备制造业	41	其他制造业
35	专用设备制造业	42	废弃资源综合利用业
36	汽车制造业	43	金属制品、机械和设备修理业
37	铁路、船舶、航空航天和其他运输设备制造业	44	

资料说明：根据我国国民经济行业分类（GB/T 4754-2017）门类。

（二）制造业的产业特征

制造业是指引着一个区域的经济发展方向，对地方经济快速发展，占领一个国家或地区的经济高地起着至关重要的作用。

1. 制造业具有较强的领先性和垄断性，其高质量发展将推动传统产业颠覆性、革命性变化

制造业涉及行业门类较多。随着人工智能、未来网络、前沿新材料等新产业或新业态的出现，高技术含量、高附加值、位于价值链高端的制造业发展前景十分广阔且均处于业化突破前的技术领域。此外，高端制造业发展都是建立在前沿技术基础上，都是多个学科综合支持、融合发展的结果。其技术策源地具有区域"锁定效应"，一旦前沿技术取得突破性进展，开始全面进入商业化中，技术策源地将率先取得先发优势，成为该技术和产业的中心，从而获得巨大技术红利、商业红利。

2. 制造业具有较强的发展潜力和动力，将带动产业融合发展形成更多新的产业集群

制造业的产业链条所依赖的前沿技术应用范围广，且均是发展新领域和"处女地"。如果未来产业发展壮大，必将为周边研发、应用、制造、服务等提供更多的发展机遇，形成更多新的产业集群，并呈现出爆发式的增长态势。从微笑曲线看，制造业将加速从底端的生产制造向两边的研发设计和营销服务等方向融合发展，进而形成新的产业业态和产业集群。

3. 制造业发展基础较好，但发展制约点较多，转型高端发展壮大需要较长一段时间

目前制造业仍以高耗能高污染的产业为主，需要有持续的环境容量和资源支撑。但转型发展高端产业，既存在核心技术缺乏瓶颈，也存在资金、人才、土地等支撑力不足的瓶颈，市场收益较低，转型发展需要较长一段培育期。但高端制造业代表先进技术的发展方向，对社会的可持续发展具有重要战略地位，只有超前部署，未来才有可能转变为有丰厚收益回报的产业领域，需要政府持久推进，在政策、资金、土地等方面给予大力支持。

（三）制造业创新发展模式

引领制造业高质量发展，创新是第一动力。因此，推动制造业创新发展的模式有以下两种：

1. 对传统制造业的升级再创新

主要通过对传统制造业在技术方面的颠覆性创新，带动产品和市场全方位突破，形成庞大的未来产业体系。通过采用互联网、大数据、人工智能等新技术，对传统制造业、传统服务业和传统农业进行智能化、网络化改造，推动发展新型产业业态、新型产业模式，实现新产业的全方位融合，进而推动传统产业转型升级。

2. 对新兴制造业的培育壮大

新兴制造业是通过采用云计算、物联网、区块链、大数据等，对产业发展的技术、产品、市场线进行持续性创新，进而实现产业自身的突破性发展，在制造业、服务业协同框架的集成应用场景下，逐渐发展壮大成为区域基础产业和主导产业。

(四) 制造业创新发展趋势和路径

随着大数据、区块链、互联网等新一代信息技术的广泛应用，制造业呈现出高端化、精致化、智能化、绿色化的发展趋势，需要有技术更加成熟更具活力的市场主体、更为包容的全球价值链、更有弹性的商业模式、更趋开放的产业生态系统，更加"共享"的生活方式，进而带动众多产业深刻变革和创新。主要表现为以下几点：

1. 制造业高端化发展，形成一批新兴主导产业

在大数据时代，数据成为全球价值链上配置的重要资源，数据资产决定了未来产业的发展模式和方向，制造业与新一代信息技术全面融合，人工智能、工业互联网、工业软件、智能制造系统集成、高端装备制造、无人驾驶汽车、高端机器人等步入产业化阶段。

2. 制造业精致化发展，推动个性化定制快速发展

随着新科技助力消费行为由传统的"拥有+消耗"转变为"使用+体验"，物联网重塑生产要素和市场的关联方式，区块链架构最接近完全市场化的图景实现"机器取代人类"，将全面加速产业融合发展，全球化、个性化制造方式将取代大规模生产和大规模定制模式，成为主流生产范式，制造业将向个性化、定制化、小批量的方向发展。

3. 制造业智能化发展，"第五产业"深度纵向融合成为发展主流

居民收入的持续增长不断推动需求升级，消费者需求不仅停留在对产品的需求，更多的在于对服务的追求。因此，未来产业发展必将以"产品"为核心向"消费者"为核心转变，以"生产"为本到以"生产+服务"或"服务"为本转变，第五产业（制造业+服务业）将成为未来产业发展的主流。如微软、谷歌、脸书等ICT和互联网公司布局新型智能硬件制造环节，推动制造企业从"销售产品"向"出租产品""销售服务""提供一体化解决方案"转变，为顾客实施产品全生命周期服务，实现协作共赢，共创分享。

4. 制造业绿色化发展，低碳共享经济成为产业发展的重要趋势

制造业安全是国家经济安全的核心。随着全球化"低碳革命"的兴起，低碳农业、低碳工业、低碳服务业的完整产业链和生态圈不断建立，实现"低能耗、低污染、低排放"发展。网络支付方式和基于云端的网络搜索、识别核实、移动定位等网络技术的流行，推动共享经济快速发展，涉及在线创意设计、营销策划到餐饮住宿、物流快递、资金借贷、交通出行、生活服务、医疗保健、知识技能、科研实验等领域，使产消者可以在社会共享中免费进行相互协作，创造新的信息技术和软件、新形式的娱乐、新的学习工具、新的媒体、新的绿色能源。

三、国内外发达国家和地区制造业创新发展借鉴

（一）国外发达国家制造业创新发展案例

在推动制造业高端创新发展上，美国、德国、日本等发达国家已率先起步，超前谋划、抢滩布局，积累了一定的实践经验。

1. 美国：工业互联网引领新制造时代

美国依托其软件和互联网经济在国际领先优势，紧跟科技发展和市场需求的步伐，积极实施"再工业化"战略，通过发展工业互联网激活传统工业，培育发展制造业新技术和新劳动力，发展以物联网、大数据、云计算为支撑的新制造及服务，通过产业与应用层面紧密结合，缩短产业化周期，带动商业模式重构和消费升级，实现以高技术制造业的快速增长推动工业内部结构持续优化，保持制造业长久竞争力。目前，美国已经进入"新制造时代"，重点发展三大未来产业。一是基于传统互联网技术的延伸和拓展，包括移动互联、TMT（Technology, Media, Telecom）数字新媒体、移动支付、O2O平台等。二是智能硬件，从新型可穿戴设备到机器人、智能电视、智能家居、无人驾驶汽车、医疗健康、智能玩具等。三是生物（医疗）科技，通过与大数据、微型智能传感器等新型软硬件技术嫁接，开始由制药转向医疗服务及产品，包括无痛验血、糖尿病随身监测、基因测序、定制医疗等。同时，美国通过明确政府职能、建立工业互联网联盟，培育STEM（Science, Technology, Engineering and Mathematics）制造业高端人才，全力推动制造业创

新发展。

2. 德国：工业 4.0 催生大脑科学

大脑科学是 21 世纪最富有挑战性的重大科学问题，被视为未来新的经济增长点和引领新科技革命的潜在引擎。大脑科学通过"认识脑""保护脑"，最终实现"创造脑"突破，大力发展人工智能和机器人技术，实现人机交互，让人类可以完全按自己的意识操作机器。德国提出工业 4.0，大力推动创新发展，依托工业互联网实现传统制造技术和制造装备与互联网等技术融合，推动制造企业向"智造"企业转型，进而掌控国际标准制定的话语权。"工业 4.0"主要包括两个方面：一是"智能工厂"。通过研究智能化生产系统及过程，以及网络化分布式生产设施实现。二是"智能生产"。主要涉及整个企业的生产物流管理、人机互动以及 3D 技术在工业生产过程中的应用。如西门子"数字化企业平台"、宝马集团的虚拟手势识别系统、大众用机器人制造汽车、ABB 全系列机器人产品、博世力工厂智能化的射频码系统、SAP 云平台等。

3. 日本：机器人"社会 5.0"

日本于 2016 年提出"社会 5.0"的构想，即最大限度地利用 ICT 技术，通过网络空间与物理（现实）空间融合，以智能化的精准技术和服务营造更有活力和舒适度的日本，共享给人人带来富裕的"智慧社会"。为全面打造"智慧社会"，日本确立了以机器人技术创新带动制造业、医疗、护理、农业、交通等领域结构变革的战略导向。日本机器人领域种类齐全，涉及工业、服务业、食品、药品、化妆品、养老、救援等领域，如安川电机的关节机器人、不二越公司的大型搬运机器人、点焊和弧焊机器人、涂胶机器人、高温等恶劣环境中用的专用机器人、精密机器配套的机器人和机械手臂等。

（二）国内发达省份制造业创新发展案例

为了抢占未来经济制高点，国内发达省份紧盯人工智能、量子技术、虚拟现实、增材制造、商用航空航天等前沿领域，加快实施战略布局发展，以期在新一轮经济增长周期前抢占先机。

1. 浙江省全力推动"四换三名"

新世纪以来，浙江省坚持以"八八战略"为总纲，着力打破传统发展模式的路径依赖，加快推进产业转型升级，经济发展方式实现了由数量扩张型向质量效益型的转变。一是大力发展高科技产业。浙江大力实施创新驱动发展战略，着力壮大经济新动能，新经济、新业态、新模式不断涌现。2016年，浙江高新技术产业增加值同比增长9.7%，对规模以上企业的工业增长贡献率达57.4%，科技创新成为产业转型的主要驱动力。二是全面优化要素配置。浙江充分发挥民营经济活跃、民营资本充沛、市场机制完善的发展优势，加速集聚各类高端创业创新要素，要素结构从低水平的资源、廉价劳动力等初级要素，加快向技术、资本、人才等高端要素转变，成为全国创新、创业的发展高地。三是大力推进"四换三名"。浙江省全面推进腾笼换鸟、机器换人、空间换地、电商换市的步伐，大力培育名企、名品、名家，实现以高端替换低端、智能替换人工、集约替换粗放、新型替换传统，进一步增强产业竞争力、劳动生产力、土地配置力和市场开拓力，以新的体制机制和新的增长方式提升浙江的产业竞争力。四是全面优化生产力空间布局。浙江科学引导城乡生产力合理布局，全力建设杭州、宁波、温州、金华—义乌四大都市区，探索建设杭州大江东、杭州城西科创、宁波杭州湾等15个省级产业集聚区，集聚高端要素、高端产业，以中心城市、产业集聚区带动周边县区、特色小城市、卫星城镇的一体化发展。

2. 江苏省大力发展延伸全球价值链和创新链

江苏省通过大力提升科技支撑作用、加大优秀人才引进力度、加强创新载体建设、探索科技金融结合新模式、鼓励跨国公司研发本土化等方式，推动产业转型升级。一是建设创新大省。江苏省在全国最早提出建立"创新型省份"，以创新驱动作为经济社会发展的核心战略，大幅度提高科技进步对经济增长贡献率。目前，江苏省与70多个国家和地区建立了长期稳定的科技合作关系，与26个发达国家148个专家建立引智合作关系，建设国家级国际合作基地18个，引进外资研发机构411家，支持26个本土企业建立海外研发机构，区域创新能力连续两年保持全国首位。二是集聚高端人才。出台"江苏省高层次创新创业人才引进计划""科技创新创业双千人才工程""科技企业家计划""企业青年博士计划"等，先后吸引高层次人才近9万名，创新创业团队2200多个、高层次创新创业人才918名，其中列入国家"千人计划"120名。三是推动空间集聚。依托开发区、科技园区和专业园区，加强创新平台建设，推动产业向高端化、集聚化方向发展，着力打造骨干企业支撑型、科技创新推动型、产业链条带动型等三类特色产业基地，先后建设16个国家和省级高新技术产业园区，其中，国家级高新区7个，创造了全省34%的高新技术产业产值和60%的新兴产业产值。四是发展开放型经济。江苏省高度重视产业创新国际化，建设具有全球影响力的产业科技创新中心，提升跨国公司对本土产业转型升级的带动和溢出效应，着力集聚全球创新资源，大力引进和转化先进技术成果，为突破关键核心产业技术提供了有力支撑。

3. 深圳市规划建设7个未来产业集聚区

深圳市于2013年12月率先采用"未来产业"概念，出台"1+3"政策体系，全面支持生命健康、海洋、航空航天以及机器人、可穿戴设备和智能装备等未来产业发展。同时连续7年，每年安排10亿元，在未来产业的核心技术攻关、创新能力提升、产业链关键环节培育和引进、重点企业发展、产业化项目建设等方面，实施专项支持。同时开启的"bt（生物）+it（信息）"双峰会模式，成立未来产业促进会、未来产业论坛。另外，在全市谋划建设十大未来产业集聚区，重点引入国家重点实验室、工程实验室、工程中心和技术中心，引入并扶持华大基因研究院等高端研究机构，加大与国内外知名大学合作，力争始终保持领跑全国、并跑全球一流城市。截至2017年年底，已首批授牌7个未来产业集聚区（见表2）。7个集聚区涵盖生命健康、军工、航空航天、机器人、智能装备等未来产业，规划用地总面积约50平方千米，预计总投资超 2000 亿元。

表 2 深圳市 7 大未来产业集聚区基本情况

未来产业集聚区	范围	定位	目标	规划
龙岗阿波罗	位于深圳龙岗区横岗园山街道。规划用地面积 16.1 平方千米	打造成为国家军民融合创新示范区、产业集聚区、产城融合引领区和大众创业万众创新实验区	到 2020 年，预计总投资超过 200 亿元，形成百亿级产业集群	重点发展"军转民""民参军"等军民融合产业和无人机、航空电子、卫星导航、航空航天材料等产业
南山留仙洞	深圳留仙大道以南，规划用地面积 1.35 平方千米	打造以未来产业总部基地和研发中心为特色的综合性未来产业集聚区	到 2020 年，预计完成投资额 400 亿元左右，产值规模超过 1000 亿元	重点发展航空航天、机器人、生命健康等未来产业，集聚未来产业领域的总部企业和高增长科技型企业
观澜高新园	以观澜高新园区为核心，规划用地面积 7.03 平方千米	打造综合性未来产业集聚区、高新技术企业总部经济集聚区和自主创新基地	到 2020 年，预计总投资近 200 亿元，形成近 300 亿级生命健康和智能制造产业集群	重点发展生命健康、智能装备制造等未来产业
大鹏坝光生命健康	位于大鹏区葵涌办事处坝光片区，规划用地面积 9.4 平方千米	打造集科研、孵化、教育、健康服务为一体的全球生物科技创新资源集聚区和深圳生命健康产业发展的核心引擎	到 2020 年，集聚区预计总投资 600 亿元，生命健康产业规模超过 100 亿元	重点发展生命信息生物医学工程、生物医药与高端医疗、生命健康服务、生物资源开发等产业
坪山聚龙山智能制造	坪山新区东北部与惠阳和大亚湾毗邻，规划用地面积 6.74 平方千米	打造成为全球知名的机器人产业集聚基地、享有重要影响力的智能制造基地	到 2020 年，预计总投资超 1200 亿元，产值规模达 1000 亿元	重点发展机器人、智能制造等未来产业

续表

未来产业集聚区	范围	定位	目标	规划
宝安立新湖智能装备	位于深圳宝安立新湖片区，规划用地面积7.16平方千米	打造成为全国知名的智能装备制造产业基地和全球激光产业高地	到2020年，预计总投资规模达150亿元，产值规模超过800亿元	重点发展机械、汽车、电子、航空、军工等领域智能装备
高新区北区	规划用地面积2.58平方千米	打造产业更高端、资源更集聚的综合性未来产业集聚区和世界一流高科技园区	到2020年，预计总投资500亿元，形成产值规模超千亿元的新兴产业集群	重点发展智能制造、机器人、可穿戴设备、航空航天等未来产业

4. 多个省市谋划制造业发展方向

上海市绘制了全域产业地图，对各区域未来产业发展趋势、发展优势和产业链环节、产业资源等各类发展要素进行对接整合，实现对全域产业的统筹规划和布局。湖北省提出构建"一芯驱动、两带支撑、三区协同"区域和产业发展战略布局，"一芯驱动"，瞄准"国之重器"，以武汉国家中心城市引领，推动制造业高质量发展。四川省围绕创建制造业高质量发展国家级示范区，打造世界级产业集群，明确了"5+1"现代产业体系的施工图。

（三）启示借鉴

通过对世界发达国家、国内发达城市促进制造业创新发展的实践的研究，为河南省制造业创新发展提供以下启示和借鉴。

1. 超前谋划，明确发展方向

制造业创新主要围绕着高端、智能、绿色制造业发展，推动制造业创新发展具有较强的前瞻性和不确定性，其发展既面临重大机遇，也面临一定风险。因此，河南省在推动制造业创新发展时，既要大胆向前看，围绕新兴产业、未来产业大力谋划，培育发展新的经济增长点，同时也要兼顾当前发展，结合优势，合理遴选制造业，严禁冒进发展、平均用力、全面撒网。

2. 结合实际，错位特色发展

制造业高质量发展是建立在前沿技术基础上的，市场需求也是靠政策推动的，未来发展需要不需要这一产业领域或有没有更好的替代性产业不可准确预知。因此就要求在选择未来产业细分领域上，要紧密结合实际，紧扣本地产业发展趋势，在综合资源禀赋、产业基础、科研实力的基础上，按照扬优势、突特色、求实效的原则，合理选择重点产业的细分领域，全面落实因地制宜、特色错位发展战略。

3. 开放创新，加强战略合作

制造业高质量发展需要全面依托前沿技术、模式、业态创新，特别是前沿科学技术，需要实施开放式创新，在更大范围内统筹创新资源，实施研发、应用、制造、销售等全方位、全领域创新。因此，在全面整合本地创新资源、打造高端创新平台、全面推进自主创新的基础上，未来产业还应当主动跟踪国际未来产业前沿技术发展趋势，深化与国内外大院大所、新型研发机构的合作，积极培育本区域具有领先优势的制造产品，巩固提升本区域产业核心竞争力。

4. 加大支持，优化发展环境

制造业高质量发展要符合当下市场需求，需要政府大力支持。因此需要政府事先进行充分的调查研究，科学规划筹划。不仅要明确制造业发展的阶段目标、重点方向及政策支持，还需要及时跟进制造业变化，及时制定细分领域行业更具针对性的人才、技术、土地、资金等政策保障措施，在创新平台驱动、企业梯队培育、区域集群发展、产业环境优化等方面，形成相对完善的政策保障体系。

四、河南省制造业发展现状分析

（一）河南省经济发展水平分析

河南是农业大省、人口大省，河南省经济发展对全国经济发展起着重要支撑作用。截至2018年年底，河南省总人口达到1.09亿人，常住人口为0.9605亿人，占全国总人口的6.9%，位居全国第三位（仅次于广东省和山东省），城镇化率增幅位居全国第一位。

1. 经济总量位居全国前列，但人均GDP仍然较低

2018年河南省地区生产总值48055.86亿元，是2013年的1.47倍，占全国地区生产总值比重为5.3%，比2013年降低0.4个百分点（见表3）。

表3 2013—2018年河南省经济发展主要指标及占全国的比重

年份	地区生产总值（亿元）	人均生产总值（元）	第一产业（亿元）	第二产业（亿元）	第三产业（亿元）	生产总值占全国比重（%）	人均生产总值占全国比重（%）	第一产业占全国比重（%）	第二产业占全国比重（%）	第三产业占全国比重（%）
2013	32778.04	34304	3827.20	16942.15	11508.69	5.7	81.5	7.1	7.1	3.9
2014	35026.99	37166	3988.22	18041.82	12996.95	5.5	79	7.2	6.5	4.2
2015	37084.20	39209	4015.56	18156.04	14912.60	5.4	78.4	6.9	6.4	4.3
2016	40249.23	42341	4063.65	19275.82	16909.76	5.4	78.9	6.7	6.5	4.4
2017	44552.83	46674	4139.29	21105.52	19308.02	5.4	78.2	6.3	6.3	4.5
2018	48055.86	50152	4289.38	22034.83	21731.65	5.3	77.6	6.6	6	4.6

数据来源：河南省统计公报、河南省统计年鉴。

从全国省（直辖市、自治区）看，河南省GDP稳居全国第5位，仅落后于广东、江苏、山东和浙江省。从GDP增速来看，受经济新常态的影响，河南省GDP增速与全国趋势一样，均呈现下降趋势，但整体上，河南省的GDP增速平均比全国GDP增速高出1个百分点（见图1）。

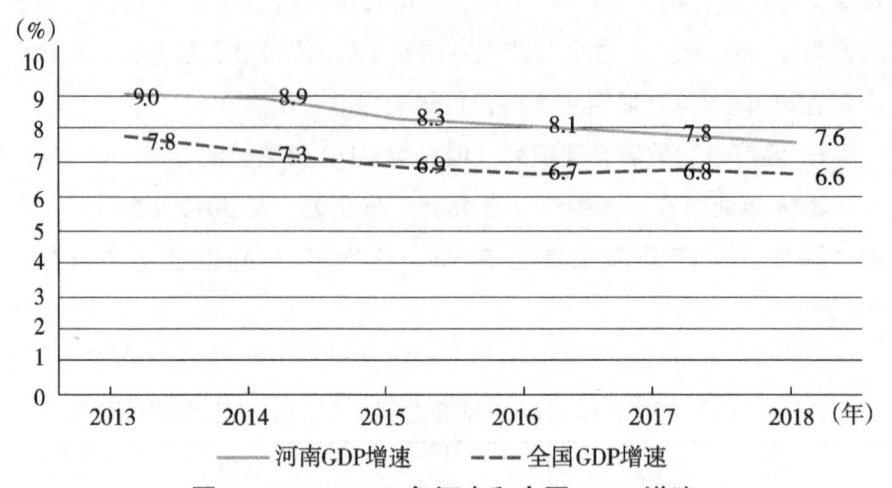

```
(%)
10
 9    9.0      8.9
 8                      8.3      8.1      7.8
 7   -7.8     -7.3-                                 7.6
 6             -      -6.9-    -6.7-    -6.8-    -6.6
 5
 4
 3
 2
 1
 0
     2013    2014    2015    2016    2017    2018 (年)
         —— 河南GDP增速      ---- 全国GDP增速
```

图1　2013—2018年河南和全国GDP增速

数据来源：河南省统计公报、河南省统计年鉴。

从整体发展水平分析，尽管河南省GDP总量较大，但人均GDP较低，河南省GDP占全国的比重低于人口占全国人口比重，且2018年河南省GDP占全国比重比2013年明显下降，这和河南省作为人口大省很不匹配，当前及今后一段时间，河南省依然需要继续提高生产总量。

2. 产业结构不断优化，但第三产业占比仍然较低

河南省三次产业结构变化趋势与配第—克拉克趋势相吻合，即第一产业占生产总值比重不断减少；第二产业占生产总值比重逐年下降，呈现与第三产业持平态势；第三产业占比逐渐增加。2018年，全省三次产业结构比为8.9∶45.9∶45.2。第一产业占生产总值的比重比2013年下降3个百分点，但比全国平均水平高1.7个百分点；第二产业占生产总值的比重比2013年下降6.3个百分点，但比全国平均水平高5.2个百分点；第三产业占生产总值比重比2013年上升9.5个百分点，但比全国平均水平低7个百分点（见表4、图2）。

表4 2013—2018年河南省与全国三次产业结构演变对比

年份	地区	第一产业 GDP 占比（%）	第二产业 GDP 占比（%）	第三产业 GDP 占比（%）
2013	河南	11.9	52.2	35.7
	全国	9.3	44.0	46.7
2014	河南	11.4	51.5	37.1
	全国	8.7	43.3	48.0
2015	河南	10.8	49.0	40.2
	全国	8.4	41.1	50.5
2016	河南	10.1	47.9	42.0
	全国	8.1	40.1	51.8
2017	河南	9.3	47.4	43.3
	全国	7.9	40.5	51.6
2018	河南	8.9	45.9	45.2
	全国	7.2	40.7	52.2

数据来源：河南省统计公报、河南省统计年鉴。

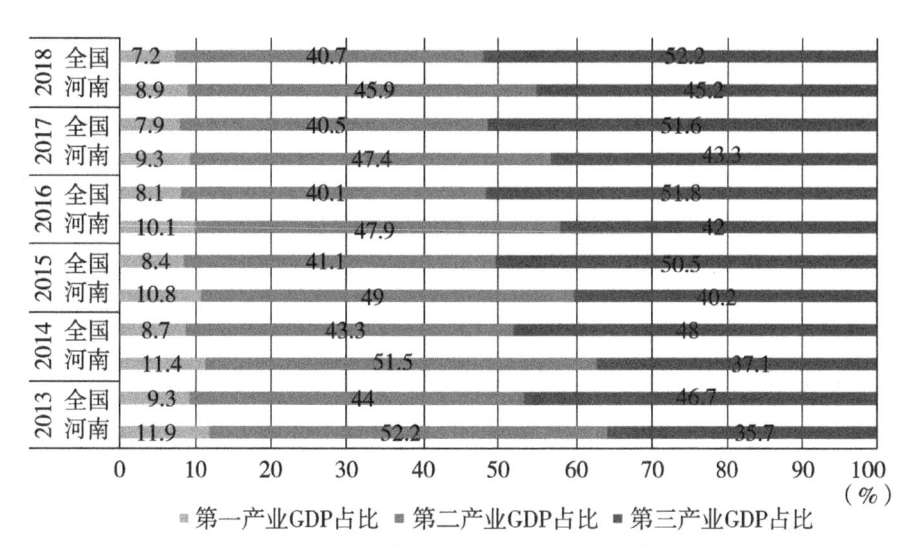

图2 2013—2018年河南省和全国三次产业比重对比（%）

数据来源：河南省统计公报、河南省统计年鉴。

河南省产业结构演变趋势主要表现为：河南省第一产业、第二产业占比持续下降，第三产业占比稳步提升，产业结构持续优化，产业转型升级取得较好成效。但河南省产业结构优化与全国相比仍存在一定差距，需要进一步加快产业结构调整速度和效率。这种情况出现的原因：一是与河南省在全国农业中的重要地位分不开，第一产业占生产总值的比重较高，需要进一步推动发展现代农业，实现农业由扩量向提质转型。二是河南省服务业尤其是生产性服务业发展仍存在短板，河南省作为人口大省，服务业发展仍主要依靠商贸物流、住宿餐饮、交通运输等传统服务业，亟须匹配发展与制造业互动融合的金融、科技、商务、创意等生产性服务，推动服务业向高端发展。三是河南省制造业转型升级的速度仍然较慢，高端制造业、战略性新兴产业培育不足，对全省产业结构优化有一定制约作用。

3. 发展速度较快，但发展质量仍然亟待优化

近年来河南省抢抓郑洛新自创区、航空港实验区、自贸区等国家战略，布局了一批科技研发、现代物流、电子信息等新兴产业，新业态不断涌现。但重大科技成果、前沿科学研究等较少，在大数据、云服务、科技研发等领域发展落后。而中部地区的湖北、湖南、安徽等地加快布局和发展智能装备、人工智能、大数据云计算、互联网等新产业新技术新业态新模式：小米、小红书、科大讯飞、慕声科技、跟谁学、江民科技等品牌企业纷纷在武汉设立总部或"第二总部"，武汉成为国内新的"互联网之都"；湖南高新技术产业增加值突破8000亿元；墨子、高分五号卫星、"人造太阳"东方超环等一批又一批的科技创新成果在安徽诞生。从城镇化率来看，尽管近年来河南省着重加快农业转移人口市民化步伐、推进城镇化发展方式转变，但农业人口基数太大，城镇化率尽管持续提升，却仍然位居中部地区末位。2018年，河南省城镇化率为51.71%，低于湖北省的60.30%、湖南省的56.02%、安徽省的54.69%、江西省的56%、山西省的58.41%。

(二) 河南省制造业发展现状研究

河南是全国重要的能源原材料基地。制造业为河南省实体经济的发展贡献了将近一半的成绩，它是河南省产业优化升级的重点，也是河南省实体经济的支柱和支撑。正是由于制造业关乎产业优化升级的效果，先进制造业一直是河南省产业结构调整的重点。

1. 河南省工业发展对促进经济增长做出重大贡献

河南省第二产业发展是推动全省经济发展的重要力量。2013年，河南省第二产业增加值总量稳居全国第4位。但随着我省进入工业化后期阶段，产业转型升级步伐加快，服务业发展迅速，从第二产业占GDP的比重看，2013年第二产业占GDP的比重达到55.38%。"十三五"以来，第二产业占GDP的比重呈现逐步下降态势，2018年第二产业占生产总值的比重为45.85%，比2013年下降了近10个百分点，河南省产业结构调整成效显著，符合经济发展总趋势（见图3）。

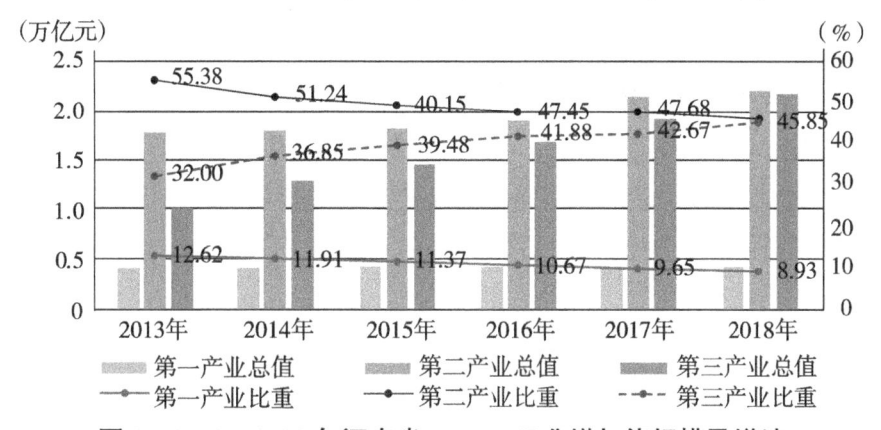

图3 2013—2018年河南省GDP、工业增加值规模及增速

资料来源：河南省统计公报、河南省统计年鉴。

2. 第二产业增长速度逐步放缓

河南省GDP增长速度持续六年实现增长，从2013年的32278.04亿元增加到2018年的48055.86亿元，年均增速达到8.3%。2013年、2014年第二产增加值增速高于GDP增速，但进入"十三五"以来，受到全球经济发展进入下行通道、产业转型升级等影响，第二产业增长速度明显放缓，2013—2018年河南省第二产业增加值年均增长5.4%个百分点，低于全国平均水平1.8个百分点。河南省第二产业增加值占全国增加值的比重由2013年的7.1%下降到2018年的6%（见图4）。

图4 2013—2018年河南省GDP增速及全部工业增加值增速

数据来源：国家统计年鉴。

3. 规模以上工业企业发展态势良好

从图5可以看出，河南省规模以上工业企业不仅数量增多，而且发展质量和发展效益良好，工业企业经营水平和管理能力有了大幅提高。2013—2017年间，规模以上工业增加值增速高于全部工业增加值增速。

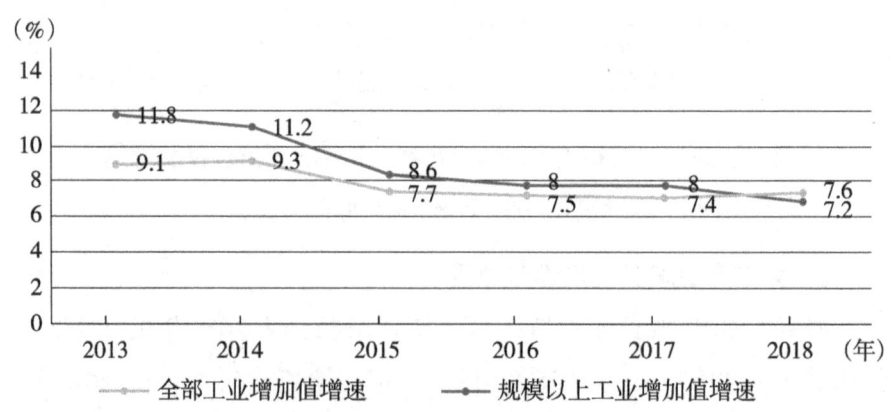

图5 2013—2018年河南省全部工业及规模以上工业增加值增速

数据来源：河南省统计公报、河南省统计年鉴。

4. 形成一批百、千亿级产业集群

近年来，河南积极培育壮大装备制造、食品制造、电子信息制造、新型材料制造、汽车制造等5大主导产业，初步形成一批千亿级、百亿级产业集群，工业贯标初步实现从资源型产业为主向高新技术产业为主的转型发展。装备制造业是我省第一大产业和高成长性产业，拥有郑州、洛阳、新乡、焦作、许昌等5个千亿级产业集群，南阳、开封、平顶山等7个百亿级产业集群，中国一拖、中信重机、许继集团、平高集团、中铁装备和宇通客车等一批国内行业领军企业，标志性产品和技术装备全国领先。食品制造是全国重要的优质小麦生产加工基地和优质畜产品生产加工基地，培育郑州、漯河、周口3大食品千亿级产业集群，开封、洛阳、安阳、鹤壁等23个百亿级产业集群，拥有3410家规模以上食品企业达3410家，全省小麦粉、饼干、速冻米面食品、方便面产量均居全国第一位，鲜冷藏肉产量居全国第三位。新型材料制造重点培育化工、冶金、超硬等优势材料，形成了郑州铝加工、洛阳有色金属制造、平顶山化工新材料、安阳钢铁制造、濮阳化工新材料、三门峡有色金属制造、济源金属材料等7个千亿级产业集群，鹤壁、新乡、焦作、许昌等25个百亿级产业集群。电子制造形成郑州电子信息千亿级产业集群和鹤壁、濮阳、周口、驻马店、济源百亿级产业集群基本形成，智能手机产业链逐步完善，全球重要的智能终端生产基地初步形成。汽车制造重点发展整车、专用汽车及汽车零部件，形成郑州千亿级产业集群和开封、洛阳、安阳、许昌、三门峡等5个百亿级产业集群（见表5）。

（三）河南省制造业发展存在问题

制造业是河南省深化供给侧结构性改革的重点。但河南省制造业仍存在一定的"傻大笨粗"，传统制造业多、高精深制造业少，随着生态环境倒逼效应突显，传统的粗放型发展方式，已经不能满足当前新常态下河南省制造业高质量发展的需求，一系列的挑战和困境问题迫切需要解决。主要表现为：

表5 河南省千亿级、百亿级产业集群

产业集群	产业集群（产业集聚区）	县（市）分布
千亿级产业集群	装备制造（5个）	郑州、洛阳、新乡、焦作、许昌	郑州经济技术产业集聚区、郑州高新技术产业集聚区、郑州上街装备产业集聚区、荥阳、巩义；洛阳高新技术产业集聚区、洛阳空港产业集聚区、洛阳市先进制造业集聚区、洛阳市先进制造业集聚区、洛阳市洛新产业集聚区、洛阳工业产业集聚区、宜阳、洛阳市伊滨产业；新乡高新技术产业集聚区、新乡工业产业集聚区、延津、长垣产业集聚区；焦作经济技术产业集聚区、武陟、温县、孟州、博爱；许昌经济技术产业集聚区、禹州、长葛、鄢陵、襄城；南阳高新技术产业集聚区、唐河和西峡
	食品制造（3个）	郑州、漯河、周口	郑州经济技术产业集聚区、郑州马豪、新郑新港；漯河经济技术产业集聚区、临颍、漯河淞江、漯河市东城；周口经济技术产业集聚区、沈丘、郸城、项城和鹿邑
千亿级产业集群	新型材料（7个）	郑州铝加工、洛阳有色金属制造、平顶山化工新材料、安阳钢铁制造、濮阳化工新材料、三门峡有色金属制造、济源金属材料	巩义市、洛阳市石化产业集聚区、新安、伊川洛阳高新技术产业集聚区、洛阳市洛龙区、舞钢、平顶山化工产业集聚区、安阳县、渑池、义马
	电子制造（1个）	郑州市	郑州高新技术产业集聚区、郑州高新技术产业集聚区
	汽车制造（1个）	郑州市	郑州经济技术产业集聚区、郑州市中牟汽车产业集聚区

续表

产业集群	产业集群（产业集聚区）	县（市）分布
百亿级产业集群	装备制造（7个） 南阳、开封、平顶山、驻马店、周口、安阳、济源	南阳高新技术产业集聚区、唐河县、西峡县；开封汴西产业集聚区；平顶山高新技术产业集聚区、郏县；驻马店装备产业集聚区、汝南县；周口太康县；安阳林州市；济源市虎岭产业集聚区
	食品制造（9个） 开封、洛阳、安阳、鹤壁、焦作、许昌、商丘、驻马店、信阳	杞县、宜阳县、汤阴县、浚县、鹤淇、温县、长葛市、商丘市梁园、遂平县、沁阳市、潢川县
	新型材料（7个） 鹤壁、新乡、焦作、许昌、信阳、济源、商丘	鹤壁市宝山循环经济产业园、新乡经济技术产业集聚区、孟州市、长葛市、信阳市上天梯产业集聚区、信阳明港产业集聚区、济源市玉川、济源市虎岭产业集聚区和永城市
	电子制造（5个） 鹤壁、濮阳、周口、驻马店和济源市	鹤壁市金山产业集聚区、濮阳县、西华、泌阳和济源市虎岭产业集聚区
	汽车制造（5个） 开封、洛阳、安阳、许昌和三门峡市	通许、偃师、林州、长葛、三门峡经济技术产业集聚区

1. 制造业内部结构不合理，高耗能工业多，战略性新兴产业和高技术制造业发展速度缓慢

根据对制造业的细分小类研究发现，2018年传统产业、高耗能产业占据规模以上工业增加值的比重分别为46.6%、34.6%，分别比2017年增加了2.6个百分点、1.9个百分点。而战略性新兴产业、高技术制造业占规模以上工业增加值的比重分别为15.4%、10%（见图6）。

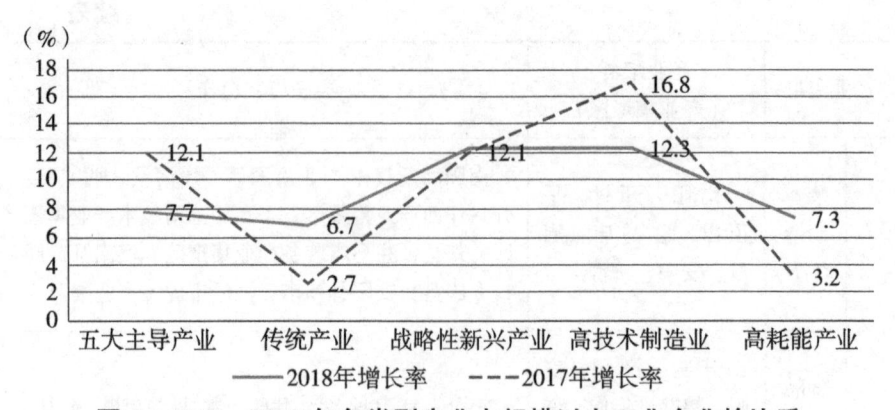

(%)
18
16   16.8
14
12   12.1   12.1   12.3
10
 8   7.7
 6   6.7   7.3
 4
 2   2.7   3.2
 0
    五大主导产业   传统产业   战略性新兴产业 高技术制造业   高耗能产业
         —— 2018年增长率   ---- 2017年增长率

图 6　2017—2018 年各类型产业占规模以上工业企业的比重

数据来源：河南省统计公报、河南省统计年鉴以及河南省政府工作报告。

此外，2018 年战略性新兴产业、高技术制造业增长速度分别为 12.1%、12.3%，战略性新兴产业增速与 2017 年基本持平，而高技术制造业则比 2017 年降低了 4.5 个百分点。2018 年传统产业和高耗能产业的增长速度分别为 6.7% 和 7.3%，分别比 2017 年上升了 4 个和 4.1 个百分点（见图 7）。

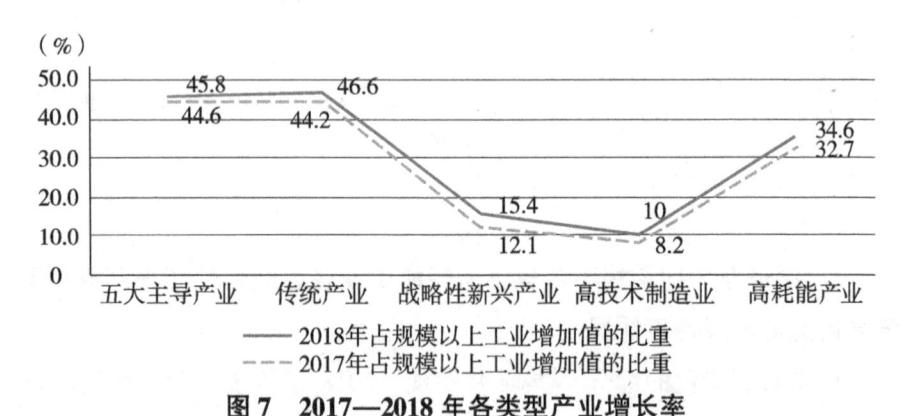

(%)
50.0
         45.8   46.6
40.0   34.6
        44.6   44.2   32.7
30.0
20.0
                            15.4   10
10.0   12.1   8.2
 0
    五大主导产业   传统产业   战略性新兴产业 高技术制造业   高耗能产业
         —— 2018年占规模以上工业增加值的比重
         ---- 2017年占规模以上工业增加值的比重

图 7　2017—2018 年各类型产业增长率

数据来源：河南省统计公报、河南省统计年鉴以及河南省政府工作报告。

由此可以看出，河南省制造业仍以传统产业、高耗能产业为主，总体信息化、智能化和创造性水平不高，大部分制造业属于粗放型增长，对资源依赖性强、对环境影响较大，整体发展存在技术含量低、科技投入少、创新能力不足等问题。

2. 制造业投入科研费用比重偏低，创新驱动效果不显著

制造业的转型升级离不开创新。但河南省制造业中传统重工业和低技术含量的产业权重较大，具备自主研发能力且愿意投入研发费用的企业权重较低，拥有的发明专利总量少，且专利转化为经济效益的比率低，自主创新能力不高，河南省的科研开发数量和科技成果转化率无论是与全国还是与沿海地区相比，均相差甚远。究其原因：一是制造业科研投入水平较低。2018年，河南省R&D经费为671.5亿元，位居全国第9位，在中部地区位于第2位，（低于湖北省），但人均R&D经费约为702.5元，仅位居全国第16位、中部地区第4位（低于湖北省、安徽省和湖南省）；R&D经费投入强度为1.4%，低于全国平均水平0.79个百分点，位居全国第14位、中部地区第5位（低于湖北省、安徽省、湖南省和江西省）。科研经费投入不足严重制约了科技研发创新能力。二是制造业研发能力不足。目前河南省制造业所需的核心技术和重要配件装备大部分依靠从发达国家和技术领先国家进口，不具备自主生产能力，无法与一流的创新型企业竞争。制造业研发能力不足一方面在于缺乏具有较强研究水平的科研院所，河南省目前没有一所985高校，列入211高校计划的院校仅有郑州大学一所；另一方面河南省的发明专利数量较少，2017年，河南省每单位GDP发明专利授权量位于全国第20位，中部省份第4位。三是企业技术升级和创新能力不足。河南省高新技术企业较少，而在传统制造企业中，不少企业面临着技术升级与创新，但是由于技术改造升级的投资较高，技术风险压力大，导致企业在技术转型升级中望而生怯。高投资高风险的技术门槛，使得制造企业无法快速响应市场需求，造成了企业发展的恶性循环。传统制造企业越不敢于投资应用新技术，越容易在市场竞争中处于劣势地位，竞争力越弱，越容易在优胜劣汰法则下被市场所淘汰；与之同时，更加不敢投资新技术。这种恶性循环是河南省制造业高质量发展过程中的顽疾，需要完善技术创新的激励机制和技术风险分担机制,才能促进顽疾的快速分解。

3. 产业价值链低端化、高技术制造业和新兴产业增速缓慢

制造业的价值链提升主要体现为制造业的权重由低端制造业向中高端技术制造业提升。尽管近年来,河南省大力培育发展高技术制造业和战略性新兴产业,积极发展智能制造,郑州大数、洛阳机器人、许昌智能制造等产业发展迅速。但高技术制造业、战略新兴产业培育发展起点高、投入大、时间长、技术水平要求高,发展较为缓慢。一是河南省制造业仍以价值链中低端加工为主,高技术制造业和战略性新兴产业在整个制造业中份额较弱,增长速度边际递减。这与传统制造业去低能转高能的转型效果不明显有关,高端的技术、品牌、研发、服务等环节不能为制造业带来质的飞跃,模仿或仿造品充斥市场,无法形成核心竞争力,品牌效应和持续竞争力发展态势弱。二是主导产业仍然是对能源依赖性强的产业,推动产业转型升级步伐较慢。推动传统产业向高技术制造业转型,必须坚持以企业为主体,以市场为导向,以技术改造、技术进步、技术创新为突破口,稳步推动产业转型升级。目前河南省主导产业仍以依赖于资源高度消耗的钢铁、机械制造、化工、电力等产业为主,缺乏具有较强竞争优势的信息通信、精密机械、仪器仪表等高附加值产业,传统企业转型发展面临着缺乏资金、技术和人才支持的瓶颈,转型升级步伐仍较艰难。三是制造业与信息化融合程度低,协同效应不明显。早在2015年年底,河南省就喜欢"互联网+制造业"融合发展,要求制造类企业要挖掘自身特点,发挥自身优势,主动与互联网企业进行多种形式的合作,广泛应用信息技术助力制造业在研发投入、外观设计、生产流程、组织体系构建、经营管理、营销等环节的创新,全面提升制造业初始供给环节的品质和速度,创造新型的先进制造模式。但实际上,河南制造业企业多为传统企业,在推动产品营销时现在多采用网上营销或电子商务,但生产制造过程中"触网"较慢,融合度低,结合点少,互联网和制造业协同发展效应不显著,缺乏行业大数据技术的

挖掘和分析、智能制造等综合服务和有针对性的解决方案，制造业与信息化融合的能力和水平均有待大幅度提升。

4. "制造+服务"融合度低，生产性服务业发展仍较滞后

制造业与服务业协同是未来制造业的发展趋势，打造便捷智能的现代制造业，将先进制造业与智能服务业有机融合是制造业转型升级的关键。但目前河南省制造业与服务业仍未能实现同步协同、"双轮驱动"发展，突出表现在：一是现代服务业占比较低。河南省服务业发展一直落后于制造业，直到2018年，河南省第三产业增加值占生产总值的比重才略微超过第二产业增加值占生产总值的比重，但第三产业增加值占生产总值的比重仍低于全国平均水平7个百分点。二是生产性服务业发展不足。河南省作为制造业大省，除物流业基于区位交通优势在全国占有一席之地外，与制造业紧密相关的科技研发、金融商务、创意设计等生产性服务业仍处于起步阶段，缺乏具有代表性的、辐射带动能力较强的龙头企业。制造业与服务业融合发展程度不够，除假发产业外，其他领域的大规模个性化定制仍处于探索起步阶段，制约了制造业向战略化、智能化、品质化、效率化、信息化发展，进而影响产业结构的转型升级和高质量发展。

5. 生态约束加剧，区域竞争加剧

近些年，河南省产业发展绿色化态势明显，但是经济增长方式依然比较粗放。全省能源消耗增长快于经济增长，而且工业耗能偏大，从三次产业能源消耗看，工业部门消耗了3/4左右的能源。目前，河南省万元GDP能耗是国内先进地区的近2倍，工业万元增加值用水量是发达国家的3~5倍。另外，工业污染形势依然严峻。目前，全省二氧化硫年排放量居全国第一，工业废气的大量排放使一些城市的空气质量逐步恶化，河流污染严重，生态环境总体上仍趋于恶化之中。同时，国家明确提出要拓展区域发展新空间，将西部开发、东北振兴、中部崛起和东部率先发展概括为"四大板块"，把"一带一路"建设、长江经济带发展和京津冀协同发展明确为"三大支撑带"。在国际产业加大向东南亚转移的同时，东部地区经济活力和内生动力明显增强，西部基础设施和资源优势凸显，河南省原有优势逐渐减弱，对承接产业转移压力增大。

6. 制造业智力储备薄弱、人才队伍建设相对落后

人力资本是制造业高质量发展的重要保障，制造业从业劳动者需要具备相应的知识技能和实践经验，特别是高端技术产业对劳动者的技术技能和综合素质依赖性较高。当前，河南省制造业的劳动者低学历比重偏高，而高科技高学历人群注入匮乏，造成了基层岗位技术水平低下，严重影响着产业技术转型升级以及智能制造业的应用与推广。破解人才结构不平衡的问题：一是进一步引进与培养高端技术人才；二是提升基层岗位劳动者的综合素质，提高基层岗位劳动者应用高科技的能力。

五、河南省制造业高质量发展的路径选择

推动河南省制造业高质量发展，首先要合理判断河南省目前所处的发展阶段，结合发展阶段实际及全省制造业发展优势，补足发展短板，明确发展路径，进而实现制造业高质量发展。

（一）合理判断发展阶段，明确阶段特征，有针对性地推动制造业转型发展

2018年，河南省人均生产总值50152元，按当时汇率计算为7165美元；三次产业结构为8.9∶45.9∶45.2，第一产业从业人员比重约为35%，常住人口城镇化率为51.71%。根据钱纳里模型标准（见表6），判断河南省所处经济阶段为工业化后期并逐步向后工业化时代演变阶段。这一阶段的特征主要表现为：一是未来较长一段时间，河南省将处于工业化后期或由工业化后期向后工业化阶段过渡时期。在工业化后期，主导产业是以汽车、装备制造等为代表的高加工度制造业以及生产性服务业；到后工业化阶段，主导产业主要是服务业。因此，河南现代服务业发展速度将超过工业发展速度，全省三次产业结构占比将从"二三一"实现向"三二一"的转变。二是河南产业呈现高端化发展态

势。全省产业发展将由产业链附加值排序的"微笑曲线"两边向上延伸，促进产业结构的高度化演进。其中，工业将加快由工业价值链低端向高端发展，由制造领域向服务领域延伸，淘汰低技术含量、低附加值产业，发展壮大技术密集型产业。比如装备制造、电子信息、生物医药、新材料等产业。同时加快传统优势产业的价值链重构，推动产业链上下游延伸，逐步提高高附加值产品的研发、设计、营销、服务等环节。服务业将加速与制造业融合发展，实现由传统服务业向现代服务业转型，由消费型服务业向生产型服务业转型，高技术含量、高附加值、高产业带动力、低资源消耗、低环境污染的高端服务业将成为全省服务业发展的主导。三是技术密集型、环境友好型产业将成为全省发展的重点产业。当经济发展到一定阶段，资源和环境约束将倒逼产业转型发展，全省产业发展必须走低投入、高产出的模式，耗能低、污染小、技术含量和附加值高的新型产业将发展成为主导产业。

表6　钱纳里经济发展阶段划分标准

发展阶段	经济发展阶段	工业化时期	人均GDP（美元）	三次产业结构	第一产业从业人员比重	城镇化率
第一阶段	传统社会阶段	初级产品时期	160~364（1982）	A>I	60%以上	30%以下
		前工业化时期	364~782（1982）			
第二阶段	为起飞创造条件阶段	工业化初期	1179~2358（2004）	A>20%且A<I	45%~60%	30%~50%
第三阶段	起飞阶段	工业化中期	2358~4717（2004）	A<20%且I>S	30%~45%	50%~60%
第四阶段	走向成熟阶段	工业化后期	5519~10349（2009）	A<10%且I>S	10%~30%	60%~75%

续表

发展阶段	经济发展阶段	工业化时期	人均GDP（美元）	三次产业结构	第一产业从业人员比重	城镇化率
第五阶段	大众高额消费阶段	后工业化时期	10349~15876（2009）	A<10%且I<S	10%以下	75%以上
第六阶段	追求生活质量阶段	服务经济时期	15876以上（2015）	S>50%	10%以下	75%以上

注明：A、I、S分别代表第一产业、第二产业和第三产业增加值在GDP中所占的比重。

（二）明确制造业发展重点，因产施策分类推进制造业发展

推动制造业高质量发展就是通过向设计研发、采购、销售和物流配送等价值链的高端延伸，占据产业价值链的制高点，进而整合产业链和科学配置价值链，提高对整个产业链的控制能力。因此，要围绕高成长性制造业和战略性新兴产业高端突破，推动传统产业向智能化、绿色化、服务化转型升级，形成以高端化、高新化、高效化为特征的现代制造业产业集群和产业基地，实现制造业结构高级化、制造业布局合理化、制造业发展集聚化。结合河南发展基础和优势，建议选择发展高端装备制造、新材料制造和电子信息制造作为全省发展壮大的主导产业。一是发展壮大高端装备制造。要以智能化、集成化、精密化为方向，巩固提升传统装备优势，突出发展电力装备、盾构装备、农机装备、矿山装备、汽车装备等优势装备制造业，培育壮大数控机床、机器人和轨道交通装备等新兴装备制造业，推动装备制造业向高端化、智能化发展，提高骨干企业集成融合、研发创新、高端制造和服务增值能力，实现"河南制造"进入全国装备制造第一方阵。二是大力发展新材料制造。以保障高端装备制造和重大工程建设为方向，推进铝材料、特色有色金属材料、钢铁新型材料、超硬材料、高档耐火材料等精深加工、链式发展，实现技术突破、创新发展，形成以技术创新引领、下游产品带动、骨干企业支撑的产业发展格局。三是加快发展电子信息制造。实施开放

与创新双驱动战略，高端带动、集群发展，加快电子信息产业结构优化升级步伐，大力发展智能终端、新型电池、电子材料等优势产业，培育发展智能传感器及仪器仪表、信息安全、光电子、光学元组件、新型显示等具备一定基础且市场潜力大的产业，突破关键技术瓶颈，掌握部分有自主知识产权的关键核心技术和标准，全面提升电子信息制造业发展质量效益和核心竞争力。四是培育发展新兴制造业。围绕市场发展空间大、行业增长速度快、产业关联度高、技术联带功能强，处于规模快速扩张成长期等需求，加快发展生物医药和健康制造业、数控机床和机器人、节能环保和新能源装备制造业，抢占区域发展制高点。

（三）强化规划引领作用，构建覆盖多层次全方面的制造业全局规划体系

坚持规划先行，通过制定明确总体规划和行业规划，明确全省制造业高质量发展的战略目标、转型方向，充分发挥产业发展专项规划、重点区域发展规划等重大规划对制造业转型发展和空间布局优化的引导作用，引领高端装备制造、新材料制造、电子信息制造，以及新兴制造业发展方向，优化产业发展布局，推动制造业向绿色低碳高端发展，全面实现新旧动能转换。一是推动"多规合一"。借助国土空间规划修订机遇，全面推进"多规合一"，通过论证区域资源环境承载能力、现有开发密度和发展潜力，统筹考虑未来全省人口分布、经济布局、国土利用和城镇化格局，在国土空间规划上合理布局制造业发展空间，实现产业发展规划与国民经济社会发展总体规划、城乡总体规划、土地利用总体规划、基础设施和公共服务设施等规划的有机衔接，实现"一张蓝图绘到底"，增强规划的严肃性和指导性，确保制造业结构调整持续有效推进。二是编制产业专项规划。结合全省转型发展攻坚战略实施，以高端化、绿色化、智能化、融合化为方向，编制河南省制造业高质量发展规划及分行业发展规划或三年行动计划，明确全省及各省辖市、直管县（市）产业结构调整的重点和主攻方向，实现主要目标、战略重点、项目布局、政策手段等方面的有机统一。三是建立制造业高端发展项目

库。结合国家政策和河南实际，制定出台《河南省制造业结构调整目录》，按照制造业指引方向和重点，谋划选取能代表制造业高端发展的重大项目，建立制造业高端发展项目库，按照"谋划一批、实施一批、筹备一批"的原则，分年度分节点确定项目实施步骤，通过集合全力支持制造业高质量发展项目建设，引导落后产能有序退出，辐射带动制造业高端发展。

（四）大力推进创新创业，提升制造业研发创新水平

创新是社会进步的动因，创新会激发制造业发展的无限活力。创新能力和科技投入是制约河南省制造业转型升级的重要因素。需要深入实施创新驱动发展战略，以创新引领性企业培育、平台建设为重点，推动政府、企业和科研院校紧密合作，推动区域产业创新能力提升，加快全省产业结构转型升级。一是培育创新引领型企业。根据全省制造业结构调整指引方向，结合战略新兴产业发展趋势，探索建立省、市创新引领型企业名录，着力打造一批具有国内领先水平和国际竞争力的创新型龙头企业。深入开展实施高新技术企业倍增计划、"小升高"培育行动和高新技术企业后备培育工程，加快培育高新技术企业和"科技小巨人"企业，发展壮大一批小微高新技术企业。二是建设创新引领型平台。支持企业建设高水平创新平台，积极申请建设国家重点（工程）实验室、工程（技术）研究中心、国际联合实验室、协同创新中心、制造业创新中心、工业设计中心、质量检测中心等国家级创新平台。加大省级研发机构建设力度，实施大中型工业企业省级以上研发机构全覆盖工程。围绕"10+8"新兴产业集群发展重点方向，支持以骨干企业为主体，联合高等院校、科研院所，共建一批产业技术创新战略联盟和产业创新中心、产业技术研究院等新型研发机构。三是推进"大众创业、万众创新"。全力推进郑洛新国家自主创新示范区建设，增强引领全省创新驱动发展的核心带动能力。依托产业集聚区、服务业"两区"等载体，加快建设一批产业整合、金融协作、技术创新资源共享的"双创"示范园，积极培育众创空间等创新创业孵化载体，为小微创新企业和个人

创业提供低成本、便利化、全要素的开放式综合服务平台。完善支持创新创业的金融服务体系，支持符合创新创业特点的结构性、复合性金融产品开发，推动设立创投基金、产业发展基金、成果转化引导基金、重点产业知识产权运营基金等，不断拓展科技创新投入渠道，加大对创新创业金融支持力度。四是深入推进开放式创新。实施科技开放合作和国际科技合作计划，加强与创新型国家和地区合作，推进开放式创新。支持国内外知名高等院校、科研院所和行业龙头企业在河南设立或共建新型研发机构、技术转移机构、创新联盟，建设战略性新兴产业创业园。深化省部院合作，充分发挥国家技术转移郑州中心作用，引进一批高水平技术和成果。深入推进军民融合，建设军民融合协同创新研究院，建立军民创新规划、项目、成果转化对接机制。

（五）深入推进开放合作和产业融合，加快制造业"走出去"步伐

着眼全球产业发展和布局调整大趋势，抢抓产业转移机遇，深度融入"一带一路"倡议，不断扩大制造业和服务业融合发展力度，不断创新招商方式，改善投资条件，创造竞争优势，推动产业结构优化升级。一是推动制造业和服务业紧密融合。制造业的高质量发展需要服务业的支持，服务业的改进又将促进制造业的升级发展。加强制造业与服务业之间的产业互联，搭建河南省制造业与服务业深度融合的平台，为制造业转型升级创造坚实的技术空间。通过产业互联，依托智慧工业技术，促进河南省制造业高端价值链的打造，形成制造业与服务业的共同合作机制。智能制造业的高质量高效率发展，势必需要与二、三产业协同融合，与现代服务业和现代农业相融合，三次产业有机补充，才能推动河南省经济发展实现跨越式发展。二是加强开放平台布局建设。加大全省高能级开放平台建设，支持符合条件的国家级开发区、省级开发区（产业集聚区）申报设立综合保税区和海关特殊监管区域，提高对外开发水平。加快中国（郑州）跨境电子商务综合试验区建设，支持开展制度创新、管理创新、服务创新，尽快形成一批可复制可推广的成功经

验。完善海关特殊监管区域和口岸功能，推进海关特殊监管区域创新发展。促进海关特殊监管区域向加工制造中心、贸易销售中心、交易结算中心、物流配送中心、维修服务中心和研发设计中心等方向转型发展。完善电子口岸平台功能和国际贸易"单一窗口"，推行大通关模式。三是开展有针对性地招商引资。优化招商引资软硬件环境，加强产业集聚区、服务业"两区"、专业园区等产业载体平台建设，进一步完善园区污水处理、集中供热、通信系统等基础设施，提升研发、制造、营销、人才等公共服务平台功能，着力提高产业配套、要素保障和企业服务能力，培育开放招商新的吸引点和竞争力，实现由主要靠优惠政策招商向靠优质综合服务招商的战略性转变。四是加快"走出去"步伐。全面对接国家"一带一路"倡议，鼓励有条件的企业参与境外项目建设，分类有序推进国际产能和装备制造合作，加快开拓国际市场，带动成套产品、原材料和零部件出口。引导重点企业、产业集聚区与发达国家和地区开展"一对一""点对点"对接，探索建立境外工贸联盟、合作园区，搭建境外产供销集群中心，形成海外优势产业链。支持省内企业"走出去"建设研发中心和参与国际标准制定。同时加强与扶持关联性强的技术密集型行业，在充分利用国内外产业转移机会的同时，加快培育河南省制造业的自身特色产业。

（六）强化人才支撑，加大人才培养和引进力度

人才是河南省制造业高质量发展的支撑。河南省制造业人才在数量和结构上都难以适应发展要求，新兴产业的人才缺口大，精通制造技术和信息技术的复合型人才短缺。为此，首先河南省要加大人才的培养力度，助力校企深入合作和产研教充分融合，充分发挥全省74所高职院校的职业特色和职业教育优势，创新职业技能人才的培养模式，加大企业技能型人才培训力度，重构和完善技能资格的认证方法和系统，提升技术技能型人才的薪资水平，改善技能人才的社会地位。其次，要做好人才的引进工作，制定切实有效的人才引进和发展政策，将更多更优秀的人才吸纳过来，为河南经济发展提供智力支持。

六、结语

制造业是立国之本、强国之基。习近平总书记多次对"中国制造"转型升级做出重要论述。因此，加快推进制造业转型升级是河南省贯彻多项国家战略的必然选择，也是河南省由制造大省向制造强省转变的重要途径。河南省拥有总量全国第5的制造业规模，培育出食品、装备制造两个万亿级产业集群，在新能源客车、盾构机、智能手机等制造领域拥有多项领先优势。但目前出现产业结构不合理、高耗能产业占比过高、科研经费投入短缺、高新技术制造业发展速度慢、创新能力弱、产业融合度低、制造业与信息技术协同效应不明显、产业价值链低端化等问题，在一定程度上制约了河南省制造业向更高精特新方向的发展。当前及今后一段时间，河南省应积极落实推行创新驱动发展战略，推进制造业与服务业有机融合，重视技能型人才队伍建设，提高主导产业和高技术制造业产品竞争力和创新力，推动制造业向高端化迈进。

参考文献

[1] 肖怡文. 福建省制造业转型升级路径选择——基于"中国2025"的分析 [J]. 广西民族师范学院学报，2019，36（2）：47-51.

[2] 冯雪娇，邹慧，李贞明，等. 智能制造视角下江西省制造业转型升级研究 [J]. 江西科学，2017，35（6）：972-977.

[3] 朱四海"十三五"时期福建省制造业转型升级路径分析 [J]. 发展研究，2015（12）：31-35.

[4] 任广新."互联网+"背景下的中国制造业转型升级研究 [J]. 改革与战略，2018，34（2）：84-86.

[5] 田华. 以服务业引领山西省制造业高质量发展 [J]. 对外经

贸，2019（7）：67-69.

[6] 周永亮. 谁是价值之王？2019中国制造业上市公司价值创造500强榜单即将揭晓［J］. 智慧中国，2019（9）：70-71.

[7] 毕见学. 两化融合对我国制造业转型升级的影响与应对措施［J］. 现代国企研究. 2019（6）：99-100.

[8] 王兴全. 四川制造业发展现状研究［J］. 南方农机，2019（13）：42-43.

[9] 付珊娜，刘昂. 制造业产业升级的研究回顾与展望［J］. 科学管理研究，2017（2）：47-49.

[10] 王思雨，曹瑾. 德国制造业产业政策对我国制造业产业政策转型升级的启示［J］. 纳税，2017（14）：38-41.

河南省航空经济高质量发展的对策研究

河南省宏观经济研究院　郭帅新

【摘要】世界正在形成发展民用航空为标志的新型经济发展形态，航空经济是现代化国际经济中心城市迅速崛起的重要依托，对区域经济发展的综合带动作用凸显。河南作为一个不沿海、不靠边、地处内陆的人口大省，发展相对滞后的农业大省，发展航空经济却具备地处内陆中心、市场广阔、要素成本、人力资源等明显的优势。新时期，河南省要不断推动航空港经济演进为航空经济，通过打造高质量发展的航空经济，带动全省经济结构和发展方式优化升级，形成全省高质量发展的新动力。

随着"速度经济"时代和"空权"时代的到来，世界进入以效率、质量为特征的新经济时代，航空经济已经成为世界主要国家抢先布局发展的新动力源，呈现蓬勃发展的态势。2019年9月，习近平总书记在视察北京大兴机场时强调"民航业是重要的战略产业""新机场是国家发展一个新的动力源"。这意味着国家对航空经济增强动力功能、更好地服务国家战略的要求进一步提高，航空经济发展必须不断丰富内涵和外延，承担起国家赋予的历史使命。在新时代推动河南航空经济建设，提升航空枢纽能级，培育航空经济产业体系，带动产业功能优化和转型，逐步形成对河南省经济高质量发展的新支撑，这在未来相当长的时间里对河南省发展都具有重要意义。

一、河南省航空经济发展面临的国内外环境

（一）国际航空格局西方国家竞争力更加突出

近二三十年来，随着经济全球化的不断加深，国际航空运输市场自由化进程加快，各国纷纷发力抢占航空经济制高点。未来 20 年，美国和欧洲的一些发达国家（地区）对发展中国家航空运输市场逐个蚕食，天空开放是总趋势，世界航空运输大市场将逐步形成。全球网络型航空公司和国际航空联盟主导未来世界航空运输市场。大型航空公司间的并购重组造就了全球性网络承运人的崛起，通过强强联合，进一步加强了它们的全球网络优势。未来航空运输市场愈发为全球网络型航空公司和航空联盟所主导。

（二）国内航空经济区竞争日趋激烈

国家层面批复的临空经济区逐渐铺开，航空经济政策红利逐步稀释，航空经济发展从拼政策转为靠市场、靠实力，不同地区的临空经济区发展将呈现出明显的"马太效应"。2013 年 3 月，国务院批复设立郑州航空港区之后，从 2016 年 10 月开始，北京新机场临空经济示范区和重庆、青岛胶东、上海虹桥等 12 个临空经济示范区相继设立，在全国形成了 14 个临空经济示范区发展格局。国家层面对临空经济区的布局从局部向全国重点城市铺开，航空经济将"从星星之火到燎原之势"。从各个临空经济区的规划和发展现状看，发展的产业都是以航空物流、高端制造和服务业为主，同质化发展现象突出，各地抢资源、拼补贴、争政策的竞争已进入白热化。

（三）高铁与航空呈现竞争与融合并存的发展态势

高铁是区域经济发展的重要引擎，航空是参与全球市场分工的重要纽带，两者深度融合、协同发展、互利共赢对实现交通强省至关重要。在 1000 千米以下的的客运市场上，高铁将成为航空运输的重要替代者和竞争者。但在长航线市场上，尤其是国际客运市场上，航空有着不可替代的独占优势。当前河南省基本形成以郑州为中心的"米"字形高

速铁路网格局,通过郑州东站、郑州南站与郑州机场实现线路无缝衔接,同步建设高铁快件物流基地,目前正在依托郑州"米"字形高速铁路网优势,发挥高铁便捷、多站点停靠优势,民航快速、直达优势,无缝连接地面、空中的交通网络,实现线路、区位、客源、速度互补,形成"地—空"立体交通网络,充分发挥协同效应,实现双方互惠共赢的局面。

(四) 机场群一体化趋势更加明晰

航空机场群将取代当前单一机场相互竞争格局,区域机场群一体化和高效协作成为重要趋势。目前中国仅有发展最为成熟的京津冀、长三角和粤港澳大湾区以及成渝等4座城市群成为具备一定规模的机场群。2018年,京津冀、长三角、粤港澳、成渝机场群共完成旅客吞吐量6.1亿人次,占全国总量的48%,长三角机场群旅客吞吐量跻身全球前五大机场群。在国家整体规划的支持下,多地机场的协同发展也被提上了日程。目前的民航资源规划,已经逐渐从单一机场、功能性导向的"1.0时代",过渡为以机场群为单位的"2.0时代",强调区域性和协同性,而北京大兴国际机场、上海新机场的选址方案,也充分印证了这一趋势。

(五) 通用航空发展空间潜力巨大

通用航空业涉及庞大的周边和地面产品集群,对第一、第二、第三产业都有巨大的带动作用,是国民经济发展和人民生活水平提高的重要标志。随着经济的发展和社会的繁荣,中国通用航空市场对各项飞行作业的需求极大,而目前的通用航空的供给情况却与巨大的需求极不匹配。在中国低空空域管理改革进程的推进下,制约通用航空发展的瓶颈逐渐消失,中国通用航空产业将面临前所未有的发展机遇。预计未来5~10年,中国通用航空飞机数量年均增长率将达到30%,通用航空将是继干线飞机、支线飞机之后航空工业另一个迅速崛起的朝阳产业。

(六) 支线航空发展重要性不断凸显

从全国层面看,中国虽然是世界第二大航空运输市场,但从发展方式和运输质量来看，与世界发达国家相比存在着相当大的差距。中国支线机场运输量普遍较少，多数支线机场仍处于亏损状态，国内民航业存在严重不均衡。本来成熟的航空枢纽都必须靠支线来为干线聚集客流，但由于支线利润低，大型航企往往不注重先期对支线市场的培养，都涌向北、上、广几大机场，也导致现在高铁在网络密集的东部地区对民航冲击明显。近年来，枢纽机场、干线机场航班时刻越来越紧张，支线机场航班时刻难以保证，加之支线机场建设资金筹集困难、运营成本高、经营困难等一系列问题影响支线机场发展。

二、河南省航空经济发展的基本现状

（一）河南省航空经济发展的基础与成效

1. 枢纽基础设施与区位交通优势明显

河南省发展航空经济的根本在于较为完善的枢纽基础设施和具备优势的区位交通条件。从机场设施看，郑州机场作为河南省八大区域中心机场之一，已具备了客运 4000 万人次、货运 100 万吨的吞吐能力，很大程度上支撑了我省对外经贸联系和沟通功能需求。从 2017 年开始，郑州机场开始实现旅客吞吐量和货运吞吐量在中部地区"双第一"，在中部地区的影响力和实力已赶超武汉和长沙。同时，随着河南省民用运输机场的逐步建成，支线机场运输实力逐步提升，洛阳、南阳、信阳等支线机场客运量快速攀升。从区位条件看，河南省地处中原地区，地理区位优势突出，在地理上以郑州机场为圆心，2 小时航程可覆盖中国绝大部分城市，4 小时航程可涵盖东亚、东南亚和南亚，7~10 小时航程可通达中东和欧洲。同时，郑州市位于全国"两横三纵"经济带中沿京广、沿京九和沿陇海经济带的交汇地带，是全国 12 个最高等级的国际性综合交通枢纽之一。枢纽设施方面，河南省规划的"米"字形加井字形的综合交通运输通道将实质建成，高速公路、铁路里程居全国前列。郑州市成为横贯中国南北和东西的京广、徐兰两大高铁交汇的重要枢纽，并在"十三五"期末实现"米"字形高铁枢纽的实质落地。

2. 航空经济规模与产业基础初步成型

河南省航空经济在郑州航空港实验区"龙头"作用下，航空经济整体规模体量和产业基础已经初步成型。国务院批复六年来，航空港实验区从无到有，经济体量逐年递增，如图1所示。

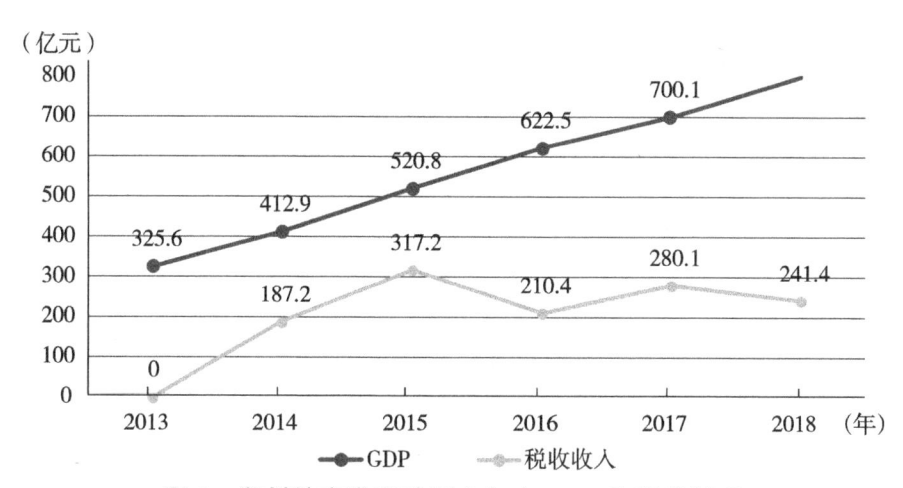

图1 郑州航空港实验区六年来GDP和税收情况

数据来源：郑州航空港试验区管委会网站数据。

基础设施、公共服务、产业体系初步形成，自身发展成效显著，引领示范作用持续增强，进出口总值占全省近七成，成为"小区推动大省"的开放典范。2018年航空港区进出口收入达到532.1亿美元，较2014年增长40.33%，如图2所示。

依托航空港实验区，河南省已初步形成以智能终端为主导，以航空物流、生物医药、航空制造维修、智能装备、电子信息、商贸会展等行业为支撑的航空关联产业体系。在近年来全省和全国经济新常态背景下，航空港区经济总量增速和进出口增速水平均处于明显较高水平，显示出航空经济在河南省经济全盘中的新动力、新动能作用不断增强，作为新时代的河南省经济发展的新经济增长点功能进一步凸显。

图 2　郑州航空港实验区六年来进出口情况

数据来源：郑州航空港试验区管委会网站数据。

3. 市场潜力对产业发展形成有力支撑

从航空客运和航空消费市场看，航空客运和消费品行业的市场发展潜力巨大。河南是典型的人口大省，2018年人口总数达到10906万人，常住人口位列全国第三，常住人口城镇化率达到51.71%。2014—2018年，河南省人均可支配收入由15695.18元增长至21963.54元，常住居民人均消费支出由11000.44元增长至31874.19元，居民生活水平得到了显著提升。随着河南省发展进入新时代，全省居民生活水平和收入水平得到较大幅度提高，对美好生活的需求日益增长，将很大程度上刺激更大规模、更高品质的航空出行需求。不独于此，随着人民群众生活更加殷实，巨大的消费品市场将逐步产生，将驱动消费结构向更高品质、更富创意、更具体验的趋势发展，对物流运输提出小批量、及时达等新需求。

（二）河南省航空经济发展的不足与短板

1. 河南省层面枢纽体系尚未成型

航空经济在河南省发展时间较短，郑州枢纽尚不足以形成对全省枢纽体系的有效支撑，支线机场枢纽和机场群建设明显滞后。

（1）郑州枢纽建设成效缓慢。枢纽建设是发展"空中丝绸之路"的基础和重要支撑，与北京、广州、成都等国内大型枢纽机场相比，郑州航空枢纽的建设规模和进度均稍显落后。目前北货运区尚未实质性开工，机场三期工程前期工作进展缓慢，河南省的枢纽优势面临被弱化的压力，郑州航空枢纽竞争优势将可能逐步失去。不独于此，西安机场三期工程预可研已经获批，建成后将拥有4条跑道和超过100万平方米的航站楼，武汉机场完成三期扩建，已启动第三跑道前期工作，鄂州顺丰机场可研已获批正在建设，成都天府新机场即将建成，计划2020年投入使用，重庆市正在规划建设第二机场，北京新机场于2019年9月建成通航，推动京津冀地区成世界级机场群，对郑州机场造成的虹吸效应日益凸显。

（2）国际航线数量不足。郑州机场目前通航机场138个，其中，国内通航机场105个，占比76.09%；国际及地区机场33个，占比23.91%。2012—2018年，郑州运营客运航空公司由20家增加至55家，客运航线由79条增加至208条（国际地区27条），客运通航城市由59座增加至116座（国际地区23个）；已开通温哥华、墨尔本、悉尼、莫斯科、伦敦等5条洲际定期客运航线，基本形成覆盖全国及东亚、东南亚主要城市，以及联通欧美澳等地区航线网络。与武汉市、西安市机场差距明显，基地航空公司缺乏且影响力不足，武汉市、西安市都有5家以上基地公司，郑州机场2家客运基地公司所占市场份额不足30%，中原龙浩航空目前机队仅有6架，对于建设以郑州市为核心的航线网络话语权十分有限。支线机场航线中，仅洛阳机场有少量东南亚地区航线，南阳、信阳机场航线仅限于国内，支线机场航线过少。

（3）支线机场建设明显不足。与中国许多省份的支线航空发展状况类似，河南省支线航空发展水平明显偏低。目前河南省仅有4个机场通航运营，数量上仅领先宁夏回族自治区及4个直辖市，不仅落后新疆维吾尔自治区（21个）、内蒙古自治区（19个）、云南省（15个）、四川省（13个）等陆路交通不便的边远地区，也落后山东省（9个）、江苏省（8个）、湖南省（8个）、浙江省（7个）等陆路交通相对发达地区。除郑州机场外，西部的洛阳机场、西南的南阳机场、南部的信阳机场在设施和业务规模上与邻省支线机场还有不小差距，北部、东部区域还没有机场，民航运输尚未覆盖全省范围。2019年前10个月，洛阳、南阳、信阳三个支线机场共完成客货运吞吐量分别达287万人次、0.5万吨，支线机场客货运吞吐量在全省比重分别为10.45%、1.22%，支线航空发展比重过低，发展严重滞后，已经明显落后于全省经济社会发展的需要。

表1 郑州机场与周边主要机场国际航线情况对比

类别	郑州新郑机场	武汉天河机场	西安咸阳机场	济南遥墙机场	长沙黄花机场
区位条件	华北地区	中南地区	西北地区	华东地区	中南地区
经济腹地	中原经济区	武汉城市圈	关中—天水经济区	环渤海湾经济带	长株潭经济区
发展定位	国内航空综合枢纽、国际航空货运枢纽	区域客货门户机场	区域客货门户机场	中国重要的入境门户和干线机场	中国十二大干线机场之一
基础设施建设水平	4F机场；158个停机位；跑道2条（3400米及3600米）	4F机场；2条跑道（长3400米、3600米）；停机位81个	4F机场；2条跑道（3800×60米；3000×45米）；停机位123个	4E级；2条跑道（3600米），30余个停机位	4F级；2条跑道，长度分别为3200米、3800米，停机位49个
2018年旅客吞吐量排名	12	16	7	25	14
国际航线数量	27条国际客运航线，23个客运通航城市	国际地区通航航点3个地区，通航城市48座	国际航线达65条，连通全球29个国家，54座城市	国际航线22条；地区航线3条，通往地区城市3座	国际地区航线数量为54条，客运通航城市48座
国际飞行区域	亚太地区、欧洲、澳洲	亚太地区、欧洲、美洲、澳洲	亚太地区、欧洲、美洲、澳洲	亚太地区、欧洲、美洲	亚太地区、欧洲、美洲、澳洲
洲际远程航线	5条	15条	13条	5条	9条

资料来源：根据国家民航局网站资料整理得到。

(4) 机场群建设尚未破题。机场一体化和机场群尚未破题，省域机场群协作效应明显不足。特别是洛阳作为中原城市群副中心城市，机场设计吞吐量仅 105 万人次，已明显落后湖北宜昌、襄阳、湖南衡阳、常德、陕西榆林等外省副中心城市，且民航运输和飞行训练相互制约的矛盾突出，限制了机场未来发展。商丘是国家明确的 63 个全国性综合交通枢纽之一，63 座城市中已有 61 座城市通航或即将通航，仅有商丘和宝鸡尚未获批建设机场。除郑州市、洛阳市外，河南省已建成通航的民用运输机场仅有南阳市、信阳市，已通航支线机场数量明显不足，位列全国第 24 位，不仅与形成机场群的机场规模距离尚远，机场群一体化对中原城市群一体化的引领也远未形成，河南省机场群一体化建设任重道远。

2. 河南省层面航空产业体系建设滞后

河南省航空产业体系以郑州航空港经济主体，目前已初步具备较为完善的航空产业体系和一定的航空产业规模，但航空经济的规模效应尚不明显，航空产业体系尚未实质建立，全省层面的航空产业体系建设相对滞后。与临空经济发达地区特别是成都市、武汉市、西安市相比，河南省航空飞行器及零部件制造、维修改装、飞行员培训、航空金融等航空紧密型产业，以及新型显示、生物医药等航空偏好型产业仍然薄弱，难以形成对全省航空产业发展的有效支撑。全省航空产业绝大部分集中于郑州航空港，郑州市其他区域和全省其他区域的航空产业近乎于无，全省层面的航空产业体系尚需进一步完善。

3. 通用航空发展明显不足

（1）河南省通航基础还比较薄弱，整体上仍处起步阶段，与发达国家地区乃至国内发展较好的省份相比还存在不小差距。民用运输机场偏少，通用机场设施及其网络明显不足（相关情况见表 2）。在通用机场建设方面，根据中国通用机场信息平台最新数据，截至 2019 年上半年，全国取证通用机场达到 229 个，黑龙江省达到 83 个，高居全国第一，占全国总数的 40%；浙江、广东、四川、江苏四省数量分别达到

13、11、11、10个；河南省仅有4个，位居全国第16位、中部第3位，数量明显偏少，与机场网络形成的差距明显较大（见图3）。

表2 2019年河南省运输机场与通用机场基本现状

机场类型	机场名称	所处位置	规模等级或分类
运输机场（兼具通用航空功能）	郑州新郑国际机场	郑州市	4F
	洛阳北郊机场	洛阳市	4D
	南阳姜营机场	南阳市	4D
	信阳明港机场	信阳市	4C
	安阳豫东北机场	安阳市	4C
	商丘机场	商丘市	4C
	平顶山机场	平顶山市	4C
	周口机场	周口市	4C
	潢川机场	信阳市	4C
	三门峡机场	三门峡市	—
通用机场	郑州上街机场	郑州市	A1
	安阳北郊机场（国家体育总局安阳航空运动学校）	安阳市	B
	新乡唐庄通用机场	新乡市	B
	周口（西华）通用机场	周口市	B
	焦作通用机场（警用直升机起降场）	焦作市	B
	河南登封通用机场	郑州市	A2
	安阳林州通用机场	安阳市	A2
	洛阳龙门通用航空机场	洛阳市	A2
	漯河（舞阳）莲花通用机场	漯河市	A2
	河南平舆通用机场	驻马店市	A2

资料来源：根据国家民航局网站资料整理得到。

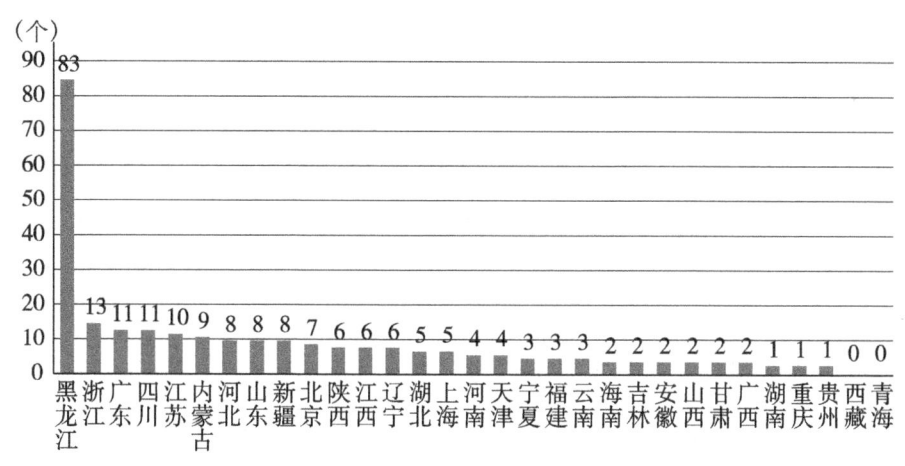

图3　2019年上半年全国各省份取证通用机场数量

资料来源：根据国家民航局网站资料整理得到。

（2）通用航空市场尚未打开。河南省是人口大省，劳动力较为充足，通用航空在农林作业的比较优势尚不明显；河南省陆路交通较为发达，现阶段对通用航空运输的需求较小；通航尚未普及，群众对航空运动、低空旅游等通用航空消费模式认识程度不高。上述原因导致河南省通用航空市场尚未打开，飞行时长不足全国总量的1%，仅为湖北省的1/10，通用航空的综合效益未充分发挥。

（3）通航产业发展还不均衡。河南省通用航空研发制造能力较弱，通用航空企业数量和规模相对有限，产业活力有待激活。全省通用航空业务中培训类业务占比超过70%，生产性服务占比约15%，适应消费导向的应急救援、医疗救助、短途运输、私人飞行等新兴服务占比较小。在通航产业园方面，根据中国民航局最新公布数据，截至2018年年底，江苏省已建成通航产业园9个，福建省已建成4个，广东省、湖北省分别建成3个，河南省与上海、天津、浙江、山东等省（直辖市）均建成2个，居第二梯队。通航作业方面，2018年河南省通航作业完成7739小时、50644架次，仅占湖北省78959小时、230214架次的9.8%和22%。河南省通用航空专业技术人员不足的局面尚未改善，高级技术、管理和安全监管人才仍旧缺乏。

三、河南省航空经济发展的基本定位

航空经济作为一种新的经济业态，能够驱动河南发展阶段的转换，在推动经济高质量发展、引领全省对外开放和促进区域协调发展方面的意义重大。

（一）推动经济高质量发展的新动力源

经济进入新常态和新阶段以后，河南省传统产业产能过剩日益突出，资源环境难以承受，经济下行压力加大，结构转型的任务越来越重。相较于结构相对优化的发达地区，河南省更加需要通过发展航空经济来引入全球供应链和产业链，培育新产业，替代和改造传统产业。从供给侧结构改革看，加快河南省航空客货运服务的优质增量供给，更好地适应和满足运输服务新需求，培育航空运输的经济新动能，塑造产业竞争新优势，有利于推进河南省形成大枢纽带动大物流、大物流带动大产业、大产业带动城市群、城市群带动中原崛起的新局面，促进我省加快建设先进制造业强省、高成长服务业强省和航空经济强省。

（二）引领河南内陆开放发展的新引擎

河南省要以航空经济作为引领，构建外向型开放经济体系，提升内陆开放水平，打造开放经济新高地。新时代中国将着力推动形成陆海内外联动、东西双向互济的开放新格局，发展更高层次的开放型经济。河南省地处中原腹地，不沿边、不靠海，发展航空经济和郑州航空港区，打造通达全球的"空中丝绸之路"航线网络，有利于带动河南省产业加快融入全球产业链、价值链和创新链，迈向全球价值链中高端。河南省要打造高质量航空经济，构建外向型经济体系，加快提升开放门户功能，通过加快航空口岸建设和通关便利化，构建国际化营商环境，提升参与国际产业分工层次，建设富有活力的开放新高地；发挥交通、产业和开放优势，强化产业集聚和综合服务功能，延伸面向周边区域的产业链和服务链，实现更大范围、更广领域、更高层次的资源配置，联结河南发展与全球要素市场。

（三）全国航空经济发展高地

以河南航空经济高水平发展作为高质量发展的突破口，强化产业支撑，瞄准产业链、价值链高端，打造全国一流的航空经济产业体系。统筹全省航空产业资源，以郑州航空港产业发展为重点，促进互联网与产业发展、制造业与服务业深度融合，做大做强航空物流、高端制造、现代服务业三大主导产业，大力发展新技术、新产业、新业态、新模式，建设高端制造业基地、现代服务业基地和新经济发展高地。

（四）促进区域协同发展的新抓手

充分利用国家战略平台的集成效应和叠加效应，驱动战略平台协调联动，统筹河南航空经济要素资源，推动河南航空经济协同发展。发挥航空港实验区的战略引领和辐射带动作用，开展多层次区域合作，构建区域协调互动发展格局。以航空经济的枢纽基础设施为基础，发挥内陆开放重要门户作用，加强与"一带一路"沿线国家，以及长江经济带、京津冀、粤港澳大湾区合作，构建贯通全球的空中通道和东联西进的陆路通道，加强河南省与其他地区的高效联动。通过内部高效协同和区域协调联动，促进全省产业错位化、差异化、特色化发展，提高与发达地区的合作联动，推动全省资源优化配置，提升全省航空经济配套产业基础设施贯通共享，形成驱动区域协调发展的新抓手。

四、河南省航空经济高质量发展推进的重点

推进航空经济高质量发展，应立足河南省航空经济基本现状，突出重点，壮大郑州航空港试验区发展龙头，完善航空经济发展载体支撑，找准航空经济重点产业，补齐支线航空短板，大力发展通用航空。

（一）壮大郑州航空港试验区发展龙头

要不断增强郑州航空港的实力和影响力，将地处中原腹地的河南省推向开放发展、创新发展的最前沿。一是加快完善综合交通枢纽功能，推进以机场为中心的综合交通枢纽建设，提升"空中丝绸之路"综合

交通枢纽功能。二是全力打造郑州空港型国家物流枢纽，建设郑州国际航空货运枢纽，构建国际干线物流网络，畅通国内物流集疏网络。三是进一步完善郑州航空口岸功能，拓展航空、铁路国际枢纽口岸功能，健全功能性口岸体系，加强口岸与海关特殊监管区域联动发展；完善电子口岸平台功能，建成完善国际贸易"单一窗口"，探索建立与自贸试验区建设相适应的"大通关"体制机制，推动跨部门、跨区域、跨境通关协作，优化通关流程。四是加快完善航空港区产业体系，突出智能终端、航空物流、飞机租赁、医药、金融等航空偏好型产业；建设全球新一代智能终端产业基地，建设高端制造业基地，推进以精密机械制造、生物医药、人工智能、通用飞机为重点的高端制造业发展，建设现代服务业基地，做大做强以现代物流、现代金融、航空维修、商贸会展等为重点的生产性服务业，大力发展生活性服务业。

(二) 完善航空经济发展载体支撑

新时代，新一轮全国层面的航空经济发展竞争日趋白热化。河南省打造的郑州航空港区国家战略平台的政策优势日趋弱化，必须及早谋划新的更多的航空经济载体，深度融入全国航空经济发展大局，加快建设高质量的航空经济体系。一是积极谋划申建中国（河南）自由贸易港，争取将郑州航空港经济综合实验区部分区域纳入自贸试验区，探索建设自由贸易港。二是聚焦提升功能增创开放优势，奋力建设国际航空大都市，通过郑州国内大型航空枢纽建设，以机场带物流，以物流促产业，以产业兴新城，推进产城互动、产城融合，优化城市形态，形成畅通、生态、智慧、活力的现代航空都市。三是推进"空中丝绸之路"综合试验区建设，统筹河南全省和郑州航空港区航空经济资源，积极推动空陆海网"四路"融合并进，提升国际物流通道枢纽能级，探索"空陆网"国际贸易新规则。四是推动临空经济区提质扩容，推动支线机场临空经济特色发展，在河南省推动临空产业经济区布局扩容和在郑州航空港区打造全国一流航空经济区的基础上，推动支线机场临空经济特色发展，形成全省多极多点的临空经济产业布局。

（三）找准航空经济重点产业

大力发展航空核心产业。一是重点发展航空运输业。依托中原经济区建设和河南省经济社会发展，结合郑州市国内大型航空枢纽建设，完善扶持政策体系，打造宽松优良的软硬件环境，做大做强河南航空运输业。强化郑州机场综合服务功能，吸引更多的航空公司进驻，多元发展运力，形成优势互补、良性竞争格局。建立国际和地区航线网络，按照"开美、稳欧、拓非、联亚"的思路，建设连通四大洲的航线网络；建设国际航空运输网络，以培育和支持若干家客货运基地航空公司为重要突破口，构建以郑州机场为中心的运输航线网络。二是大力发展航空制造与维修产业。引进现代大型航空器零部件研发、制造等航空产业链上游的航空制造企业在区内集聚，拉动全省材料、冶金、化工、机械制造、特种加工、电子和信息等产业的发展和创新。

加快航空关联类产业发展。结合我省航空经济和郑州航空港区发展现状，重点发展电子信息、新材料制造、电子维修等临空加工制造业。发展高新技术产业，利用航空枢纽周边区域资源，引进生物制药、光学仪器、精密机械、新能源汽车、通信电子等高技术含量、高附加值的产业。发展鲜活产品、冷链、花卉等与航空运输高度关联的现代农业。发展现代服务业，发展聚集航空金融、资产管理、商务服务、管理咨询等知识、信息、技术、资金密集型的现代服务业，大力发展面向国际市场的设计、研发、信息和后台服务等高端服务业。

（四）补齐支线航空短板

河南省应抓住当前支线机场发展机遇，加快支线机场建设，完善支线机场网络布局，进一步理顺和完善机场管理体制，推进支线机场体制改革。一是加快布局和完善支线机场建设，逐步加密机场网建设，建立通达、通畅、经济、高效的航线网络，大力发展支线航空，推进干支有效衔接，推进低成本等航空服务差异化发展。二是发展"干支结合"和"支支直通"的运输体系，建立枢纽辐射航线网络。支持和鼓励支线航空公司开通郑州市至周边省会机场及所有支线机场的空中航线，加密和开通洛阳市、南阳市、信阳市至其他地区的支线航空线路，优化乘机流程，开展联营联运，构建"干支衔接、协调发展"的航线网络结构，实现支线航班对干线和国际航班的"喂给"功能。三是积极支持"支—干"合作。鼓励和引导支线航空公司与干线航空公司签订协议，增强郑州与洛阳、南阳、信阳机场的联系，通过代码共享及特殊比例分摊协议（SPA）开展中转联程业务。

（五）大力发展通用航空

立足河南省航空经济高质量发展要求，以补足通用航空短板为重要目标，以国家通用航空产业综合示范区建设为引领，完善通用航空基础设施，提升通用航空制造水平，优化通用航空产业运行环境，拓展通用航空市场。一是加快布局建设通用机场，以全省层面统筹通用航空资源，科学规划通用航空布局，扩大通用航空对全省服务范围，提升通用机场建设的科学性。二是加快推进通用航空产业发展，积极延伸通用航空产业发展形势，按照"一个中心，两个基地，多点支撑"的通用航空产业空间布局，以政府引导、市场运作、集约发展的思路，积极支持有条件的市县发展通用航空，积极发展各类通用航空企业，做大做强通用航空服务市场。三是推进通用航空示范区创建，会同省市有关部门加强对郑州、安阳两个国家通用航空产业综合示范区建设的工作指导，依托当地实际，发挥各自优势，推动重大项目建设；建设示范型通航小镇，推进临空经济与通航特色小镇建设深度融合，打造通航产业基地，将发展通航旅游、区域物流和智能配送等多元化的临空经济与通航特色小镇建设结合，带动产业集聚发展。

五、"十四五"时期河南省航空经济发展的对策建议

"十四五"时期，河南省高质量发展进入新阶段，产业转型升级不断推进，新经济新动能培育不断加快，河南省航空经济发展在这一时期面临前所未有的发展机遇，既是航空经济短板补足期，又是航空经济对整个经济高质量发展的重要驱动期。

（一）航空经济空间布局构想

以提升郑州国际航空枢纽功能和国际竞争力为主，推动中原城市群内各机场的合理分工定位、差异化经营，加快形成良性竞争、错位发展的格局，实现2035年建立国家级一流城市群和机场群的目标。以"1+3+5"的机场格局为基础，积极推动全省层面构建"1+3+5"的航空经济格局。

"1"即突出"一个核心"航空港区。以郑州航空港实验区为核心，增强产业集聚实力和综合影响力，打造全省航空经济发展龙头。以郑州新郑国际机场为重点，改扩建机场规模和基础设施，加快机场三期工程进度，提高郑州机场客运、货运能力，形成对全省航空运输的核心引领和带动功能。

"3"即明确"三个重点"临空经济区。以洛阳北郊机场、南阳姜营机场和信阳明港机场为三大重点，建成郑州机场的备用机场，形成对全省和郑州航空经济发展的有效支撑。

"5"即培育5个航空产业集聚区。以支撑我省区域协调发展为导向，打造服务于5个重点区域的机场群设施。打造以郑州机场为核心、以郑州航空港为主体的郑州大都市区航空产业集聚区，打造以洛阳机场为中心的航空产业集聚区，打造以安阳机场为中心的豫北航空产业集聚区，打造以南阳机场为中心的豫南航空产业集聚区，打造以商丘机场为中心的航空产业集聚区。5大航空产业集聚区作为河南省航空经济发展的重要载体平台，形成对全省高质量航空经济的有效支撑，实现航空经济在我省主要地区的全覆盖。

（二）构建河南特色航空经济产业体系

1. 提升航空物流实力

以航空货运和客运为重点，拓展运输航线网络，增强航空运输经济实力。积极拓展货运航线网络，加快完善客运航线网络。鼓励航空公司加密既有热点航线，铺设新的空白航点，积极引进柬埔寨航空、韩国易斯达航空等外籍航空公司，加强与各大旅行社合作，力争开通郑州至东南亚、洛杉矶、法兰克福等定期客运航线。发挥航空客货运政策及航空市场开拓奖励资金等政策支撑引导作用,做好客货运发展绩效评估、大型货代企业落地奖励、新增洲际客运航线专项补贴落实等工作。积极引进和培育基地航空公司和货代企业。推进中原龙浩公司尽快把主运营基地迁移至郑州市,加快推进中州航空公司筹建进度。

2. 加快航空产业培育

统筹河南省航空经济资源,以郑州航空港实验区为核心,其他临空经济区、航空产业集聚区为重点,创新招商,补链强链,构建现代服务业、先进制造业互为支撑、相互促进的航空产业新体系。电子信息产业方面,积极争取富士康内部产能调整,稳定其航空港区的产能。加快推进华锐光电、合众思壮、福建实达等项目,全力推动智能终端及新型显示产业全产业链集聚。生物医药产业方面,加快推进生物医药产业园入驻投产,着力培育生物医药产业集群。航空制造及关联产业,以整机交付、零部件制造、维修与飞机租赁、培训服务等为突破口,着力培育航空制造和服务产业集群,推进模拟机飞行训练中心项目投入运营。高端服务业方面,聚焦具有国际影响力的枢纽经济集聚区,挖掘高端商贸服务业发展资源,推动航空物流、电子商务、文旅商贸等高端服务业发展。

3. 加快通用航空产业培育

加快通用航空业服务体系建设,以商务飞行、旅游飞行、应急飞行、通勤飞行为重点,推广各种方式的飞行业务,开展飞行表演、通用航拍、抢险救灾等活动。不断完善通用航空机场建设及通用航空器材的制造、交易、仓储、运输、配送等配套产业。支持国有企业和社会资本进入通用航空研发、设计、制造、组装和维修等领域,培育发展一批轻型航空器、直升机等研发、制造和维修企业。

4. 打造现代化航空产业集群

以产业集群化发展为方向,突出航空物流、高端制造、现代服务业三大主导产业,聚集相关配套和上下游企业入驻,建设国际航空物流产业园区，打造一批国家级、省级航空产业集聚区，培育电子信息、精密制造、生物医药等产业集群，加快航空特色产业集聚。

5. 打造航空产业生态圈

依托民航大数据资源，打造"航空+"生态圈。探索"民航+临空产业创新城镇化"模式、"民航+互联网+贸易创新国际贸易"模式等，增强航空经济对国家构建现代产业体系的辐射力和带动力。打造"航空+"生态圈，实现民航与其他交通方式，与互联网、大数据，与上下游产业及关联产业的有机融合，全面提升民航服务质量，发挥民航战略性产业基础性作用，实现行业自身可持续发展。

（三）加快航空基础设施体系建设

以机场建设为重点，补齐河南省航空基础设施短板，夯实全省航空经济发展的基础。

1. 打造郑州航空枢纽

推进郑州机场改扩建工程，加快推进郑州机场三期工程和北货运区建设，统筹推进郑州机场地面集疏运系统的规划建设。强化国际航空枢纽规划建设，对标国际先进，加快城际轨道、高快速路等基础设施建设，完善旅客便捷出行、货物高效运输的立体化综合交通体系。谋划和推进郑州第二机场建设。

2. 完善支线机场建设布局

推进河南省支线机场建设和布局优化，与郑州机场形成有效衔接互动，打造干支联动的机场布局。以洛阳北郊机场、南阳姜营机场和信阳明港机场为三大重点，形成对郑州机场的重要支撑，建成郑州机场的备用机场。以洛阳机场等级提升为优先方向，改建和扩建洛阳机场，提升为4F等级，争取建成国内干线机场，增加国内重点城市航线和班次，开拓国际重要地区的航线和运输业务。以南阳机场、信阳机场国际航线开拓为目标，争取国家民航部门支持，开展可研性研究。建成商丘、安阳、潢川、鲁山等支线机场。加大对不发达地区支线机场建设的倾斜力度，鼓励地方政府积极筹措资金，支持中小机场发展。

3. 推进通用机场设施建设

积极争取国家政策支持，以政府为引导，调动企业及社会力量，按照功能优先、集约节约原则，加快省内通用机场建设。重点建设郑州新郑国际机场公务机固定运营基地（FBO）、专业维修站（MRO）等。支持郑州上街通用机场完善空管、航油供应等设施，提升服务功能，稳定安阳北郊、新乡唐庄、周口西华等通用机场通航运营水平。加快郑州登封、安阳林州、商丘民权等通用机场建设。到2025年，河南省通用机场数量达到20个以上；到2035年，达到30个以上，与全省干线、支线机场结合，建成覆盖省辖市、部分重点县（市）及重要旅游景区的全省机场格局。

（四）推进航空经济载体平台建设

支撑航空经济发展，以航空大都市、"空中丝绸之路"综合经济实验区、特色临空经济区、航空产业集聚区为重点，建设河南特色的航空经济载体平台。

1. 打造郑州航空大都市

通过郑州市国内大型航空枢纽建设，以机场带物流，以物流促产业，以产业兴新城，推进产城互动、产城融合，优化城市形态，形成畅通、生态、智慧、活力的现代航空都市。提升城市综合发展承载能力，高水平开展城市规划设计，拓展城市发展空间，高标准建设双鹤湖、古城、空港、会展物流四大片区，建设双鹤湖、高铁南站等国内高端特色商务区，增强城市对资源、人才、技术等要素的吸引力。提升口岸开放平台优势，支持新郑综保区扩区建设，发展保税物流、展示交易、跨境电商等新兴业务。

2. 申建"空中丝绸之路"综合经济实验区

按照"空丝引领、四路协同、全域开放升级"的原则，强化突出地方特色与服务全国大局的契合、自贸区改革与全省改革的联动、战略平台建设与全省经济转型的互动，推动空陆海网"四路"融合并进。提升国际物流通道枢纽能级，持续巩固强化公铁集疏、陆空衔接、高效便捷的物流通道枢纽竞争优势。探索"空陆网"国际贸易新规则，推动国际贸易物流全链条的信息共享和业务协同。完善"引进来""走出去"的低投资成本、便捷管理服务、有力金融支撑、可靠安全防范的综合服务保障体系。

3. 拓展特色临空经济区

在河南省层面推动临空产业经济区布局扩容，在郑州航空港区打造全国一流航空经济区的基础上，推动支线机场临空经济特色发展，形成全省多极多点的临空经济产业布局。积极谋划和推进洛阳国家级临空经济区建设，推进南阳、信阳省级临空经济区建设，探索设立商丘、周口、潢川等支线机场临空经济区。

（五）加快航空经济体制机制改革创新

1. 加快航空空域改革进程

优化空域结构及管理机制，强化空域资源保障，提升空域使用效率和管理水平。省级层面加大协调力度，建立完善军民航协调机制，成立由军队有关部门、民航河南空管分局、省政府、省机场集团等方面组成的空域协同管理委员会，积极争取国家空管委、中国民航局给予支持。积极争取国家支持河南省开展低空空域协同管理试点，加快实施低空空域分类管理，划设监视空域和报告空域，明确空域性质和相关方责任。争取尽快建立军民航协调机制，设立由军队、民航和政府共同组成的空域协同管理委员会，实行军民航联合办公，实现协同决策、统一管理。

2. 完善航空经济载体平台功能

完善航空口岸功能。不断巩固和提升郑州新郑国际机场在全国的航空口岸地位，优化现有航路航线网络结构，支持新郑机场进一步开发国际航线、设立国际通航点，积极扶持洛阳机场提升航空口岸等级，支持南阳、信阳机场航空口岸建设。推进通关便利化。落实中国（郑州）跨境电子商务综合实验区海关监管方案，借鉴国内自贸区等先进地区经验，大力发展跨境电子商务，搭建新型国际贸易平台。推动郑州航空港跨境E贸易平台紧紧围绕通关服务便利化，进一步优化"一次申报、一次查验、一次放行"的通关服务，以及海关、检验检疫、企业端的互联互通。

3. 创新开放体制机制

放大"自贸区+航空港区"叠加政策优势。立足河南省航空经济发展需求，加快推进河南省重大战略平台互动，充分发挥"自贸区+航空港区"叠加开放优势，积极融入中国（河南）自由贸易试验区建设。全面复制中国（河南）自由贸易试验区各大片区的改革举措和政策措施，加快其在郑州航空港区落地，探索形成空港型自由贸易发展模式。优化航线航权利用。围绕"空中丝绸之路"建设和中原机场群建设需要，积极争取国家进一步开放航权和空域，有效改善河南省和郑州市空域条件。继续增开国际航线，增加郑州市与国际城市之间的第三、第四航权，稳步利用、适度增加郑州机场第五航权，支持国际航空公司增加至郑州的中远程航班，支持更多的国内航空公司新开通郑州实发的国际航班。积极争取扩大航空货运航权开放，鼓励中外航空公司经营往返杭州的国际货运航线。

参考文献

[1] 张大卫. 郑州航空港经济综合实验区——经济全球化时代推动发展方式转变的探索与实践 [J]. 区域经济评论，2013 (3)：5-15.

[2] 耿明斋，张大卫. 论航空经济 [J]. 河南大学学报（社会科学版），2017，57 (3)：31-39.

[3] 周书焕. 郑州航空港经济综合实验区创新人才发展战略研究 [J]. 中州学刊，2017 (10)：35-37.

[4] 贾风莹. 杭州航空经济变迁及创新发展研究 [J]. 创意城市学刊，2019 (2)：83-93.

[5] 杨大凤. 国内外航空港区与腹地经济互动发展的经验借鉴 [J]. 现代经济信息, 2017 (4): 354-355.

[6] 河南省社会科学院课题组. 航空经济引领地区发展研究——以郑州航空港为例 [J]. 区域经济评论, 2016 (1): 52-65.

[7] 赵冰. 我国通用航空经济的发展模式研究 [J]. 改革与战略, 2015, 31 (12): 146-149.

[8] 陈萍. 航空经济发展的金融需求分析——基于"供给领先"和"需求跟随"的金融发展理论 [J]. 金融理论与实践, 2015 (1): 63-67.

[9] 刘春玲. 航空经济区产业发展的国际经验及借鉴 [J]. 世界地理研究, 2014, 23 (4): 157-166.

[10] 李宏斌. 试论航空经济的概念与发展 [J]. 北京航空航天大学学报 (社会科学版), 2014, 27 (2): 85-88.

[11] 魏志甫, 周占杰. 支持郑州航空港经济综合实验区的财政政策研究 [J]. 财政研究, 2014 (1): 66-69.

平顶山市产业集聚区低效用地企业提质增效和退出机制的研究

平顶山市经济研究中心　李明　张亚峰　杨玉敬　侯旭升　许小冉

【摘要】2017年12月召开的中央经济工作会议指出："现阶段，我国经济发展已由高速增长阶段转向高质量发展阶段，要把供给侧结构性改革作为经济工作的主线，要把推动产业结构转型升级作为经济高质量发展的重点，减少无效和低端供应，扩大有效和中高端供给，提高全员要素生产率。"河南省委十届六次全会暨省委工作会议指出："效率变革是实现高质量发展的重要支撑，要持续推进供给侧结构性改革，提升土地、金融等要素活力，激发企业主体活力。"平顶山市委九届六次全会强调，要优化营商环境，大力承接优质产业转移，打造"一个龙头、七大支柱"的"1+7"制造业产业体系，闯出一条具有平顶山特色的高质量发展新路。平顶山作为一个资源型城市，正处于爬坡过坎、转型攻坚的关键时期，作为支撑经济转型发展主平台的产业集聚区，一方面建设用地供应持续紧张；另一方面土地资源"低效利用"现象普遍存在，资源配置不科学和资源的低效利用严重制约了产业集聚区的发展，给全市经济高质量发展和用地供给侧结构性改革提出了新的挑战与难题。本课题通过对平顶山市产业集聚区土地使用和低效企业的现状评价，建立产业集聚区低效用地企业的评判标准，构筑一套"能进能出、优进劣退"低效企业退出机制，倒逼低效企业提质增效，为平顶山市实现"十三五"规划目标、提升产业集聚区整体效益和功能提供依据，同时为河南省产业集聚区低效用地企业提质增效和有序退出提供参考和借鉴。

一、平顶山市产业集聚区土地利用整体情况和低效用地企业现状

（一）土地利用整体情况

2017年，平顶山产业集聚区已供土地总面积达到41181.2亩（1亩≈666.67平方米），入驻企业用地总面积35155.3亩，占已供土地面积的85.37%。其中企业已建成面积30021.8亩，占已供土地面积的72.9%，占企业用地总面积的85.39%（见表1）。

从已供土地使用整体情况来看，在已供土地面积中，平顶山市产业集聚区已出让土地面积都达到了70%以上。其中，叶县产业集聚区已出让土地比重最少，入驻企业用地面积占已供土地面积的71.4%；石龙、郏县已供土地已经呈现饱和状态。

从已供土地建设情况来看，产业集聚区企业已建成面积占已供土地面积的比重在62.0%~93.3%，低于70%的产业集聚区有4个，分别为叶县、平新、鲁山和舞钢产业集聚区。

从已供土地利用效益上看，通过对亩均税收、亩均产值、亩均利润3个指标的综合对比分析，高新、郏县、宝丰和舞钢产业集聚区的土地利用效益较好，单位土地综合效益指标平均处于较高水平；尼龙、鲁山、石龙的土地利用效益水平处在中间水平，这与其部分项目仍处在建设期有一定关系；平新、叶县产业集聚区土地利用效益水平较低。按照《河南省人民政府关于进一步加强节约集约用地的意见》（豫政〔2015〕66号）中亩均税收应不低于18万元/亩、《平顶山市关于进一步提升工业建设项目节约集约利用土地水平指导意见》（平政〔2014〕53号）中亩均税收不低于20万元/亩的标准，平顶山市只有高新技术产业集聚区达到标准，其余集聚区亩均税收都在10万元以下，远远没有达到标准。按照平顶山市指导意见中的亩均产值达416万元的标准来看，高新、石龙、郏县、宝丰产业集聚区达到标准，鲁山、舞钢、尼龙接近达标，叶县、平新产业集聚区亩均产值指标较低。从亩均利润看，郏县、

表 1　平顶山市产业集聚区土地使用情况表

单位：亩，万元，%，万元/亩

名称	已供土地总面积	入驻企业用地面积	占已供土地比重	已建成土地面积	占已供土地比重	占企业用地比重	亩均产值	亩均税收	亩均利润	工业用地综合容积率	已供土地投资强度
舞钢产业集聚区	5455.0	4051.8	74.3	3383.8	62.0	83.5	406.2	9.17	12.1	0.8	141.6
尼龙产业集聚区	2217.0	2039.0	92.0	1730.0	78.0	84.8	392.4	6.8	13.5	1.4	277.7
宝丰产业集聚区	6274.0	4908.0	78.2	4563.0	72.7	93.0	433.5	3.7	17.2	1.1	145.7
郏县产业集聚区	5352.0	5352.0	100.0	4724.0	88.3	88.3	467.9	5.2	33.5	1.2	174.2
高新产业集聚区	4215.9	3552.3	84.3	3334.3	79.1	93.9	804.1	21.6	23.2	1.3	101.6
叶县产业集聚区	5415.0	3866.0	71.4	3692.0	68.2	95.5	51.7	2.8	5.2	1.0	180.6
鲁山产业集聚区	4173.5	3973.4	95.2	2652.8	63.6	66.8	414.0	6.0	6.5	1.2	174.9
石龙产业集聚区	2084.8	2084.8	100.0	1944.9	93.3	93.3	472.9	4.6	7.2	0.3	54.0
平新产业集聚区	5994.0	5328.0	88.9	3997.0	66.7	75.0	14.6	5.0	6.2	0.1	98.0
合计	41181.2	35155.3	85.4	30021.8	72.9	85.4	—	—	—	—	—

注：表中基础数据来源于各产业集聚区。

高新集聚区超过20万元/亩，宝丰、尼龙、舞钢产业集聚区处于中等水平，超过10万元/亩，石龙、鲁山、平新和叶县亩均利润较低，不足10万元/亩。总的来讲，平顶山市产业集聚区的整体土地利用效益水平较低，产出能力不足。

从已供土地投资强度来看，河南省指导意见中对投资强度的建议是不低于234万元/亩，平顶山市指导意见为280万元/亩，从已供土地来看，只有尼龙产业集聚区达到277.7万元/亩，超过省定标准，接近市定标准，其他集聚区的投资强度均未达到省、市标准，处在较低水平，低于200万元/亩。

从土地的利用强度方面来看，省市对工业用地综合容积率指标的建议均在1.2及以上。通过各产业集聚区的测算，大多集聚区容积率偏低，9个产业集聚区只有2个超过了标准，土地使用呈现粗放式，土地利用强度亟待提升。其中，尼龙、高新的容积率分别达到1.4、1.2，超过省市标准；郏县、鲁山处在1.2的基本达标水平上，叶县、宝丰、舞钢产业集聚区均处在1.2以下的水平；石龙、平新产业集聚区容积率水平仅有0.3及以下。

（二）低效用地企业现状

平顶山市低效用地企业主要包含以下四种类型：停产半停产类企业（倒闭或经营不善等）；闲置土地、厂房资源类企业（征地未建、停建、建成未投产等）；土地利用或产出效益较低类企业；不符合产业发展政策或缺乏市场前景类企业（需升级改造企业）。截至2017年年底，平顶山市产业集聚区低效企业47个。其中，停产半停产类企业26个，占低效企业总数的55.3%；闲置土地、厂房资源类企业10个，占低效企业总数的21.3%；土地利用或产出效益较低类企业3个，不符合产业发展政策或缺乏市场前景类企业8个。低效企业涉及土地面积4301亩，占集聚区入驻企业用地总面积的12.2%。其中，停产半停产类企业占地1920.2亩，占低效企业用地总面积的44.6%；闲置土地、厂房资源类企业占地1503.5亩，占低效企业用地总面积的35%；不符合产业发

表2 平顶山市产业集聚区低效用地企业基本情况表

单位：个、亩、%

名称	园区企业数量 总数	园区企业数量 规上企业数量	低效企业 数量	低效企业 占地面积	低效企业 低效用地面积比重	分类型低效企业及占地面积 停产半停产 数量	分类型低效企业及占地面积 停产半停产 面积	分类型低效企业及占地面积 闲置土地、厂房资源 数量	分类型低效企业及占地面积 闲置土地、厂房资源 面积	分类型低效企业及占地面积 土地利用或产出效益较低 数量	分类型低效企业及占地面积 土地利用或产出效益较低 面积	分类型低效企业及占地面积 不符合产业发展政策或缺乏市场前景 数量	分类型低效企业及占地面积 不符合产业发展政策或缺乏市场前景 面积
舞钢产业集聚区	73	39	5	371.6	9.2	3	218.7	—	—	—	—	2	152.9
尼龙产业集聚区	26	18	3	298.8	14.7	1	144.6	2	154.2	—	—	—	—
宝丰产业集聚区	53	40	5	441.0	9.0	2	129.0	2	234.0	1	78.0	—	—
郏县产业集聚区	65	56	9	1019.7	19.1	5	309.8	2	497.0	—	—	2	212.9
高新产业集聚区	929	38	5	341.7	9.6	2	188.9	1	40.0	1	12.8	1	100.0
叶县产业集聚区	44	30	3	266.0	6.9	1	38.0	—	—	—	—	2	228.0
鲁山产业集聚区	57	44	5	414.2	10.4	2	113.6	1	207.9	1	32.7	1	60.0
石龙产业集聚区	40	23	10	799.0	38.3	9	688.6	1	110.4	—	—	—	—
平新产业集聚区	57	34	2	349.0	6.6	1	89.0	1	260.0	—	—	—	—
合计	1344	322	47	4301.0	12.2	26	1920.2	10	1503.5	3	123.5	8	753.8

注：表中数据来源于各产业集聚区，已经退出、转产或已经找到解决办法的低效企业不在此表的统计范围。

政策或缺乏市场前景类企业占地 753.8 亩，占低效企业用地总面积的 17.5%；土地利用或产出效益较低类企业占地 123.5 亩，占低效企业用地总面积的 2.9%（见表 2）。

（三）现有低效用地企业的认定指标和判定标准

目前，平顶山市没有统一的低效用地企业指标体系和认定标准，舞钢、郏县、鲁山、宝丰、石龙 5 个产业集聚区出台有《园区企业管理暂行办法》，涉及低效用地企业指标类型，但判定标准差异较大（见表 3）。

表 3　产业集聚区评价标准汇总表

指标类型	判定标准	集聚区名称
土地全部闲置	未按项目建设规划开工≥2 年	郏县、舞钢
	超过协议约定建设周期 1 年；半年内未开工	宝丰
	项目建设停工≥1 年	郏县、宝丰
	项目建设停工≥6 个月	鲁山
	建成后未投产≥1 年	郏县、宝丰
	建成后未投产≥6 个月	鲁山
土地部分闲置	大量土地闲置	宝丰
	容积率、建筑密度、绿地率、行政办公和生活服务设施用地不符合产业集聚区要求；成片空地超过 5 亩	鲁山
	投产后 2 年内亩均税收未达到约定	鲁山、宝丰
	取得土地使用权 2 年之内，投资量未超过总投资额 25%	舞钢、石龙
	固定资产投资额未达约定的单位面积投资强度	舞钢、宝丰
停产半停产	≥2 年	宝丰
	≥1 年	郏县、石龙
	≥6 个月	鲁山
	经法律程序已破产	郏县
	投资商自主提出终止项目建设和经营的	郏县

续表

指标类型	判定标准	集聚区名称
不符合产业发展政策或缺乏市场前景	产能落后，不符合产业发展规划等	宝丰、鲁山、郏县、舞钢

叶县、尼龙和平新产业集聚区没有出台具体评价办法，以《河南省产业集聚区企业分类综合评价办法（试行）》和《平顶山市产业集聚区企业分类综合评价实施细则（试行）》为主要依据。

二、低效用地企业的成因分析

形成低效用地企业的原因复杂多样，涉及体制机制、监督管理、招商引资、企业经营等多方面因素。根据调研分析，平顶山市低效用地企业的形成主要涉及以下几方面原因。

（一）发展观念错位，招商引资项目准入门槛偏低

受招商和经济下行发展的压力，部分产业集聚区因急于上项目，预审把关不严，没有出台正式的准入标准或设置的标准过低，过度看重短期利益，盲目立项，使一些高耗能高污染、产能落后、发展前景不好的企业入驻，在形成低效企业的同时影响了产业集聚区未来的发展空间。如郏县产业集聚区的华中神力钢构项目、尼龙产业集聚区的平顶山中糠生物能源有限公司因环保问题已停产2年多；叶县集聚区九州同心饲料有限公司因产能过剩处于半停产阶段；2015年入驻叶县产业集聚区的平顶山同程实业有限公司项目建成后，因市场定位不准未接到订单，处于停产状态。截至2017年年底，平顶山市因不符合产业发展政策或缺乏市场前景形成的低效企业有8家，占用土地753.8亩，占全市低效企业用地面积的17.5%。

（二）园区规划布局不合理，基础设施仍不够完善

平顶山市产业集聚区初建时由于规划意识不强、发展理念及发展定位不清晰，在后续建设中存在不断调整整体规划、主导产业等现象，造

成部分企业（项目）与用地选址不科学。同时，受制于资金短缺，产业集聚区的基础设施建设缓慢，缺少完善配套的生产要素体系和商服、物流仓储等生产性服务设施，导致土地资源的低效利用。如入驻舞钢产业集聚区的金马钢加公司，用地面积240亩，因紧邻山脚落差较大，厂区基础设施改造不完善，土地利用率不足6成。

（三）对入驻企业监管不严，土地使用监管不到位

现行土地供应制度重审批、轻监管，在审批环节上程序多、周期长、行政成本大，容易产生"先用后征、边用边征、零批整用"等违法违规问题。同时，在土地使用过程中，国土部门只能对新增建设用地总量进行控制，对各行业用地规模和配置难以进行有效监管，企业用地的批后监管未形成有效机制。国土、建设、规划等部门对企业闲置土地在监管环节上也缺乏相对完善的跟踪管理措施，尤其是土地批后集约利用评价考核体系和监督评价机制不健全，虽然在供地环节对土地投资强度、容积率等指标进行审查，但对指标是否达标缺少必要的监管制约措施。如入驻尼龙产业集聚区的河南永利实业集团有限公司，因为项目核查不实，长期处于停建状态，占用浪费土地资源。

（四）企业圈占囤积土地，经营不善等自身原因

一是企业圈占囤积用地。部分企业通过圈占囤积土地，实现增值收益，使部分土地资源出让而不开发或开发不充分，形成企业低效用地。访谈中得知，舞钢产业集聚区认定的5家低效企业中，有4家都不同程度存在项目供地多、使用少的"占大用小"情况。二是企业自身经营管理水平不足。部分企业仍是粗放式管理模式，误判市场形势、市场定位不准，盲目贪大求多，不能及时随市场需求变动转型升级或调整产品结构，导致企业经营困难停产停工。如郏县产业集聚区，认定低效企业9家，因经营不善造成低效的企业就有5家，占地309.8亩，占园区低效用地面积的30.4%。三是资金短缺造成企业低效。部分企业受制于资金瓶颈，缺少后续建设资金无法如期建设和投产，或缺少运营资金而无法维持经营面临停产，或缺少升级改造资金在面临市场变化时无法顺利

转产和升级。初步统计，截至 2017 年，平顶山市因受困资金问题形成土地闲置或停产半停产的低效企业有 36 家，涉及土地 3423.5 亩，占全市低效企业用地面积的 79.6%。

三、盘活低效企业闲置资源、提高园区土地利用效率的典型做法

重点调研了郏县产业集聚区的做法，总结如下。

工作思路。2017 年 4 月管委会成立了国有独资的经开区投资发展有限公司（以下简称经开投公司），推行"管委会+公司"运营模式。管委会具体负责园区的规划、建设、综合协调、日常管理等；经开投公司作为产业集聚区融资、投资运作平台，主要承担集聚区内的国有资产投资、经营管理以及基础设施的投资建设与经营管理，帮助前景较好、有市场的企业解决短期资金不足问题，并且针对企业不同类型服务需求，下设若干子公司开展企业帮扶解困工作。

退出模式。在退出模式上，主要采用了以下 5 大退出模式。

（1）托管经营模式：主要针对由于管理不善、资金短缺造成停工停产的低效用地企业。由经开投公司成立子公司——经开包装有限公司，按照"四托租两不管"（即：托租现有市场、托租生产经营、托租生产场地、托租生产设备；不管托租前的债权债务、不管托租前的任何经济纠纷）的原则，对企业进行托管经营，通过 2~3 年，帮助企业脱困后，撤出资金和人员，实现企业自主经营。在托管过程中，创新管理方法，将党建引领与企业生产经营紧密结合，成立经开包装公司党支部，监督董事会的决策，实行支部书记负责制，管理层和党组织交叉任职，把党的优良传统和扎实工作作风引入企业管理、生产、销售等各个环节。目前，集聚区已对平顶山嘉成包装有限公司和圣光医用公司 2 家企业进行了托管经营，效果明显。该模式的优点主要可以保证企业的市场不丢失，工人不失业，但难点在于对托管经营者要求比较高，必须具有很高的政治素质和经营管理能力，且当地政府必须深度参与，否则可

能导致托管后依然经营不善的局面。

（2）返租经营模式：针对基本正常生产、但缺少流资无法满负荷生产的低效用地企业，采取返租经营模式帮助企业解决流资不足的困难。由经开投公司聘请专业第三方机构对企业进行评估，按照评估价的50%~70%购买企业的土地厂房设备，然后再以略高于融资利息成本的租金把土地厂房设备返租给企业使用。目前，已帮助华中神力钢结构有限公司、众锐磨具有限公司、美伊金属制品有限公司等10家企业共计解决了流资2300万元。该模式的优点在于充分利用企业现有资产，比银行抵押贷款额度高，缺点在于仅适用于流资需求量小的企业。

（3）出租土地厂房模式：此种模式适用于区内批而未供土地或供而未建企业，即土地处于空闲状态。郏县针对区内批而未供的1300亩土地，由经开投公司与有意向的企业洽谈，实施土地出让摘牌，回购土地使用权后，再通过平台公司将土地重新出租给其他企业或建成标准化厂房后再租赁给企业使用。该模式可以有效降低企业前期的资金投入。

（4）破产重整清算模式：针对资不抵债、发展难以为继、有自主品牌且占据较大行业市场份额的企业，管委会协助其走破产重整模式。如园区内的圣光物流公司，经开投公司融资1000万元，以共益债形式注入资金，促进战略投资人的引进和资产重整，在保证自主品牌不丢、市场不流失的前提下逐步实现企业脱困；2018年3月27日，圣光医用公司正式进入破产重整程序，拟引进战略投资者进行资产重整，以盘活企业现有资产。集聚区内的金瑞众成、博昌电子、马亮磨料等企业，也准备破产清算，甩掉债务包袱，实现提质增效。

（5）"腾笼换鸟"运作模式：在摸清企业详细情况的基础上，分类区别，实行"一企一策"精准对症解决。如：针对市场因素造成半停产、停工企业，实行整体转让或者分块处置，并引入新企业；对因合作伙伴退出和资金链断裂导致的未建项目，政府协商解除合同，退还企业已缴纳的征地预付款，使项目顺利退出，而后引进新企业入驻；对于有部分厂房闲置的，引进新项目直接租用，确保闲置资源的充分利用。截至2018年8月，共盘活清退企业12家，其中9家成功实施"腾笼换鸟"。

四、低效用地企业退出中存在的主要问题及难点

（一）低效用地企业评判标准体系不健全

一是国家、省、市均没有出台专门的低效企业退出机制或指导意见，缺乏规范、科学的指导标准体系，缺少低效用地企业认定、退出方面的政策依据和规定，没有明确、具体化的认定标准、认定程序、认定主体和退出办法，低效企业退出机制的建立完善没有现成的标准可以参考。二是准入门槛及各项指标多由集聚区自行掌握，企业退出的评判标准合理性难以确定。三是对企业退出的实施大多是概念性、大而化之的表述，缺乏指导性、可操作性的具体程序和步骤。

（二）对低效用地企业的退出监管缺位

当前，平顶山市多数集聚区只是高度重视企业项目准入的监督管理，忽视对低效用地企业退出的监督管理。现有出台的一些园区企业管理规定，在涉及企业退出方面，没有明确相关部门的监管职责，具体操作性不强，缺乏强制性的措施。上级部门对于低效用地企业退出的责任不明确，导致管理者职责缺位，管理者引入企业是成绩，而退出低效企业没有成绩，因此，对于低效用地企业的退出动力不足。

（三）招商引进优质企业项目压力较大

平顶山是正在转型的资源型城市，发展压力巨大，区位交通、人才结构等不占优势，社会环境惯性造成营商环境不佳，对科技含量高、创新程度强的高资质企业项目吸引力不足，部分产业集聚区抱着有总比没有好的心态，对经营低效类用地企业实行容忍管理。以鲁山县产业集聚区为例，其区位优势、自然资源优势均不明显，人才、社区环境、消费水平、研发支持、金融支持等配套设施均不具优势，在河南省产业集聚区的招商引资竞争中很难获得足够的、优质的、实力较强的、技术含量高的、有市场潜力的大型项目和企业入驻，其入驻企业多为本地中小型企业，不能有效对低效用地企业实施"腾笼换鸟"。

（四）退出中各利益主体间均衡博弈实现困难

在集聚区低效用地企业的退出过程中，存在诸多利益相关者，包括政府管理部门、低效用地企业、合资方、拟入驻新企业、银行、债权人、债务人等，各利益主体间均衡博弈实现困难。一是补偿谈判问题。由于没有完善的企业退出机制，集聚区在处理低效企业退出补偿方面，没有科学合理的补偿体系和标准，多为一事一议，经常造成与企业谈判的拉锯战和谈判破裂，有时还存在全部无偿收回"一刀切"现象，使低效企业的退出困难重重。如尼龙集聚区的平顶山金辉贸易有限公司，由于企业已经建成了办公楼，竖立部分钢柱（梁），加上企业法人已故，退出成本太高，补偿标准谈不拢，造成土地长期闲置。二是资金短缺问题。低效用地企业退出时，原有的固定资产在很多情况下不容易转卖，初期资产投入不能收回或极少收回，造成企业资金紧张；原有行政批件的失效和新审批结果的不确定性使部分低效企业退出转移的成本提高，企业资金负担加剧，退出成本大大增加；部分集聚区由于缺乏资金来源，不愿主动出面对低效企业进行回购。三是土地成本因素。近年来土地价格飞涨，大多数低效用地企业面临经营不善状况，甚至处于破产边缘，土地成为其保值增值的主要资产，为追求利益最大化，企业不愿意轻易退出，这也是集聚区与低效企业退出谈判的难点。四是实际操作问题。调研中发现，由于企业闲置土地或利用率不高的土地大多已作为抵押物抵押或是卖给担保公司等，涉及其他债权债务问题，或地面已建附属物的补偿价值难以评估等问题，造成实际收回限制土地时操作非常复杂，成功收回的均衡博弈难以达成。

（五）资产专用性造成低效用地企业转让困难

在调研中发现，对于平顶山市地方财政紧张、投融资平台发展不充分的现状，让低效用地企业通过与新企业对接、直接整体转让，是主要的解决方式。但是很多停产企业的工业用地由于正常经营过，其厂房、设备若具有较强的专用性，就会导致企业整体转让困难，加大了新企业的匹配难度。以平新产业集聚区的河南平开电力设备集团有限公司为例，该公司 89 亩闲置裸地，随着城市的发展，周围几乎都已被房地产开发，被商业楼盘包围，且面积比较小，如果继续作为工业用地的话，恐怕很难引入新项目。

五、低效用地企业退出机制设计

（一）低效用地企业评价标准和退出方法

当前，产业园区亟须构建一个完善、科学、符合自身情况的评价指标体系，既能有效监督企业建设进展和日常生产经营，又能清晰判定低效企业的具体类型及成因，更好地、更具针对性地帮助企业退出或提质增效。综合国内及调研中某些地区的先进经验做法，结合调研实际情况，产业集聚区在评价企业用地效益方面，评价指标既要清楚并易于操作，还要保证低效用地企业的准确甄别，确保下一步退出更具成效。分类型低效用地企业评价标准及退出方法可参照如下设计（见表4）。

鉴于不同产业集聚区的资源禀赋、区位优势等具体情况差别较大，引入企业情况也差别较大，因此，各产业集聚区应根据各自实际情况进行细节性调整，制定出适用于自身情况的评判标准，并明确地告知企业，定期（如半年一次）考核监督，判定出低效用地企业及类型，拟定具体的退出方法。

依据对产业集聚区企业调研所掌握的资料，对低效用地企业的划分与认定可分为两大类：一是土地利用低效，包括土地被闲置和部分闲置；二是经营低效，包括缺少发展前景需要转型、尚可经营但效益低下、已停产或半停产3种类型。

在对每种类型企业的具体认定标准上，综合省市相关文件中的指导意见，并结合各产业集聚区现有的认定标准，坚持科学性与适用性原则，统筹考虑平顶山市产业集聚区的企业发展现状，给出了具体评判标准。针对不同类型、不同成因的低效用地企业，列出了一些针对性的可行性处置办法。

表 4 低效用地企业评价标准设计表

低效用地企业类型	具体类型	判定标准	退出方法
土地利用低效企业	土地全部闲置	供地后超过约定建设期未开工达 2 年以上（土地闲置满 1 年不满 2 年的按出让或划拨土地价款的 20%征收土地闲置费）	依法无偿收回；不符合法定收回条件的，采取改变用途、等价置换、安排临时使用、纳入政府储备等途径及时处置，充分利用
		开工后停建达 6 个月以上	依法收回土地；协议回购；引入合作方重新建设
		约定建设期满，实际建筑面积低于总用地面积的 25%或者投资总量未超过总投资额的 30%	市场化整体转让
	土地部分闲置	建成后未投产达 12 个月以上（土地闲置率达 20%以上）	闲置部分协议回购或转租；合作经营
		有正常经营但部分土地闲置未建（建筑密度不足 60%，投资强度不足 280 万元/亩，工业用地综合容积率不足 1）	部分转租；收取差别土地使用税；引导低效用地企业挖掘用地潜力
经营低效企业	发展前景不明，需转型企业	不符合当地产业发展规划	引入合作项目转型重组；土地重新拍卖；协商回购；清退
		不符合环保节能政策	资金支持转型；增资技改；清退；停止污染项目，引入新项目
		不符合市场需求导向	引入合作方转型重组；增资技改；合作经营
	有正常经营但部分资源闲置，经营效益低下	有部分厂房、设备、生产线未利用，亩均产值不足 416 万元/亩，亩均税收不足 10 万元/亩	转租；整体或部分转让；合作经营；部分回购再出租；引导低效企业挖掘用地潜力
	停产半停产企业	停产半停产达 1 年以上	市场化整体转让；协议清算；破产回购；合作重组或兼并；清退

（1）依法收回：按照园区招商协议、土地出让合同等有关规定，对因企业自身原因造成的土地闲置，按照法律法规规定或合同约定应当收回土地的，坚决收回土地使用权，责令企业有序退出。

（2）协商收回：对利用效率不高又没有意愿继续投资生产的企业，采用协商方式，通过合法程序对企业用地进行有偿回收，回购价格综合考虑企业土地前期开发及项目建设投入实际情况，由第三方专业机构评估后确认。

（3）转租经营：引导、协调低效用地企业把部分闲置土地或厂房通过协商的方式出租给有土地或厂房需要的企业，从而盘活土地。

（4）破产重整：对于经营不良的低效企业，经协商同意后依法进入破产清算程序，通过重新招商进而盘活土地。

（5）合作经营：为低效企业找合作伙伴，引入另一家同类型有合作意向的高资质企业与低效用地企业合作经营，在技术、市场等资源上共享，从而盘活低效用地企业。

（6）拍卖处置：针对低效企业闲置用地依法走拍卖程序，重新进行招商。

（7）兼并重组：通过建立统一的信息平台等途径，引导有实力的企业利用技术、管理、资本等优势，对产品附加值不高且自身缺乏改造提升能力的企业或因经营管理不善而陷入困境的企业通过股权收购或现金收购支付方式实施并购重组，推进产业转型升级。对兼并重组中涉及原企业的土地使用权、房屋所有权转让的，重新办理转让手续并登记发证。

（8）整体转让：对企业依法取得土地使用权后，已投入一定的资金进行土地开发，因项目、资金、预期效益等原因，短期内难以继续开发或达到预期目标的，低效用地企业与用地需求方协商，土地使用权整体转让，从而实现低效土地再利用。

（9）资金支持助企业转型：由政府或投资公司出面进行协调，采取订单抵押贷款或将企业资产抵押贷款，或由投资公司直接回购厂房或设备，从而使企业取得转型升级整改的资金，企业再将厂房、设备等反租回来，实现企业的转型和可持续经营。

（10）增资技改：低效工业用地再开发不涉及改变土地用途等使用条件的，可限期由原土地使用权人通过追加投资等方式继续开发；符合规划、环保、消防、安全等条件的，鼓励企业进行增资技改，建设多层高标准厂房。

（11）引导低效用地企业挖掘用地潜力：引导企业将低效用地或限制厂房部分转租；或对低效用地企业收取差别土地使用税或取消优惠政策，以倒逼企业转型升级，引导企业开发新的项目或寻求新的市场机会。

（二）用地企业效率评估管理机制设计

低效用地企业的退出既受市场需求的拉动，又与政府职能部门的约束管制、利益激励的驱动和惩罚机制密切相关。因此，低效用地企业退出机制要以平衡各相关主体的利益、寻求经济发展和土地集约可持续利用为目标，运用经济、法律、技术等手段，以控制事前、事中、事后三环节为依据，构建如下综合性的退出体系，包括项目的前期评估、中期监管、后期管理等三方面内容（见图1）。三者形成一个完整的闭环管理系统，通过不断的循环积累，最终使低效用地企业逐步退出市场，保障土地的高效集约利用。

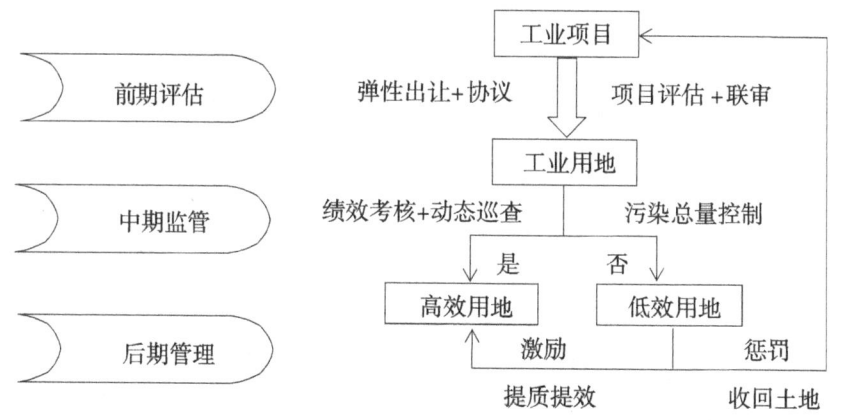

图1 低效用地企业退出机制示意图

1. 前期评估

（1）完善项目入驻规定，加强项目联审评定。通过合理布局园区规划用地，加强项目联审评定和联合验收，建立项目评估制度，严格建设项目准入制度，提高工业企业（项目）准入门槛。重点吸引投资密度大、科技含量高、创税能力强、节能低耗的产业项目，从源头上防止产生新的土地闲置及低效利用企业。如宝丰和舞钢产业集聚区均制定了严格的项目入驻规定：宝丰产业集聚区建立的项目预审制度等，多部门配合对项目进行全方位综合审查，坚决杜绝"高危、高污、高耗"项目入驻；舞钢建立项目评估制度，实施联审联批，产业集聚区管委会同各有关部门进行联合审核，未经评审通过的项目一律不予供地。

（2）完善投资协议，依法约束企业投资行为。进一步完善投资协议内容，明确约定项目投资方式、投资额、投资强度等，通过违约责任来约束和规范企业投资行为，为项目后期监管提供有效政策法规依据。如宝丰产业集聚区在项目投资协议书中明确建设工期、投资强度、时间、效益、约定退出等具体条款。

2. 中期监管

项目的中期监管主要通过构建合理的工业用地考核评估和动态巡查机制，对项目用地建设全程进行综合动态监管。

（1）定期开展工业用地绩效考核，追踪项目建设情况。构建合理的工业用地考核评估机制，定期组织开展工业用地绩效考核，追踪工业项目的开工、建设情况，考核评估项目土地供应、合同履行等情况，评价结果作为主管部门绩效管理和集聚区升级、扩区和低效用地退出企业的重要依据。

（2）建立工业项目动态巡查机制，完善项目责任追究制度。加强工业项目用地动态巡查，建立工业用地动态信息公开网站，定期公布土地供应、合同履行等情况，将评价与考核结合起来，对批而未用的工业项目用地要及时进行查处。验收合格的，按照相关规定给予奖励；验收不合格的，应取消已享受的待遇并追究违约责任。同时建立诚信档案，做好用地违规违约记录,并对项目污染总量进行控制,为其他相关行政监管部门提供管理依据。

经过项目中期的绩效考核和动态巡查后,将用地类型划分为高效用地和低效用地两类。对于土地利用高效的,鼓励其进一步提质增效,加快推进企业发展。对于已经界定为土地利用低效的,可以分两步进行处置:首先鼓励其进行转型升级,转型升级成功的土地即转为高效用地;其次,对于转型升级未成功的土地则进入后期管理阶段。

鼓励低效用地企业转型升级可以从两方面来进行:一是提升企业土地利用水平,进行产业转型升级。如对符合规定,通过实施拆建、改扩建、加层改造等途径提高土地投资强度、利用效率和容积率,实现产业转型升级的企业,给予不低于10%的投资补贴;对追加投资或引进投资者,在符合规划、不改变土地用途的前提下,实现利用存量土地新建工业厂房,实现土地集约利用的企业,除予以配套费奖励外,对新增的工业厂房不再增收土地出让价款,并给予其项目招商奖励等。二是加大企业技术改造,进行产业转型升级。如对符合平顶山市产业发展规划且竣工投产的企业技术改造项目,按改造投入的一定比例给予财政补助;鼓励企业绿色改造,对通过审核验收的淘汰落后产能、节能改造、清洁生产、多元化清洁能源替换等项目的企业,按实际到位的上级补贴资金一定比例给予定额配套资金补贴等。

3. 后期管理

工业项目的后期土地管理是设计低效用地企业退出机制的核心内容,主要是通过建立公平与效率相结合的引导激励机制和严格法制管理的惩罚退出机制,保障企业和政府既得利益。

(1)激励机制。一是低效企业退出激励。以保障企业在退出过程中的利益为导向,通过制定经济奖惩、利益引导等政策,发挥市场的调节作用,引导低效工业企业由"被动退出"向"主动退出"转变。如设立工业用地退出专项基金,主要用于闲置土地资源或建筑物的回购、改造、补贴以及相关配套支持等;对将空闲、低效利用的土地、厂房主动腾退的企业，可在依法补偿的基础上，给予一定奖励；对异地搬迁改造腾出用地空间的企业，政府可承担部分搬迁费用，并给予一定奖励等。二是企业提质增效的奖励。鼓励优势企业通过债务重组、股权收购、资产收购、合并、产业链延伸等形式，对低效企业实施整合重塑或升级改造，对于整合重塑、转型升级成功的低效企业给予财政奖励、金融机构加大授信额度等优惠政策。

（2）惩罚机制。根据《土地管理法》《闲置土地处置办法》等有关规定，严格落实征收土地闲置费、依法收回等，加大对低效企业闲置土地的处置力度；实施差别化土地使用税征收标准，对企业闲置低效用地，加大土地使用税征收力度；对能源消耗超过现有国家和省级单位产品能耗（电耗）限额标准的企业和产品执行惩罚性电价；对高污染、高水耗行业，进一步完善差别水价政策；严格工业项目贷款管理，不向违法用地及闲置土地的项目提供贷款支持。

（三）退出机制实施中应注意的问题

1. 准入条件设置风险

集聚区管委会在招商引资前期一般设置一定的奖励和优惠政策，一旦准入条件设置不合理、把关不严，不但相应的奖励起不到激励作用，还有可能导致企业采取急功近利行为，产生新的低效企业和闲置土地，后期项目退出过程谈判困难重重。同时，准入条件过高，也不利于一些优势项目的引进。

2. 考核监督成本风险

考核监督需要耗费一定的人力物力财力，具体实施过程中如果流于形式，或有失公正，可能导致管理成本上升却收效甚微。同时，如果内部监督机制不完善，还会存在管理者权力寻租的风险。

3. 营商环境风险

在实施低效用地企业退出时，存在处理方法、协调沟通、员工安置等难点问题，可能引发退出企业和员工的畏难抵触情绪，对营商环境带来不良影响。

4. 占用土地的机会成本

在选择支持鼓励某些低效用地企业转型升级时，这些企业存在无法取得转型成功的可能性，在贻误时机的同时也可能失去让更好企业（项目）进驻的机会。因此，在确定退出方式前，要进行科学全面的预判。

六、对策建议

基于平顶山市集聚区企业低效用地的严峻形势，需要设计一个包括项目前期审核、中期监管和后期管理的综合性低效用地企业退出管理体系，构建形成具有压力、动力和推力机制的闭合反馈系统，建立"能进能出、优进劣退"的企业退出机制，在有效解决遗留问题的同时，严控产生新的资源闲置、利用效益低下的企业，实现产业集聚区高效、集约、转型发展，旨在为全省贡献平顶山模式。

（一）组织领导上，加强制度设计，建立低效用地企业退出工作机制

一是成立综合协调领导机构。成立由市政府领导挂帅的低效企业退出领导小组，发改、国土、规划、招商、执法等相关职能部门和各产业集聚区负责人为成员，在发改委下设立领导小组办公室，探索实施市、县、集聚区三级网格化管理，统筹协调全市低效企业提质增效和退出工作。二是研究制定全市性的指导意见。由低效企业退出领导小组办公室组织，出台平顶山市低效用地企业退出机制或指导意见，建立统一的低效企业退出评价标准体系，明确低效企业退出的实施主体、程序、途径和具体办法。各集聚区根据各自实际，结合市里文件精神，出台配套文件，分类实施，引导低效用地企业有序退出或转型升级。三是编制低效企业退出规划。根据平顶山市产业特点和未来发展趋势，编制长远的低效企业退出规划，制订年度工作计划，由易到难、由点到面的有序推进。

（二）具体实施上，科学界定标准，推进低效用地企业有序退出

一是制定低效企业界定标准。按照科学性、合理性、可操作性的原

则，由市发改委牵头制定低效企业界定标准（先期可适度降低标准），既要做到不遗漏，又要避免将处于成长期的科技创新型企业纳入低效清理范围。二是全面掌握低效用地企业信息。根据界定标准，由领导小组办公室组织，发改、国土、规划、招商、执法等相关职能部门联合，集聚区管委会具体实施，对集聚区内的企业进行清查，造册立档，建立动态低效用地企业信息库。同时，根据不同的问题类型企业制定相应的退出措施，引导园区的转型升级。三是建立低效用地企业认定常态化制度。由领导小组办公室组织，产业集聚区具体实施，每年对企业是否低效重新认定，形成低效用地企业认定长效机制，保持对低效企业自觉提质增效的强大压力。

（三）推进机制上，强化细节管理，健全完善低效企业退出管理体系

一是建立部门联动协作机制。以产业集聚区管委会为实施主体，发改、国土等相关政府部门根据自身职能予以全力配合。由园区管委会负责对低效企业进行认定和备案，并按照"一企一策""一地一策"的原则制定退出方案并实施；相关职能部门依据其职能职责，主动深入工作一线，指导产业集聚区解决工作中遇到的问题。二是严格落实企业准入制度。通过建立项目入园联席会议制度、联合验收制度、社会监督和约谈、问责等保障机制，加强对入园项目产业政策、投资计划、资金落实、规划选址、环境评价、用地标准等方面管理，将工业项目投资强度、亩均效益、税收、容积率、建筑系数、绿地率等控制性指标纳入企业用地使用条件，把土地利用强度、土地利用效率等纳入对工业企业的考核指标。三是推行多元化土地供应方式。推行土地使用权租赁制。采用先租赁再出让的方式供应土地，租赁期结束未达到入园区时承诺的经济指标，土地予以无偿收回；达到约定条件的，可将全部或部分土地按协议方式转为出让土地。实行分期分批供地制度。对投资企业实行分期分批供地制度，优先保障项目首期用地，对年内未动工项目收回用地指标；定期对已供土地项目进行效益考核，决定是否继续供地或调整后续

供地规模；制定完善企业投资协议和实施细则，对后期土地的归属、土地价格等进行约定，兼顾双方利益，避免纠纷。探索先租后让的弹性出让机制，先以项目建设投产周期（一般不超过5年）实行租赁供地，达产验收通过后，按项目生命周期（一般为20年）出让方式供地。推行工业用地年租制。年租制指企业长期租用土地时，可按年缴纳租金，并可分期调整租金，租金标准"一企一议"，有效降低企业前期土地投入成本，使更多的资金用于企业经营发展。四是建立退出补偿机制。通过谈判协商的方式，按照"一企一策"原则，对落后产能企业的退出按照退出资产的重置价值一定比例进行补偿；对高耗能高污染企业的退出按照减排量测算一定比例价值进行补偿；对自身原因造成土地闲置、产出水平低的企业依法退出，采用成本减折旧的计算标准对土地的回购和建筑物进行补偿。五是构建企业退出保障机制。按照"市场为主导、政府为引导"的原则，根据"产业梯度转移规律"，提供相关地区的信息咨询、产业转移中介服务等。妥善解决低效退出企业职工社保衔接、再就业培训等后续问题，切实保护好退出企业员工的权益。

（四）推动方式上，明确政策导向，建立合理有效的引导机制

一是设立低效企业退出专项资金。整合现有节能降耗、技改、重组等资金，设立低效企业退出或转型升级专项资金，主要用于对低效企业退出成本费用、改造提升奖励以及其他补助，鼓励和支持企业通过兼并重组、技术改造、产品创新等方式转型升级和主动退出。二是多措并举分类实施。对纳入数据库的低效企业，通过强制淘汰、适时关停和有序转移，加快高耗能、产能过剩企业转型升级；通过回收、回购、置换等方式，促进落后低效产能企业退出，为新建项目预留环境容量和用地空间；对难以达到约定开发强度或投资强度的低效企业，通过依法流转、倒逼提升、兼并重组等方式提高土地利用效益和投资强度。三是出台平顶山市企业用地效益评估奖惩办法。对土地利用效益好、提质增效快的企业给予奖励，对用地效益低下或闲置土地的企业进行经济处罚，加大企业囤地成本和土地闲置费用，通过经济杠杆促进低效用地企业的有序

退出或提质增效。

（五）夯实基础上，强化布局管理，全面提升产业园区的提质效应

一是优化园区产业空间布局。根据集聚区产业功能定位和发展特色，从空间形态、产业要求、发展方向等方面进行合理规划和布局，科学界定产业用地与其服务配套用地的比例，针对低效企业退出的土地，适当合理地重新规划用途或改变用地性质，提高土地利用效率。二是提升园区的品质与功能。强化产城互动，加快园区基础设施建设步伐，完善基础设施配套功能，完善污水、固体废物处理等环保设施，进一步优化园区发展、管理、服务水平，营造良好的营商环境。三是推进多层标准化厂房建设。各产业集聚区要根据产业功能定位，建设一定规模的多层标准厂房，着力打造公共服务平台。根据各产业集聚区产业规划和土地资源状况，规定投资额度在一定标准以下的工业项目一律进入标准厂房，不得新占土地；对适合使用多层标准厂房的电子电器、生物工程、软件工程、服装加工、文化产品、科研、产品组（包）装、医药分装、仓储、物流配送等建设项目，原则上不再单独供地，提高土地的节约集约利用程度。

（六）保障措施上，明确目标任务，全面加强低效企业退出监管考核

一是建立健全考核机制。由领导小组办公室组织，制定专门的考核办法和完善的考核评价体系，加强对集聚区土地利用的考核评价，根据评价结果实行资源要素倾斜；加强对集聚区用地企业的考核评价，对达不到标准的采取责令纠正、核减用地面积、收回土地等措施，强化对低效用地企业的防控。二是建立部门联动监管机制。由领导小组办公室牵头，出台土地供后建设联合监管实施方案或细则，建立集聚区管委会、发改、国土、规划、工信等部门联合共管的监察模式，协调配合，做好项目批后监管及竣工验收工作，对土地开发利用不佳、闲置土地严重的企业适时督促检查和实地督办。三是建立奖惩机制。引入第三方机构评

估，深化考核评估结果在供地、企业入驻等方面的应用；将低效企业用地和闲置资源盘活工作纳入对产业集聚区和相关职能部门的年度综合考评体系，对工作完成好的单位予以奖励，对工作完成差的单位予以追责。

乡村振兴背景下的新型农村集体经济发展路径研究

——以河南省中部 Z 县调研为样本的分析

中共河南省委党校　刘国顺

【摘要】实施乡村振兴战略是中央的重大决策部署。农村集体经济是乡村经济发展的重要模式，是推动乡村振兴战略实施的重要力量。当前，由于长期以来"分"的思想影响，资金、人才、用地指标等要素匮乏，政策执行不到位等原因，农村集体经济发展缓慢，乡村振兴动力不足。因此，创新农村集体经济的实现形式及其运行机制，是推进乡村振兴战略实施的重大课题。本文以河南省中部 Z 县调研为样本，在深入剖析发展壮大新型农村集体经济面临的问题与现实困境基础上，提出了强化党建引领、完善政策支持、做好县级层面顶层设计、增强集体意识等发展壮大新型农村集体经济的路径建议。

关于中国农村改革和发展进程，邓小平提出了"两个飞跃"思想。第一个飞跃是实行家庭联产承包为主的责任制。第二个飞跃，是适应科学种田和生产社会化的需要，发展适度规模经营，发展集体经济。当然这是很长的过程。改革开放 40 年，中国农业农村发展取得了历史性成就，实现"第二次飞跃"的条件已渐趋成熟。从我国农村发展实践看，集体经济是乡村经济发展的重要模式，是农业农村现代化的重要动力。党的十九大提出"实施乡村振兴战略"，首次将农业农村农民的现代化问题提升到国家战略层面。习近平总书记高度重视乡村振兴战略的实施，强调要在乡村振兴战略实施中"创新农村集体经济运行机制，发展壮大农村集体经济"。可见，发展壮大农村集体经济对于实施乡村振兴战略的重要性。值得注意的是，习近平总书记提出要发展壮大的"农村集体经济"，是与计划经济体制下农村集体拥有生产资料、全体劳动群众在共同劳动基础上取得劳动报酬的集体经济模式不同，是以"企业+合作社+农户""公司+合作社+农户""党建+合作社+农户""第一书记+合作社+农户"等为主要模式的新型农村集体经济。因此，发展壮大新型农村集体经济，创新农村集体经济的实现形式及其运行机制，是推进乡村振兴战略有效实施的重要动力引擎，也是当前亟须研究的重大课题。

一、问题与文献综述

乡村振兴战略是新时代推动中国农业农村现代化发展的重大战略，是根据中国国情和"三农"发展经验做出的重大决策部署，是新时代"三农"工作的总抓手。集体经济是农村经济发展的重要形式，也是乡村振兴的物质保障、农村公共物品的重要来源和吸纳城镇转移要素的有效载体。推进乡村振兴战略实施，要在总结农村集体经济发展成就和经验基础上，准确判断农村经济社会发展趋势和演变态势。但由于长期以来的"分田到户"，农村可分的东西基本被农户分完，已经没有可用于发展集体经济的资源和要素。更为关键的是，家庭联产承包责任制使多数地区农村"分"有余而"统"不足，农民集体意识和集体观念淡漠，加之政策统筹协调性低，部分政策落实不到位，农村集体经济发展面临诸多困境。本文的核心问题是如何在现行农村土地产权制度框架下，通过突破资金、人才、土地等要素瓶颈，完善政策体系，提高农民集体意识和集体观念，探索新型农村集体经济的实现形式和发展可行路径，培育乡村振兴的内生动力。

国内学者对农村集体经济发展的研究成果较为丰硕。如，在农村集体经济的重要性方面，贺雪峰（2019）认为，乡村振兴的主体是组织起来的农民。将农民组织起来的最重要制度基础是农民集体土地制度及建立在该制度基础之上的农民集体经济。张杨、程恩富（2018）认为，集体经济的壮大很好地体现了共享发展理念，是解决农村经济发展不平衡不充分的良方。韩俊、张云华（2008）指出，农村集体经济之所以衰弱很大程度上在于缺少增收途径，这些村庄缺乏发展经济所必需的资源、资金、人才、技术等生产要素，缺乏发展村集体经济的有效途径。程恩富、龚云总结集体经济的发展模式，有完全集体经济与过渡形态即集体经济与合作经济的不同组合形态，其中完全集体经济是以集体所有统一经营为特征，主要代表为江苏华西村、河南南街村等，而过渡形态则主要包括统分结合的双层经营体制、农民专业合作制、社区股份合作制等。关于农村集体经济发展的路径，汤志华、李晓梅（2019）提出，实现乡村振兴、壮大农村集体经济，必须抓好几大工程：一是"政策和制度"精准供给工程；二是"资金"建设工程；三是"人才"扶植工程。通过对上述文献梳理发现，既有成果多聚焦于对农村集体经济的功能作用、发展缓慢的原因、实现形式及实现路径的研究。这些不同视角的研究成果，为发展壮大新型农村集体经济提供了很好的理论基础和经验借鉴。但既有文献多从理论研究视角阐释问题，在可实践性方面稍嫌不足。当前，中国特色社会主义进入了新时代，如何在保持"分"的积极性基础上，适应社会主义市场经济体制发展需要，探索集体经济的有效实现形式和推进机制，发展壮大农村集体经济，解决集体层面"统"的弱化问题，真正实现"统分结合，双层经营"，发挥农户和集体两个积极性，为实施乡村振兴战略提供动力支撑。本文以河南中部 Z 县调研为样本，从实践的角度，分析乡村振兴战略背景下制约新型农村集体经济发展的关键因素，探索农村集体经济发展的可行路径，为实施乡村振兴战略提供理论参考和实践借鉴。

二、新型农村集体经济：乡村振兴战略框架下的价值分析

党的十九大报告提出实施乡村振兴战略，要坚持农业农村优先发展，……深化农村集体产权制度改革，保障农民财产权益，壮大集体经济。2017年全国中央农村工作会议强调，走中国特色社会主义乡村振

兴道路，必须巩固和完善农村基本经营制度，走共同富裕之路。要坚持农村土地集体所有，坚持家庭经营基础性地位，坚持稳定土地承包关系，壮大集体经济，……确保农民受益。2018年中央一号文件又提出，深入推进农村集体产权制度改革，推动资源变资产、资金变股金、农民变股东，探索农村集体经济新的实现形式和运行机制。党的十八大以来，习近平总书记高度重视农村集体经济发展，强调要赋予农村集体经济更多新的内涵，增强农村集体经济实力。可见，实施乡村振兴战略，发展壮大农村集体经济是重要路径。

（一）新型农村集体经济是产业兴旺的重要途径

十九大报告提出了实施乡村振兴战略"产业兴旺、生态宜居、乡风文明、治理有效、生活富裕"的总要求，而产业兴旺是基础。没有坚实的产业支撑，乡村振兴就是一句空话。实践也证明，经济发达的农村，集体经济就越活跃，产业发展也越好。[9]当前，中国农业经营还是以分散的小农户经营为主，由于经营土地规模较小、信息获取渠道窄、市场意识不强，农户难以根据市场需求调整种植结构，更缺乏通过延伸产业链条提高农产品附加值的资金能力。因而，难以实现产业振兴。通过"企业+合作社+农户""党建+合作社+农户"等新型组织形式，以企业为纽带实现集体和农户之间的利益联结，解决产业发展中缺乏资金、技术、管理人才等问题，实现第一、第二、第三产业融合，提高产业效益，解决中国农村传统产业高投入、低产出、抗风险能力弱、信息不对称等问题，从而实现农村产业兴旺。[10]

（二）新型农村集体经济是生态宜居的有效保障

建设环境优美、生态健康、人与自然和谐共生的宜居乡村，实现"生态美""生活美""生产美"的"三美"融合，是乡村振兴的重点。当前，部分乡村的林、地、田、湖、水、草等最基本的生态基础遭到破坏，村内基础设施供给不足导致污水垃圾遍地，农业面源污染严重，与乡村振兴中生态宜居的要求相去甚远。原因在于：一是长期分田到户的农地实践影响农民的思想和观念，形成了较重的"分"的个体意识，缺少"统"的集体意识，导致生态资源遭破坏；二是集体经济发展不充分导致农村基础设施投入缺少可靠稳定的资金来源，农村公共基础设施供给不足；三是分散的农户经营难以实现对农药、化肥施用的控制和监测，造成农业面源污染。发展新型农村集体经济：一是有助于提高农民的集体意识，统筹利用当地的生态资源，可以避免生态资源的"公地悲剧"，保护和修复生态环境，实现"生态美"；二是能够对生产的各个环节进行监测和控制，建立起农药、化肥的减量化使用内控机制，减少农业面源污染，实现"生产美"；三是农村有了稳定的资金来源改善道路、交通、垃圾处理等基础设施，处理垃圾、污水，增加公共设施、改善公共服务，实现"生活美"，打造现代版的乡村"富春山居图"。

（三）新型农村集体经济是乡风文明的物质载体

乡风文明是乡村振兴在精神层面的要求，是乡村振兴的灵魂。就内涵而言，乡风文明是乡村文化的一种状态，是一种有别于城市文化和乡村传统文化的新型文化。从外在表现看，乡风文明包括农村的风俗习惯，农民的思想观念、精神风貌、知识水平、素质修养、邻里关系等，是地域官风、民风和家风的重要体现。2018年"两会"期间，习近平总书记在参加山东省代表团审议时指出："乡村振兴，既要塑形，也要铸魂。要坚持物质文明和精神文明一起抓，培育文明乡风、良好家风、淳朴民风，焕发乡村文明新气象。"[①] 当前，农民集体意识不强、道德滑坡、敬老孝老淡化、封建迷信盛行等陈规陋习严重影响乡风文明程度的提高，是农村物质基础薄弱在精神文化层面的表现。通过发展新型农村集体经济，促进乡村产业发展，提升农村集体经济实力，在提高农民物质文化生活的同时，可以为农民提供更多精神文化产品和文化阵地，培育农民的社会主义核心价值观，传播正能量，形成正向激励，消除农村天价彩礼、婚丧嫁娶大操大办和铺张浪费、封建迷信、赌博败家等陈

---

① 刘宝苤. 实施乡村振兴战略　加强乡风文明建设，中国文明网，298-04-02.

规陋习，建设文明乡风、良好家风和淳朴民风。

（四）新型农村集体经济是治理有效的强大动力

治理有效是乡村振兴的重要保障。中华人民共和国成立以来，中国乡村治理实行的是村民自治，但长期以来行政化倾向，使得乡村在有效组织农民、提高农民参与性方面的效果受到影响。原因是农民参与村民自治的渠道缺失，乡村发展陷入了"政府干，群众看"的怪圈。另外，近年来，随着大量农村青壮年劳动力外出务工，农村仅剩老人妇女儿童留守，老人缺少照护、儿童缺少关爱教育，已经成为严重的社会问题，更缺少乡村治理人才。通过发展新型农村集体经济，一方面，可以有效吸纳资金、人才、技术、项目、文化、教育和医疗等城镇要素向农村流动，提高农村集体收入，增强服务村民的资金实力和能力，把农民通过利益组织起来；另一方面，也能吸引农村外出务工青壮年劳动力回流农村，进入村组织和村支部，强化乡村治理的人才支撑，在有效解决因青壮年劳动力外出务工带来社会问题的同时，增加基层党组织的凝聚力和战斗力，夯实乡村治理基础。

（五）新型农村集体经济是生活富裕的重要依托

生活富裕是乡村振兴的最终目的。提高农民收入水平、让农民成为体面的职业是乡村振兴的重要内容。当前，由于经营分散，农村产业的组织化和专业化程度低，农村产业链条短，农产品附加值不高，影响了农民的收入水平和市场竞争力。发展新型农村集体经济，一方面，可以促进农村产业的组织化、专业化和规模化程度，推动农村一、二、三产业融合发展，培育农产品品牌，提高农业的规模效应和农产品的附加值，提高农民的生产性收入；另一方面，新型农村集体经济的发展壮大，可以吸引农村外出务工人员返乡创业就业，形成乡村产业发展的良性互动，在提高农民工资性收入的同时，也将在一定程度上增加农民的财产性收入，提高农民财富积累，实现生活富裕目标。

三、经验与困境：河南省中部 Z 县调研的样本解析

Z 县位于河南省中部，隶属于省会郑州市，下辖 14 个乡镇（街

道），275 个行政村，2018 年城镇化率 51.33%。论文选取 Z 县为样本，原因在于：一是除城区街道办事处外，其他乡镇经济社会发展水平与距离郑州市远近呈现三个层次，和河南全省的农村经济社会发展整体情况类似；二是 2018 年该县 51.33% 的城镇化率也与河南省城镇化率的平均水平接近，在河南省具有较强的代表性。河南又是全国的缩影，尤其是在广大中西部地区也具有很好的代表性。可见，以 Z 县调研为样本分析新型农村集体经济发展经验及困境，探索新型农村集体经济的实现形式和创新路径，具有普遍性和可复制性。

（一）Z 县新型农村集体经济发展的基本情况

Z 县紧邻郑州大都市区，交通便利，区位优势明显。近年来，Z 县及其各乡镇高度重视农村集体经济发展，出台政策措施，加大要素投入力度，强化服务指导。各行政村积极作为，立足资源禀赋，创新发展模式，农村集体经济发展成效初显。从总体收入水平看，截至 2018 年年底，全县实现村级集体收入 3187 万元，村均 11.7 万元；全县 275 个行政村中的 128 个行政村都有集体经济收入，占比为 46.5%，高于全省平均水平 15 个百分点。其中，集体经济收入在 10 万元以上的有 40 个村，5 万~10 万元的有 28 个村，0~5 万元的有 60 个村，147 个村没有集体经济收入（见图 1）。

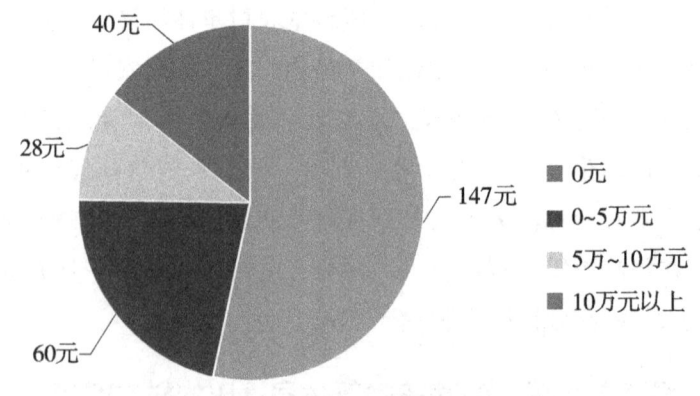

图 1　Z 县村级集体经济收益现状

数据来源：Z 县县委组织部 2019 年全县村级集体经济的统计数据库。

村集体经济收入在5万元以上的村占比为24.7%，高于全省平均水平16.5个百分点。从集体收入来源看，多元化特征明显，包括承包地、保鲜库和大棚的租赁收入，与企业合作投资分红收入，资产经营收入等。从发展模式看，多元化趋势明显，如G镇孙庄村的"双转"模式，土地交由集体经营，发展高效生态农业；D乡小王庄村的废旧沟渠开发利用模式；L镇北堤村的特色产业发展模式等；Y镇大刘村的资产盘活模式。

（二）Z县新型农村集体经济发展的经验做法

近几年，Z县以发挥党建引领为抓手，以脱贫攻坚为契机，积极探索新型农村集体经济发展路径，壮大推进农村集体经济。

（1）完善政策措施，发挥政府引导作用。近年来，Z县以创新土地"三权"分置模式、深化农村产权改革，盘活集体资产资源为目标，相继出台了县级层面的扶持新型农村集体经济发展具体方案，从资金、项目、土地、税收和金融政策等方面支持村级集体经济发展，把村级集体经济发展作为乡镇考核的重要指标。一些村在政策的扶持下，集体经济有了一定的发展，产生了较好的示范效应。

（2）立足要素禀赋，因地制宜选择发展模式。由于所处区位及资源要素存在差异，不同乡镇选择的集体经济发展模式也不同。Z县确立了依托当地资源，"宜工则工、宜商则商、宜农则农"的经营原则。实践中，鼓励大胆创新，支持村集体开展合作经营、租赁经营、盘活资源、发展农村电子商务等，初步形成了多渠道、多类型、多元化的集体经济发展格局。目前，Z县已探索出整治收回超标准占用宅基地发展集体经济模式、资产租赁模式、与引进企业合作经营模式、"土地双转"模式等。

（3）整合资源要素，汇聚发展合力。发展和壮大农村集体经济需要一定的资源要素基础，Z县现实情况是农村集体资源较为分散。面对分散的农村集体资源，Z县各乡镇及行政村对要素进行有效整合，汇聚农村集体经济发展合力。调研中发现，Z县有的乡镇整合脱贫攻坚资金建蔬菜大棚，用于发展集体经济；有的乡镇通过整合村集体资产发展集体经济；有的乡镇利用废弃沟渠种植莲藕和果蔬等发展集体经济。目前，Z县已有30多个村通过整合资源，实现了集体经济"零的突破"。

（4）完善政策，强化内部管理和风险防控。作为市场主体，农村集体经济组织发展面临诸多风险，如经营风险、管理风险、市场风险等。为防范农村集体经济发展风险，Z县先后出台《稳步推进农村集体产权制度改革实施方案》《农村集体"三资"管理实施细则》《集体经济项目招投标办法》《村级"三重一大"管理办法》等政策措施，设立乡镇"三资"管理中心，严格集体资金使用操作规程和财务监督管理，规范集体经济试点项目招标公告，降低集体经济运行风险。建立健全监督制度，强化村级集体经济组织的内部监督责任，实行民主决策和民主理财，确保集体投资项目和"三资"经营项目案例可靠。

（三）Z县新型农村集体经济发展面临的困境

通过加大支持力度，探索农村集体经济发展模式，强化内部管理和风险防控，Z县农村集体经济发展取得了一定成效。但调研中发现，Z县农村集体经济发展也面临许多困境。

1. 总体发展水平低，依赖性较强

很多村庄在推行家庭联产承包时都是"一分了之"，出现了"分田到户，集体空肚"的现象。集体土地、林地等集体资产资源全部包产到户或组，村集体账上无资金，手中无资产。据相关部门测算，Z县全部村留集体土地仅20448亩，不足全县耕地面积的2%；全县有集体资产的村不足10%。由于缺少集体资产，Z县农村集体经济发展总体水平较低，在有集体经济收入的126个行政村中，收入在5万元以下的村占比达75.3%，发展水平低。有些村的集体收入仅是没有分出去的集体土地租金收入，还不是真正意义上的集体经济收入；部分乡镇利用上级扶贫资金投资建大棚，每年集体租金收入只有4000元，不仅做不到惠民投入，甚至连后期的资产维护费用都不够。

从收入来源看，Z县集体经济收入结构不合理，主要依靠帮扶政策和收取租金增收，且同质化明显。如依靠土地外包、大棚出租、房屋租赁取得集体收入的占比达80%以上，其中通过省市县财政扶持资金项目出租取得收入的村占比在50%以上。

表1　Z县村级集体经济收入结构

单位：万元，%

类　别	金　额	占　比	村　数	占　比
产业大棚租金	293.85	9.22	18	14.06
土地承包租金	344.42	10.81	36	28.13
土地、房屋租赁	1930.51	60.57	56	43.75
产业扶贫租金	18.95	0.59	2	1.56
征地占地、退耕还林等	618.30	19.40	18	14.06
总计	3187.08	100.00	128	100.00

数据来源：Z县县委组织部2019年全县村级集体经济的统计数据库。

全县由村集体独立创办企业以及集体经营取得收入的为数不多。另外，企业和合作社经营占比低，各乡镇注册的各种类型农民合作社中，真正能发挥作用的较少，绝大部分只是为了承接上级对农村的扶持资金与项目的空壳子，缺乏长期发展规划，对政府的依赖度高。原因在于对村级集体经济组织的市场经济地位，缺少法律和政策层面明确界定，农村集体经济组织的管理及其活动多由村民委员会代管，而村民委员会无法以经济法人地位成立公司或专业合作社进入市场，自主经营活动受限。

2. 发展非均衡性突出，结构呈分化趋势

由于区位条件、资源禀赋、村干部稳定性等方面的差异，农村集体经济发展差距也在不断拉大。[11] 由于Z县位于省会郑州市近郊，各乡镇因所处地理位置不同，村级集体经济发展水平也不相同。临近郑州市和县城、交通便利的村庄，更多分享了区位优势带来的红利，村集体的各类资产更"值钱"。同样的厂房或其他物业,在临近郑州市和城区很容易出租并取得租金,集体经济发展相对较快。而距离县城较远的一些农业乡镇,因真正能够盘活的资产有限,物业出租困难且价格低,集体经济发展缓慢。在Z县,村级集体经济收入最高的村达390万元,最低的只有0.01万元,平均值为24.9万元,中位值为5.72万元,差异性较大。即便在同一乡镇,不同行政村因资源禀赋不同、贫困村与非贫困村等差别,村级集体经济发展水平也有较大差异。如,随着脱贫攻坚进入收官阶段,国家多项财政资金被整合用于贫困村脱贫,贫困村的基础设施建设和产业发展都得到扶持,集体经济收入也实现了"零"的突破,但是该县几个农业乡镇的大部分非贫困村因没有资金扶持,集体经济收入基本为零。总体上看,非均衡性和差异化趋势明显。

3. 制约因素多,发展动力不足

调研发现,Z县集体经济发展存在四大制约,导致集体经济发展缓慢。一是资源要素约束。由于家庭承包制执行时"分"的比较彻底,多数村没有可供集体支配的要素资源,投资缺少资金,开发缺少资源、经营缺少资产,发展集体经济心有余而力不足,"巧妇难为无米之炊",有的村有可用资源,但因为位置偏僻,难以用于发展产业,如县城东南部一个村有近200亩集体土地,只能出租收取少量租金。二是村干部能力约束。在集体经济为零的村中,相当一部分村干部特别是村支书对市场了解少、经营能力差、信息获取渠道狭窄,发展集体经济办法不多,举措不力,有资源不会用,不知道要种什么,养什么,开发什么,引进什么,找不到利用因地制宜发展集体经济的路子。有的村干部仅有发展集体经济的想法,但缺少清晰明确的思路和规划,因而难以付诸实践,典型表现是有些村申报的集体经济发展扶持项目当年实施不了,项目变更二次以上的情况也不是个例。三是思想观念约束。有些村干部认为在经济下行压力增大的情况下,发展集体经济存在很大的政治风险和经济风险,经营成功了,成果是集体的;经营失败了,责任是自己的,既要落埋怨,还会丢选票,甚至背债务,存在"不求有功但求无过"的思想。有些乡镇干部,对发展村级集体经济认识不到位,存在"搞好了怕干部侵占,搞不好怕老百姓闹事"的顾虑,甚至有个别乡镇干部认为没有必要发展村集体经济。四是乡村人才约束。农村青壮年劳动力外流严重,农村集体经济发展缺少带头人和领路人。农村能人外流、青壮年农民外出务工现象比较普遍,缺乏带头人、领路人,在一定程度上制约了村级集体经济的发展。[12] 在 Z 县调研中发现,以农业为主的乡镇,80%以上的青壮年劳动力都外出务工,致使发展村级集体经济缺乏必要的人才支撑,尤其是农村懂市场、会经营、素质高的管理型人才比较缺乏,是当地农村集体经济发展滞后的重要原因。在农业基础相对较好的乡村,农民"小富即安"的小农意识突出,不愿意改变现有土地承包框架,甚至消极抵制发展集体经济,造成一定的人为阻力。一些群众因不愿承担市场风险或出于对村干部的不信任,在集体实施土地流转、发展物业项目或开展村企合作时,担心村集体资金"打了水漂",难以形成统一意见,导致一些成熟的村级集体经济项目不能落地。如有的村花了很大的代价把出租给农户的集体土地回收过来,在村支部书记外出考察项目发展集体经济时,部分群众坚决要求按人平分土地,村支部书记返回才止住部分群众的分地行为。原因在于:一是"等、靠、要"思想严重。由于村干部文化程度低,年龄偏大(见表2),思想保守,小农意识强烈,缺乏发展村集体经济的动力和进取精神。他们认为基础设施建设有上级投入、民生支出有上级保障、办公经费和村干部报酬有财政预算,发展不发展村级集体经济无所谓。二是村干部的畏难情绪重。因村干部缺乏发展带动能力,"老办法不能用,新办法不会用",发展集体经济有畏难情绪,认为发展集体经济应由县或乡镇政府统筹考虑或统一行动。三是村干部缺少奉献精神。有村干部担心把主要精力用于发展村级集体经济,影响个人事业,必然"富了集体,穷了个人",如果有看准的赚钱项目,还不如自己单干,不愿意劳神费力发展村级集体经济。

表2　Z县村干部年龄结构情况

单位：岁，%

年龄（岁）	30~40	40~50	50~60	60以上
占比（%）	12	28	46	14

数据来源：Z县县委组织部2019年全县村级集体经济的统计数据库。

4. 政策协调性低，且执行不到位

农村集体经济因资金量小，产业层次低，比较收益和竞争力相对较弱，需要政府政策扶持。调研发现，Z县在支持农村集体经济发展方面的资金投入较多，但要素投入明显不足，有些政策落实不到位，存在"说起来重要，干起来次要，忙起来不要"的现象。如，为集中起来居住村民预留0.4亩/人的保障土地被县里留用或挪用，两三年都没有得到落实，导致村里谋划的集体经济项目难以落地实施；部分村为延伸农业产业链，办农产品加工厂，所需环评等手续两年都批不下来等，影响了农村集体经济的发展。另外，上级部门之间政策不协调、扶持政策"含金量"不高，也影响农村集体经济发展。如，扶持农村集体经济发展的资金，还存在"政出多门"现象，因缺乏通盘考虑而较为分散，难以形成支持合力；本应对农村集体经济发展实行优惠的税收政策，由于对农村集体经济企业按照企业政策标准征税，没有得到应有的优惠和保护；Z县县乡两级政府在制定产业发展规划时，都没有提及集体经济，导致全县农村集体经济发展规划缺失、同质化严重、处于无序状态等。

四、结论与建议

实施乡村振兴战略，发展壮大新型农村集体经济是关键。然而，通过对河南省中部Z县调研样本的分析可知，农村集体经济发展面临诸多困境。这些困境，从表层看是资源要素匮乏的制约，从深层看是思想观念和体制机制的阻碍。基于此，我们认为，新时代发展壮大农村集体经济，要在找准功能定位的基础上，以资源要素为支撑、以现实问题为导向，以改革创新为突破口，因地制宜地推进农村集体经济高质量发展。

（一）党建引领：配强支部、选好发展带头人

"农村富不富，关键看支部" "支部强不强，关键在于'领头羊'"。从调研样本分析看，农村集体经济发展，在很大程度上取决于有没有好的带头人以及支部的组织引领强不强。

1. 宽视野选配支部书记

基层党支部是引领农村集体经济发展的重要力量，这其中支部书记的"领头羊"作用最为关键。要把带头人队伍培育好、选配好、管理好。在配备村支部书记时，既要突出思想政治素质，更要突出发展带动能力。放宽视野，把有干劲、有能力、精力充沛、思路开阔的致富能手、外出经商人员、大学毕业生、复员退伍军人等，纳入支部书记选聘范围。

2. 配强村委班子

培养党员中的"新生代"力量，把那些思维活跃、思想观念解放、文化程度较高、事业心强、具有奉献精神的年轻人发展为党员，经过考察把他们中的优秀人员吸纳到村委来，成为支部书记的左膀右臂，为村级集体经济发展献计献策，从而打造一支懂管理、会经营、讲奉献的村集体经济发展人才队伍。通过本土人才回引、院校定向培养、县乡统筹招聘等渠道，储备一定数量的村级后备干部。

3. 适应农村新变化调整党组织设置

建议在农民合作社、农业企业、农业社会化服务组织中建立党组织，把党组织建在产业链上，做到产业发展到哪里，党支部就建到哪里，让基层党组织成为各类经济社会组织的领导核心，引领带动群众致富奔小康。

（二）政策支持：以问题为导向破解现实发展难题

总体上看，多数地区农村集体经济都处在起步阶段，迫切需要县政策扶持，如建设用地指标政策、财政税收政策、金融信贷政策、产业发

展政策等,强化新型农村集体经济发展的要素支撑。

1. 破解建设用地指标瓶颈

没有建设用地指标,再好的项目也无法落地,产业链条也不能延伸,第一、第二、第三产业融合就是一句空话。当前,建设用地指标获取难已经成为制约新型农村集体经济发展的一大瓶颈。建议把现行农村集体经济发展用地指标纳入用地规划,比例上有倾斜,以破解村级集体经济发展的土地瓶颈。实践中,对于实现了集中居住、有预留商业或住宅用地指标的村,尽快通过调整用地规划落实建设用地指标;对于没有集体建设用地指标的村,建议政府每年单独切块安排一定数量的用地指标用于集体经济发展;对于村集体土地被依法征收为国有土地的,应按照被征收土地面积的一定比例,为被征地村安排集体经济发展留用地,在土地被征收时就予以落实。

2. 破解资金瓶颈

当前,农村集体经济发展面临最大的瓶颈是资金瓶颈。要通过调整现行财政支持政策,每年安排一定规模的财政资金,作为村级集体经济发展的专项资金,用于发展农村集体经济,投放面要扩大,形成普惠政策,而不仅仅是贫困村和村级集体经济试点村。财政补贴资金,使用手续要简单化、便利化。在金融支持方面,要协调金融机构为村级集体经济发展提供金融支持,加大对村级集体经济项目的小额贷款贴息力度。在税费方面,做到可免尽免、可减尽减、可返尽返。对集体经济组织物业出租的房产税、营业税以及村级公共事业建设工程所征的有关税收,可由财政部门实行先征后奖,最大限度地减少村级负担。

3. 解决项目论证难、环评难等问题

相关部门在编制乡村振兴规划时,要把村级集体经济发展纳入规划的"盘子",创新发展思路,允许整乡规划集体经济产业基地或示范带,解决项目"论证难""盈利难""环评难"等问题。

(三)规划先行:做好县级层面集体经济发展顶层设计

"凡事预则立,不预则废。"从 Z 县调研样本中分析可知,由于缺少统一的规划和引导，各乡镇和各行政村在发展村级集体经济时，往往各自为战，各取所需，造成建设重复和同质化竞争，既影响了当地产业发展规划，又浪费资源，甚至会造成环境污染。鉴于此，我们建议，推进农村集体经济发展，要做好县级层面的顶层设计和规划，明确项目布局，避免雷同和同质化竞争。

1. 做好农产品种植结构调整规划

以农业供给侧结构性改革为主线，制订农产品种植结构调整方案，引导农产品同质化程度较高的乡镇和行政村，调整种植结构。同时，做好市场研究和指导方案，强化信息共享，通过农业供给侧结构性改革，指导新型农村集体经济组织适时调整和优化产品结构，避免盲目跟风、产品滞销带来的经济损失和集体收入不稳定等。

2. 制订农村电商发展服务引导方案

网络经济时代，经济活力主要看经济活动与互联网的距离。发展壮大新型农村集体经济，要借助"互联网+"开辟特色鲜明的新路子。通过"电商+"，带动农副特产品产业发展，促进产供销一体化，促进集体经济发展。首先，加快建设县、乡、村三级电子商务及配送综合服务网络建设，做好服务，为村级集体经济带来收入。其次，引导和支持农户开展农产品网上销售、农资代售等服务，对贫困户、种养大户、专业合作社等开办网店给予扶持，免费进行培训。建设集农资及农产品价格、供需等信息的公共服务平台，培育"互联网特色产品"品牌企业，扩大农产品和特色产品网上销售。制定鼓励和支持农村数字经济发展的政策措施，推进创意农业、认养农业、观光农业等新业态发展，为农村集体经济发展插上现代科技翅膀。

3. 制定农民专业合作社发展规划

面对当前激烈的市场竞争，一家一户的农户分散经营已难以适应现代农业发展的需要，需要通过集体经济组织把分散的农户组织起来，发展农民专业合作社，走具有本地特色的订单制、合同制集体经济发展新路子，提高农业竞争力和效益。从调研样本看，当前农民专业合作社发展存在盲目性和无序化，注册的较多，但真正运营的并不多。建议在县级层面制定农民专业合作社发展规划，对合作社的标准、各乡镇合作社注册数量、产业项目、合作社模式进行规范和指导，避免无序化和资源浪费。

4. 完善农村集体经济管理运营制度

在县级层面制定村级集体资产管理制度，完善包括现金管理、审批制度、物资财产管理和使用收益分配等在内的各项制度，把村级财务和集体资产管理纳入制度化、规范化轨道。完善财务公开和村财乡管制度，严禁盲目举债、高息借债；加强村集体经济审计监督的经常化、制度化和规范化建设。健全农村集体经济内部管理制度，如预决算制度、财务公开民主理财制度等。

（四）因村制宜：选择发展模式不搞"一刀切"

发展农村集体经济要立足当地资源禀赋，成功模式可以借鉴，但不能简单复制，要因地制宜，"宜农则农、宜工则工、宜商则商"，形成"一村一品""一村一特色"的发展格局。

——以种植业为主的村，发展集体经济要立足于农业基础优势和人才优势，发展高效农业、特色农产品种植、生态农业，在此基础上，发展农产品加工业和电商物流，推进第一、第二、第三产业融合发展，延伸农产品产业链、提升价值链、打造供应链，提高农产品附加值和效益。

——城区和城郊村，发展村级集体经济要充分发挥区位优势，采取合作经营、资产租赁、组建劳务或服务公司等模式，发展壮大新型农村集体经济。

——生态资源丰富村，发展新型农村集体经济应立足于生态和环境优势，发展生态农业、旅游农业、观光农业、体验农业、复合立体养殖等模式。

——乡镇经济发展比较好、基本完成整体搬迁的村，由于群众已经实现集中居住，可以发展镇级集体经济，镇政府每年为村里拨付一定的经费就可以满足村级集体需要，没有必要"一刀切"地发展村级集体经济。

（五）教育引导：提升集体意识，增强集体认同感

家庭联产承包责任制之初，由于过分强调了"分"，"统"的层面被极度弱化，多数基层干部群众集体观念和集体意识淡漠、集体边界模糊。发展农村集体经济，要把强化集体意识、明晰集体边界放在重要位置。

1. 强化集体意识

集体主义是指一切从集体出发，把集体利益放在个人利益之上，坚持集体利益高于个人利益的行为准则。在农村，长期的分田单干使得农民集体主义观念缺失，发展集体经济，要采取灵活多样的形式，对干部群众进行集体意识和集体观念教育，增强广大干部群众的集体观念，培养集体主义精神、集体责任感和集体经济认同感，提高村民对集体经济的参与度，通过集体经济组织把分散的农户组织起来，并参与其中，形成发展集体经济的强大合力。在教育模式上，可以组织村民到江苏华西村、山东省烟台南山村、河南新乡刘庄和漯河南街村等地参观学习，增强对集体和集体经济的认同；选择工作的适当载体，如通过人居环境整治增强村民集体观念，通过制订村规民约增强村民集体认同感。

2. 明晰集体边界

就内涵而言，当前我们要发展的农村集体经济，是与传统农村集体经济模式不同的新型农村集体经济。新型农村集体经济是集体成员边界清晰、集体产权关系明确的股份合作经济。在资源利用方式、生产方式、经营方式和经营活动等方面都有新的变化，将农业的边界扩展到更广的范围，实现生产、生活、生态共赢。因此，发展壮大农村集体经济，需要通过强化集体意识和集体观念，让群众明晰个体和集体边界在哪儿，集体资产资源任何人不得侵占。

由于资金、技术、人才和政策等方面的短板制约，发展壮大新型农村集体经济将经历较长时间的探索过程。但这是推进乡村振兴战略有效

实施的必由之路。2019年"两会"期间，习近平总书记参加河南团审议时，就实施乡村振兴战略发表了重要讲话。习近平总书记强调指出："完善农村集体产权权能，发展壮大新型集体经济，赋予双层经营体制新的内涵。"这既为实施乡村振兴战略指明了路径遵循，也提出了明确要求。各地要立足当地资源禀赋，在坚持农村基本经济制度基础上，推动城乡要素合理流动，破解瓶颈制约，补齐新型农村集体经济发展的资金、技术、人才和政策短板，创新实现形式和实践路径，因地制宜地发展壮大农村集体经济，既巩固农户"分"的积极性，又充分发挥"统"的整合作用，把农村"统分结合、双层经营"制度落实到位，激发实施乡村振兴战略的内生动力。

参考文献

[1] 冷溶，汪作玲．邓小平年谱一九七五—九九七（下）[M]．北京：中央文献出版社，2004：1310-1311.

[2] 习近平．决胜全面建成小康社会夺取新时代中国特色社会主义伟大胜利——在中国共产党第十九次全国代表大会上的报告 [N]．人民日报，2017-10-28.

[3] 张建琴，王洪春．农村集体经济新模式的实践与探讨——基于S市13个省级试点村集体经济发展实例分析 [J]．经济论坛，2019（1）：91-98.

[4] 贺雪峰．乡村振兴与农村集体经济 [J]．武汉大学学报（哲社版），2019（7）：185-192.

[5] 张杨，程恩富．壮大集体经济、实施乡村振兴战略的原则与路径——从邓小平"第二次飞跃"论到习近平"统"的思想 [J]．现代哲学，2018（1）：49-56.

[6] 韩俊，张云华．村级集体经济发展要有合适定位 [J]．发展

研究，2008（11）：11.

[7] 程恩富，龚云. 大力发展多样化模式的集体经济和合作经济［J］. 中国集体经济，2012（31）：7-8.

[8] 汤志华、李晓梅. 乡村振兴视野下对壮大农村集体经济的再认识［J］. 党政研究，2019（1）：121-128.

[9] 赵新浩. 乡村振兴要壮大农村集体经济［N］. 河南日报，2018-11-9（11），理论.

[10] 谢玉婷，肖红波. 乡村振兴战略背景下壮大集体经济的思考［J］. 农业展望，2019（3）：98-106.

[11] 侯刚，黄雨，刘志慧. 乡村振兴背景下发展农村集体经济的路径研究［J］. 中共郑州市委党校学报，2019（2）：37-40.

[12] 陈晓华. 推进龙头企业转型升级，促进农村一、二、三产业融合发展［J］. 农村经营管理，2015（12）：6-9.

后 记

光阴荏苒，转瞬之间就要跨入21世纪的第三个十年了。

回顾过去的这十年，我感到自己推动做的最重要事情之一，就是发起设立中原发展研究创新奖并组织该奖项的评审。为了让更多的青年学者了解这段历史和我们的初衷，在这里，我想再次重申一下这个奖项的来源和谋划过程。2012年9月适逢河南大学百年校庆，时任我国著名制药企业深圳海王集团总裁的刘占军博士以优秀校友的身份应邀来校参加庆典，我作为1978级学弟，[①] 又有经济学院院长和中原发展研究院院长的职责在身，义不容辞地是同学科校友接待的主角。交流过程中，他提出愿意出资为母校，也为家乡做点事。一定是他学术研究和他智库谋划的经历及在改革开放与经济发展最前沿的经历，促使他萌生设立一个奖项引导家乡发展研究的创意。中原是生我、养我，又是成就我事业上耕耘多年的土地，也一直有个愿望，就是能够有一种方式使更多的本土或省籍学者聚焦到中原发展研究上来，推动家乡发展，为中国的经济学术添砖加瓦，也在国内产生与河南的人口及经济总量相适应的影响力。我们一拍即合，他出钱，我来组织。重要的是，方案一经提出，立即得到了相关领

[①] 刘占军，恢复高考后首届考入河南大学政教系，毕业后在河南财经学院（现在的财经政法大学）教书，后又先后到中国社会科学院、南开大学等攻读硕士和博士学位，然后闯荡深圳，曾任职于中国最早建立的智库中国（深圳）综合开发研究院，后转入深圳海王集团，以总裁身份登上人生事业新的平台。刘占军博士兼有大学教授、智库专家和企业家多重头衔。

导和省内学术界各位大牌学者的一致支持，曾任河南省副省长、省人大副主任，现任国家智库中国国际经济交流中心副理事长兼秘书长的张大卫博士亲自出任评委会主任，并于2015年秋拉开了一年一度中原发展研究创新奖的评审序幕。至今已过去了五年，评选五届，有近400项成果参评，100余项成果入围，30位青年学者获得一、二、三等奖，50位青年学者获得优秀奖。可以说，已经初步实现了引导中原发展研究、培育青年学者群体成长的初衷。

在第五届优秀成果结集出版之际，作为这个奖项的发起人，特向支持和参与该奖项的各位领导、评审专家、青年学者，以及辛勤工作在第一线的各位同事表示深深的谢意，也期待我们的这项事业长久延续，取得更大的辉煌。

耿明斋

2020年10月